张蕴岭 著

中国社会科学院创新工程学术出版资助项目

在理想与现实之间

——我对东亚合作的研究、参与和思考

「中國戰略家」叢書

中国社会科学出版社

图书在版编目(CIP)数据

在理想与现实之间：我对东亚合作的研究、参与和思考/张蕴岭著.
—北京：中国社会科学出版社，2015.5
ISBN 978 - 7 - 5161 - 6038 - 1

Ⅰ.①在⋯　　Ⅱ.①张⋯　　Ⅲ.①国际合作—研究—东亚
Ⅳ.①D831

中国版本图书馆 CIP 数据核字(2015)第 085585 号

出 版 人	赵剑英	
责任编辑	冯　斌　　陈雅慧	
责任校对	王　斐	
责任印制	戴　宽	

出　　版	中国社会科学出版社	
社　　址	北京鼓楼西大街甲 158 号	
邮　　编	100720	
网　　址	http://www.csspw.cn	
发 行 部	010 - 84083685	
门 市 部	010 - 84029450	
经　　销	新华书店及其他书店	

印　　刷	北京君升印刷有限公司
装　　订	廊坊市广阳区广增装订厂
版　　次	2015 年 5 月第 1 版
印　　次	2015 年 5 月第 1 次印刷

开　　本	710×1000　1/16
印　　张	16.75
字　　数	285 千字
定　　价	56.00 元

凡购买中国社会科学出版社图书，如有质量问题请与本社联系调换
电话:010 - 84083683

张蕴岭　1945 年生。第十、十一、十二届全国政协委员，现任中国社会科学院学部委员，国际研究学部主任，研究员，博士生导师。1992 年被评为国家有突出贡献的专家。长期从事国际问题研究，曾担任中国社会科学院亚太研究所所长，日本研究所所长，欧洲研究所副所长，东亚展望小组成员、中国—东盟合作专家组成员，东亚自贸区联合研究专家组组长，东亚紧密经济伙伴专家组成员，美国哈佛大学、约翰霍普金斯大学访问学者，美国麻省理工学院、日本中央大学、新加坡南洋理工大学等特聘客座教授。

目　　录

前　言

进入学术研究这一行，起初，我的主要兴趣是关于世界经济的开放发展问题，内定的动机是想探究中国实施开放发展政策的"理论根据"。1985年，我到美国学习和从事研究，把所有的时间都花在这个领域上。在20世纪80年代后期，我写成一部40多万字的专著——《世界经济中的相互依赖关系》，由经济科学出版社出版，该书于2012年由中国社会科学出版社再版，列入《当代中国学者代表作文库》，书稿按原样付印，没做任何修改，足可见当年下的真功夫。

调入中国社会科学院欧洲研究所（当时称之为西欧研究所）工作后，我要继续集中精力做这个领域的研究就不可能了，于是，调整研究方向，把主要精力放在研究欧洲联合问题上，也就是说，把关注的目光由世界转向区域。

90年代初，我调入亚洲太平洋研究所，只好再次调整研究重点，集中主要精力研究亚太地区的问题，因为有研究欧洲联合的基础，我把研究和推动亚太合作作为主要方向。亚太地区的突出特点是地域广，差别大，研究该地区既需要熟知国别，又需要透视综合。特别是研究区域合作问题，不仅需要分析经济问题，也需要考察政治与国际关系问题。中国地处亚太，主要的贸易市场和海外投资都来自亚太地区，作为学者，从亚太经合组织（APEC）到东亚区域合作，我都有机会参与政策性的研究和相关交流与讨论。

我筹建了国内第一个APEC政策研究中心，为政府部门提供了大量研究成果。在东亚区域合作进程开启后，我先后参加了"东亚展望小组"（East Asia Vision Group，EAVG）、"中国—东盟自贸区联合专家组"、"东亚自贸区（East Asia FTA，EAFTA，即10+3）可行性联合研究专家组"、"东亚紧密经济伙伴关系（Close Economic Partnership for East Asia，

CEPEA，即 10 + 6）可行性联合研究专家组"，还有其他为数不少的工作组以及"一轨半"（官学）、"二轨"（学界）会议等。

十几年下来，边研究，边参与，丰富了学识，扩大了视野，也激发了我的深度思考。我先后完成了许多交办的政策性研究报告，发表了很多论文，出版了多部学术著作，可谓硕果累累。尽管如此，我还是觉得应该坐下来，对亚太地区，特别是东亚地区合作的发展进行系统的梳理，对有关实践性和理论性的问题进行系统的分析，并且结合我的实际参与，对中国的区域战略，尤其是周边地区战略问题进行深度思考与探索，于是就有了写作本书的动机。

当今世界的发展，全球化和区域化是两大潮流。推动全球化发展的重要支柱，一是全球多边机制推动的市场开放，二是各国采取的开放发展政策，三是公司的跨国化经营（贸易、投资和金融）。①尽管全球化带来许多问题，但其大趋势不可逆转。推动区域化发展的重要力量，一是政府支持和参与区域合作的政策，二是区域性合作机制的构建和发展，三是社会的支持，企业和人民从合作中受益。高层次的区域化标志是超国家的区域化制度建设，进行区域层次的管理和治理，代表性的范例是欧洲联合。其他地区的合作呈现多样化特征，发展程度各异，目标设计和实施的效果也有很大的差别。由于区域化较之全球化更为灵活，因此，其发展形式和进程也更活跃。在多数情况下，它们被称为区域合作，而非区域化。东亚合作既包括自贸区建设，也包括多种形式的对话与合作。

东亚区域合作的历史不长。近代以来，东亚作为一个地区被搞得支离破碎。在第二次世界大战以后的很长时间里，东亚区域，特别是东亚区域合作，很少被提及。直到1993年，世界银行发表了《东亚奇迹》报告，东亚作为一个地区才开始受到越来越多的关注。

就东亚区域合作而言，1997年是一个转折点。起于东南亚，扩及东亚地区的金融危机，唤起了该地区国家开展区域合作的意识。发生危机的东盟主动邀请中日韩三国开展对话，打开了东亚合作的大门，不仅推动了东亚地区合作运动的发展，也萌生了建立"东亚共同体"的思想。但是，当这场以构建东亚共同体为目标的运动真的发动起来之后，各方的分歧也随

---

① 全球化还有更广域的含义，诸如气候、生态（资源、环境），以及恐怖主义、自然灾害、疾病传播、网络等政治、安全问题，都越来越具有全球性特征和意义。

之多了起来。如今，尽管各种形式的合作还在推进，但是有关东亚共同体的建设却很少有人再提及。

究竟如何认识东亚的区域合作？未来的发展前景如何？仅靠分散的观察和分析也许难以看得清楚，需要以连贯和整体的维度来进行梳理与思考。

我把"在理想与现实之间"作为本书的题目，意图很明显，就是要对东亚合作的进程和成效做一个定位，即把建设东亚共同体作为理想，把建设中的矛盾和困难作为现实，实际的发展和成效则是在二者之间进行选择与努力。目前，尽管人们谈理想少了，但是，基于现实的努力并没有停下来，各国还是以务实的态度与合作的精神尽力推进区域合作进程，寻求各种可行的行进路径。我坚信，东亚国家之间不管有多少矛盾和分歧，不管合作行进的道路有多么曲折和艰难，只要大家坚持合作，规避对抗，让合作成为主导趋势，东亚就有希望，就有美好的未来。

本书分九章，基本上涵盖了东亚区域合作的主要方面。每一章以导言作为引子，继而分节次梳理发展的进程，分析东亚区域合作进程中的成效和困难，提出自己的看法，有些是带有理论性的观点，最后是回顾与思考，结合我直接和间接的参与，对以往的进程和未来的发展做一些经验性的和理论性的思考。在每一章之后，我还添加了延伸阅读资料，大部分都是我以往发表的相关文章。有三份重要的文件我认为应该附上，即关于东亚合作的两份联合声明和关于亚太经合组织（APEC）茂物目标的领导人声明，分别放在第 1 章、第 2 章和第 8 章之后。我相信这样的安排会有助于读者对各章的分析和观点有更深入的了解和理解。

值得特别提及的是，我把"区域观回归与秩序构建"作为本书的最后一章，实际上要表达我对中国参与和推动区域合作的归纳和总结。这一章应该是本书的一个亮点，也是我要表达的思考精髓——中国的区域观和区域战略在参与中逐步明晰，把周边地区作为一个地缘整体来布局和营造。这既是中国传统区域观的回归和战略定位，也是中国区域观和区域战略的升华。所谓升华，是说中国终于逐步明晰了自己参与和推动区域合作的重点战略——构建以地缘周边为基础的依托带和区域秩序。所谓回归，是说原本中国就有自己的地缘周边关系脉络和秩序框架，只是近代，在中国自身衰落和外部势力入侵的情况下，整体的周边地区被肢解，由此，中国以周边为基础的区域观也逐步淡出视野。如今，随着中国的综合实力提升，中国与周邻国家的关系有了新的发展，周边地区的合作机制构建取得新的进步，这样，以地缘周边为本位的中国区域观开始回归，并且以此为基点开始进行区域关系和秩序的构建。

中国的地缘区域观回归以及区域关系和秩序构建是一个长进程，涉及的问题很多，既不能操之过急，也不能因难而退。中国的复兴不仅改变着自己，也改变着外部世界，特别是改变着所在的地区。近代以来，中国经历了百年衰落，如今处在百年复兴新进程的关键期。在衰落期间，中国失去了自我，也失去了周边。在新的复兴进程中，中国必定会找回自己，也会找回周边。当然，就像中国找回的自己与以往不同一样，找回的周边地区也大不相同了。为此，中国必须以新的思维、新的理念和新的战略，构建新的周边地区关系和秩序。

原来，我认为这个主题是我最熟悉的，既有实际的参与，又有研究的成果。然而，在我真的开始进行连贯性和系统性梳理，进行认真分析和思考时，我发现，这是一项非常难的工作。因为它们涉及的领域很多，时间跨度也不短。特别是我还有其他不少工作要做，进行梳理和思考的思路一旦中断，就要花更多的时间接上。还有，收集整理资料的工作难度也不小。好在我坚持下来了，终于完成了书稿。这里，我要特别感谢我的夫人对我的理解和支持，尤其是她无微不至的关心与照顾，没有她的细心照料，我也许难以这么顺畅地完成这本书稿的写作。

我真诚希望本书能够对大家了解和理解东亚区域合作的发展，特别是中国的区域观与战略取向有所帮助，特别希望它能够推动这个领域的深入研究，希望能看到更多的成果问世，尤其看到更多的青年人才投入到这个领域的研究和工作中来。

第 一 章

东亚合作的缘起

导 言

从近代历史看，日本人较早提出东亚合作的思想。明治维新后，日本经济实力快速提升，综合国力居亚洲之首。作为东亚新兴的强国，面临西方列强的包围和制约，日本希望借亚洲国家的联合来对抗西方的强势，扩展自己的利益和势力范围。19 世纪后期，许多有影响的日本人先后提出和积极推动"亚细亚主义"、"东亚同盟"等。但是，日本人的"亚细亚主义"是以自我为中心的，带有建立新兴强国势力范围的意图。尤其是日本军国主义者接过亚洲区域主义的口号，打着建立"大东亚共荣圈"的旗号，用军事扩张的手段把其他国家变成附属国，自己充当"东亚盟主"。由此，所谓"亚洲主义"成为日本推行军国主义扩张的工具和借口。[①]

不可否认，在当时的东亚，也有其他一些志士仁人支持亚洲联合起来，并希望日本发挥作用，抵御西方帝国主义、殖民主义的侵略和统治。比如在中国，一些人，如孙中山等，也曾经提出以亚洲联合来抵御西方列强殖民，把中国从列强瓜分的灾难中解救出来，并对日本寄予很大的希望。然而，事实证明，在自身没有自主性和实力的情况下，欲借助日本势

---

① 日本学者认为，20 世纪 30 年代日本的区域主义原本就有扩张的意图，先是为吞并中国的东北提供依据，后来成为侵略亚洲、把亚洲纳入其控制圈的依据。关于日本学者在 19 世纪后期提出的这类思想的评论，见盛邦和《19 世纪与 20 世纪之交的日本亚洲主义》，《历史研究》2000 年第 3 期；王屏《近代日本的亚细亚主义》，商务印书馆 2004 年版，第 4 页。

力，只会引狼入室。①

　　"二战"以后，日本战败，东亚分裂，地区陷入冷战对抗，有关亚洲区域主义的说法销声匿迹。直到20世纪60年代，有关区域合作的呼声才渐起。不过，当时的区域合作地缘取向并不是东亚，而是包括美国在内的太平洋区域。首推构建太平洋关系框架自有它的道理。日本战后经济恢复很快，主要靠了与美国的特殊关系。美国把日本改造为对抗苏联的军事同盟国，支持其经济恢复，而日本也需要与美国建立长期的、由市场制度保障的稳定联系。这就是早在20世纪60年代中，一些日本专家就呼吁建立太平洋经济圈的原因，这样的倡议也得到经济比较发达的澳大利亚、新西兰的支持，此后，也得到后起的"四小龙"的支持。日本等国的这种"太平洋情结"也符合美国的利益，得到了美国专家和政界人士的支持。由此，太平洋东西两岸联动，先后推动了一系列地区机制的建立，从太平洋盆地经济委员会（PBEC）到太平洋经济合作委员会（PECC），继而催生了亚太经合组织（APEC）。

　　东亚作为一个地缘区域再现，主要是基于经济上的联系和由此产生的区域性经济利益。东亚作为一个相对独立的区域范畴出现，并由此生成区域合作驱动力，要比亚太区域起步晚些。事实上，东亚区域合作运动先起于东南亚地区。早在20世纪60年代，东南亚地区就成立了东南亚联盟（ASEAN，简称东盟）。不过，东盟的合作真正取得显著成效还是进入90年代以后，东盟把合作的重点由政治转向经济，推动了东盟自贸区的建设，把创建区域的经济发展环境放在首位。经济合作的成效巩固了东盟的地位，扩大了它作为东南亚地区团体代表的影响力，同时，也使得以东盟为中心的区域主义意识大大增强。为了扩大东盟的利益和影响力，创建地区发展的外部合作与和平环境，东盟积极构建以自身为中心的多层"10＋1"对话与合作框架。

　　从东亚区域合作的发展角度来认识，东盟推动的这种"轴—辐"式的地区对话与合作链，也构成了东亚区域链接的初始基础。因此，推动东亚区域合作的倡议起于东盟并不难理解。时任马来西亚总理的马哈蒂

---

　　①　见孙中山1924年在神户的演说，《孙中山全集》第11卷，中华书局1986年版，第401、411页。比如，李大钊就反对日本中心的亚细亚主义，主张新亚细亚主义，即应先有亚洲殖民地国家的民族解放，获得独立，然后再建立主权国家的联合，形成与欧美平等的亚洲地区。见李大钊《大亚细亚主义与新亚细亚主义》，《李大钊选集》，人民出版社1959年版，第119—121页。

尔于 1990 年提出建立"东亚经济集团"（EAEG）的倡议（后改为东亚经济核心论坛，EAEC），就体现了东盟铺垫的这种基础和滋生的东亚区域意识。①马哈蒂尔被认为是推动东南亚区域合作的领军人物，也是倡导东亚合作的先驱。马哈蒂尔认为，东亚地区只有联合起来，才能形成本地区的声音，才能争得本地区的应有利益。②他的这种思想固然有其本人的特殊情结（比如，反对美国控制），但也代表了东亚萌起的区域合作思潮。

20 世纪 90 年代初，在东亚地区，有关开展东亚区域合作的思想已经多了起来。比如，韩国前总统金大中也提出，21 世纪是东北亚和东南亚合起来的东亚时代，如果韩中日与东南亚建立经济共同体，将在 21 世纪的世界经济中居主导地位。一些日本学者在 90 年代中就提出日本应该推进东亚区域主义，学习欧洲经验，建立东亚经济共同体。③

东亚合作的基础是逐步发展起来的区域链接和区域利益。越来越多的国家和地区采取开放发展战略，使得区域的经济链接延伸，而带有区域特征的生产分工也使得东亚形成鲜明的区域性特征。最有影响的当属世界银行的一篇《东亚奇迹》的报告。这篇报告把东亚作为一个联系紧密的，具有相似发展模式的地区来对待。④

不过，在以开放为特征的东亚经济模式下，在美国对东亚有着特殊影响力的情况下，东亚地区要作为一个独立的经济集团而出现，还需要更强

---

① EAEC 的成员是东盟 6 国（马来西亚、印度尼西亚、泰国、新加坡、菲律宾、文莱）加中日韩三国。

② 马哈蒂尔后来解释他的初衷："当时是为应对欧洲和北美出现的强大区域集团而提出的。最初的想法只是为了让东亚国家有一个论坛，来讨论共同的问题，并且在国际贸易谈判中采取共同的立场。奇怪的是，美国反对这个东亚经济集团。为什么北美国家可以组成北美自由贸易区（NAFTA）、欧洲人可以组成欧洲联盟，而不允许东亚国家彼此讨论观点，真令人百思不得其解。""如果我们把东南亚与东北亚加在一起，我们将会组成一个真正强有力的经济团体，有能力与北美自由贸易区或欧盟进行竞争。"见 http://cppcc.people.com.cn/GB/34961/51372/51377/52183/3669338.html。

③ 见金大中《21 世纪的亚洲及其和平》（中译本），北京大学出版社 1994 年版，第 193 页。鉴于他有这个思想，就不难理解他在"东盟＋3"对话合作机制启动后，率先提议成立东亚展望小组，正是这个小组的研究报告提出建立东亚共同体的构想；Michio Morishima, *Japan's choice: toward the creation of a new century*, Tokyo, Iwanami Shoten, 1995；Kazuko Mori and Kenichiro Hirano edited, *A new East Asia—toward a regional community*, NUS Press, Singapore, 2007, p. 12。

④ 该报告认为，东亚经济确实有不同于其他地区经济的共同特点。见世界银行《东亚奇迹——经济增长与公共政策》（中译本），中国财政经济出版社 1994 年版，第 1 页。

的向心力。可以想象，具有对抗美国取向的马哈蒂尔倡议难以得到东亚大多数国家，特别是像日本这样的美国盟友国家的支持。

　　然而，鉴于东亚作为一个地区的经济利益基础已经建立起来，特别是东南亚国家建立了自己的区域合作组织，以区域框架发展与世界其他国家和集团的合作关系也有着内在的需要。东亚各国聚拢在一起，以区域框架的形式出现在国际舞台上的一个标志性举动是在 1996 年与欧盟举办"亚欧合作会议"（ASEM）。作为东亚地区的一方，参与者是东盟国家和中日韩三国，与欧盟建立了正式的对话合作机制。

　　不过，东亚区域自身的合作机制启动还是在亚洲金融危机发生之后。1997 年的亚洲金融危机起于东盟国家，很快扩散到东亚其他国家，即日本、韩国和中国。危机传导所带来的影响损害了各方的利益，威胁到区域的经济运行。在此情况下，由东盟牵头，大家一拍即合，催生了"东盟＋中日韩"（10＋3）区域合作机制。

　　人们常说，危机这个词是由"危"与"机"两个字合成，寓意危情与机遇并存。可以想象，如果没有亚洲金融危机，好像东盟就没有特别的理由非要推动扩大的区域合作机制，而即便中日韩中有倡导开展东亚区域合作者，恐怕东盟也未必接受。显然，要深刻了解和理解东亚合作运动的缘起，还是要先从了解和认识亚洲金融危机开始。

第一节　金融危机风暴

　　亚洲金融危机发端于 1997 年的 7 月 1 日，从泰国开始，以泰铢大幅度贬值为爆发点，进而发展成整个金融系统的危机，并且很快扩散到东南亚、东北亚及更广的范围。

　　应该说，那场危机来势之猛，波及范围之广，破坏程度之深，是人们始料不及的。之所以称之为"始料不及"，是因为在危机发生之前，人们还对东亚地区经济的前景普遍抱有非常乐观的看法，危机一下子不仅把东南亚国家的经济拖入危机深渊，而且也殃及东亚地区的经济。

　　对于那场危机，各种看法都有。内因是主要的，即一些国家的政策出了问题；外因不可忽视，起到了推波助澜的作用。进一步说，关于内因，主要是一个时期经济过热，政府经济管理失策，从而导致了经济失衡，市场失序。①

20 世纪 80 年代后期到 90 年代上半期，日元升值导致日本产业向外转移，主要的目标市场是东盟国家。同时，90 年代初东盟推动自贸区建设，改善了区内经济发展的环境，也吸引了来自美国、欧洲以及韩国、中国台湾地区的企业投资，东盟成为一片吸引外来资本的热土。投资热，资金流入涌动潮，推动了东盟经济的高增长。当时，无论是政府还是企业，大都对形势保持乐观。

也许正是那时的普遍乐观"大气候"成为酿成危机的一个祸根。那种"大气候"导致东南亚许多国家采取了宽松的宏观经济政策，放宽管制，鼓励各种金融机构积极运作，支持搞大工程，上大项目，导致企业盲目扩大生产能力，过度举债，大量资金流向那些被认为能在短期内得到丰厚利润的房地产投资。在那种烘热的"大气候"下，国外资金大量流入，一时间东南亚成为投资（投机）家云集的热土。据估计，在危机发生的前几年，每年大约有 1000 亿美元的资本流入这个地区。当时，在一些东盟国家，国际贸易、国际收支出现了严重的不平衡。②

危机起始于泰国。为什么泰国金融危机会迅速扩散到大多数东亚其他国家？主要的原因是东亚地区的经济已经相互连接，市场之间货物、资本和服务的相通，一动皆动。泰国国际收支出现严重不平衡，金融机构过度借贷，泰铢贬值，于是出现"市场信心"危机。由于许多国家存在与泰国相类似的问题，泰国一出现危机，马上就引起投资者和投机者对其他国家丧失信心，从而引起大规模货币投机。投机资金的大量运作和大规模突然抽走，使市场信心崩溃。像印度尼西亚的危机，就是因为一家公司融资出现困难，结果导致整个金融链条断裂。在韩国，市场信心崩溃导致汇率"超值"下跌，同时也把其对外债务中的问题一下子暴露出来了，一时间，

①　主要原因是缺乏对金融体系的监督和管理，政府失于制定出有效的管理规则，使得金融机构的运营"无规则"。Seiichi Masuyama, Dnna Vandenbrink and Chia Siow Yue, East Asia's Financial System, NRI, ISEAS, Singapore, 1999, pp. 16 – 17.

②　比如，净流入泰国的外来资本 1992 年比 1996 年数量高了一倍，相当于 GDP 也几乎高了一倍。印度尼西亚也出现了类似的情况，风险指数大幅度上升。East Asia's Financial System, NRI, ISEAS, Singapore, 1999, p. 57, 77.

东亚经济市场陷入恐慌。①

　　关于外部力量，普遍的说法是投机资金兴风作浪。巨额的国际游资每时每刻都在寻求机会，一旦有机会便立即进入，这不难理解。在金融市场上，当出现问题苗头时，人们对前景担心，聪明的投资家会作出"积极的反应"，看准弱点，趁其不备，攻其一翼，在大捞一把之后，快速溜之大吉。市场上出现资金大量外流，必然导致金融恐慌，大恐慌引起市场大崩盘，而金融市场出了问题，就会使之扩展到整个经济体系。一些金融大鳄，像索罗斯，大量进行货币投机，操纵市场，推波助澜。金融大鳄们利用当地国家不熟悉的金融衍生工具，进行金融投机，大量抽走资金，逼当地货币大幅度贬值。当时的马来西亚总理马哈蒂尔公开指责索罗斯"企图毁掉马来西亚经济"，"达到政治目的"。②有的学者认为，金融大鳄发动的是一场"金融战争"，目的是搞垮刚刚兴起的"亚洲经济模式"，实现"金融帝国对世界的控制"。③

　　在开放的市场环境下，资本流进容易，流出也容易，资本大规模流进流出不仅会导致货币金融市场的不稳定，也会导致整个经济的不稳定，尤其是资金的大规模抽走，往往是导致市场萎缩和经济萧条的一个主要因素。资本的本质就是追逐最大化的利润，为了这个目的，它会利用一切可以利用的机会与手段。若无强有力的监管，任其行游，必然会出乱子。危机发生前，大量的国际资本流入东南亚地区，助推了这个地区经济的过热，但当危机发生后，它们就大规模从这个地区流出，导致市场崩溃，资金短缺。据统计，在危机发生的不到一年里，有 1000 多亿美元从泰国、菲律宾、印度尼西亚和马来西亚等国流出，银行放款也缩减了近千亿美元。由于资金大规模撤离，银行减少或停止提供新的贷款，使已经开始恶化的形势雪上加霜，致使许多国家的经济陷入大萧条。金融危机的迅速扩散反映出一个突出的事实，这个地区的经济存在着很高程度的链接，各国货币与金融市场之间

---

　　①　金融投资家卡鲁姆·汉德森（Callum Henderson）在危机发生后写了一本《亚洲跌落：货币危机及其发生后的感触》，详细描述了危机发生的惨状：银行倒闭，公司破产，企业家自杀……不过，2000 年后他又写了一本《亚洲的黎明：复苏、改革与在新亚洲投资》的书，描述亚洲如何迅速从危机中恢复过来，重现经济繁荣。Callum Henderson, *Asia Falling*: *making sense of the Asian currency crisis and its aftermath*, McGraw-Hill, 1998; *Asian Dawn*: *recovery*, *reform & investing in the new Asia*, McGraw-Hill, 2000.

　　②　钟泰等：《危机逼近中国》，燕山出版社 1998 年版，第 145 页。

　　③　宋鸿兵编著：《货币战争》，中信出版社 2007 年版，第 209 页。

发展起了非常密切的相互依赖关系，各国经济之间形成了"一荣俱荣，一损俱损"的格局。

大量资本撤走，本地金融机构坏账大幅度增加，这时，大家都需要资金来解燃眉之急。于是，泰国和其他东亚国家都向国际货币基金组织（IMF）伸出求救之手。国际货币基金组织是二战以后建立起来的一个主要国际治理组织之一，按照章程，其主要职能是，"促进国际货币合作，促进国际贸易的扩大和均衡发展，促进汇率稳定和汇率有序安排，促进多边支付体系发展，消除汇率限制，帮助成员国解决国际收支中出现的问题"，因此，国际货币基金组织可以应成员国的要求提供紧急贷款援助。①但是，世上没有免费的午餐，接受援助就必须接受国际货币基金组织提出的条件，也就是说，有了病，要吃人家开的药。国际货币基金组织的药方是现成的：既然经济过热，那就降温，政府、企业紧缩开支；既然货币贬值，那就提高利率，紧缩货币政策；既然银行有问题，那就停止贷款，进行改革，甚至"关停并转"。国际货币基金组织的规定非常严厉，有富有经验的专家队伍进行监督。这个药方在20世纪80年代治理拉美国家债务危机中非常见效。但是，这剂西药东方人吃下去效力就完全不同了，病情非但没有好转，反而加重。原因也很简单，东亚出现的问题与拉美不同。拉美发生的是公共债务，也就是说，政府借钱太多了。而东亚主要是东南亚国家，是金融机构危机，市场信心危机。本来，经济降速，需要政府加大开支为经济加温，以加快经济复苏，把后退的经济车轮推上坡，往前走，也就是说，需要通过加温，让失去的市场信心返回来，让冷却的市场活起来。结果，国际货币基金组织的紧缩方案却是让政府紧缩开支，这等于是"雪上加霜"，使经济活动进一步萎缩。本来，银行金融机构资金短缺，需要充实资金，资助它们向企业放贷，以活跃经济，结果，国际货币基金组织的规定强制大批银行破产，制定了严格的资产—贷款比率，让几乎所有的银行都达不到标准，因而不能放款。政府不花钱，银行不放贷，其结果是很可预料的：经济进一步下滑，更多的企业破产，更多的人失业。面对困局，泰国前总理阿南·班雅拉春不无悲切地说："世界上没有一个国家……愿意把本国的财政金融事务交给国际货币基金组织管理。"②

---

① *United Nations Handbook*，2010–2011，p. 349.
② 转引自钟泰等《危机逼近中国》，燕山出版社1998年版，第149页。

有人指责，亚洲金融危机加重，责任在国际货币基金组织，无论是当时，还是现在看来，这样的批评都不为过。①甚至还有人认为，这本来就是一场阴谋，先由索罗斯猎杀，再把受伤的猎物交由被美国控制的国际货币基金组织屠宰和拍卖。②我不太赞成这样的阴谋论说。不过，值得反思的是，如果本国政府对开放经济缺乏有效监管，对治理失去主动权，后果是不堪设想的。

面对加重的困难，老百姓挺身而出，团结自救。当时，出现了很多感人的故事。在泰国，人们争相把积存的金银首饰捐献出来；在韩国，金大中总统夫妇带头，人们把美元、金条、首饰无偿献给政府。危机中的人们不再等待，越来越多的人开始自谋创业。在泰国，破产的老板到街上摆摊，许许多多的人不再开车，不再饮酒……

中国是幸运的，没有直接陷入危机。这里所说的幸运，并不是侥幸，而是中国在金融危机发生之前就对国内金融市场和债务问题进行了治理，实行了收紧的货币政策。20世纪90年代初，中国经济开始过热，大量资本流入，大量银行放款，物价上涨达到两位数。为了给经济降温，治理通货膨胀，监管资金流入，政府采取了一系列措施，到亚洲金融危机发生时，中国经济已经进入良性状态。当然，由于中国经济与外部市场联系紧密，外部金融危机还是导致了中国的出口急剧下降，经济增长大幅度减速。

基于共同的利益，同时也是出于责任，中国伸出援助之手帮助受危机打击严重的国家。面对危机的影响，中国没有采取惯常的货币贬值刺激出口的方法，而是坚持不让人民币贬值。同时，中国向陷入危机的国家，如泰国、印度尼西亚等提供资金援助。由此，在金融危机中，中国赢得了"负责任的国家"称誉。

日本当时是亚洲的金融老大，是东南亚国家主要的融资来源，发生在东南亚的货币金融危机使日本也陷入严重的危机。日本一方面对自己的金融体系进行治理，另一方面提出了亚洲货币基金计划，通过建立区域性货

---

① 当时，只有韩国有政府财政赤字，像泰国、印度尼西亚都是财政盈余，政府可以通过增大开支为经济加温。因此，国际货币基金组织采取的紧缩措施，被认为是危机恶化的一个原因。Paul Bowles, "Asia's New Regionalism: Bringing State Back in and Keeping the (united) States Out", *Review of International Political Economy*, Summer, 2002, pp. 236 – 237, http://www. jstor. org/stable/4177421. 有的学者明确指出，国际货币基金组织在应对处方上犯了大错误。见西口清胜《现代东亚经济论：奇迹、危机、地区合作》（中译本），厦门大学出版社2011年版，第63页。

② 宋鸿兵编著：《货币战争》，中信出版社2007年版，第209页。

币合作机制来应对现实的危机，并且为未来提供安全阀。日本的计划遭到美国的强烈反对，中国也不赞成。①该计划被否决后，日本又提出"宫泽计划"，直接向遭受危机的东盟国家提供援助资金，为遭受危机的国家提供筹资担保。②

韩国身陷危机，在金融链条破裂后，大企业集团的过度举债问题被翻了出来，一时间，一些大企业集团资不抵债，陷入危机。韩国也不得不向国际货币基金组织求救。美国对东南亚国家发生的危机并没有及时出手相救，这与当年拉美发生债务危机时美国紧急采取救助措施的表现大不相同。不过，在韩国陷入严重危机后，美国紧急出手相救，向韩国提供了大量的资金援助，这也许是因为韩国是美国的盟国的缘故吧。

面对深化的危机和不力的应对措施，众多学者围绕危机本身和与此有关的重大问题产生了大辩论。辩论的一个焦点是危机为何恶化。一些人认为，国际货币基金组织是罪魁。最早起来发难的是美国哈佛大学教授萨克斯。他认为，国际货币基金组织对要求救助的国家所实行的苛刻的超级紧缩计划，不仅无助于这些国家摆脱困境，反而使形势大大恶化。持类似观点的还有时任世界银行副行长的斯蒂科勒斯。更有批评甚至把国际货币基金组织强加于人的条款比作"新殖民主义"。当然，国际货币基金组织也为自己的做法辩护，因为在它看来，提供宽松的资金支持，会产生"道德风险"，使原来存在的金融领域的问题得不到纠正。

不过，有一个公认的事实是，在国际金融市场高度开放和融合的情况下，各个国家对资本国际化缺乏有效的管理手段，国际社会也没有为国际资本的流动、金融机构的运作行为建立起监督机制。发生在东亚地区的这

---

① 日本提出的亚洲货币基金（AMF）计划基本内容是：组成 1000 亿美元的基金，由 10 个经济体参加，除日本外，还有中国、中国香港特区、韩国、印度尼西亚、马来西亚、新加坡、泰国、菲律宾和澳大利亚。设想通过这个基金运作形成不与国际货币基金组织（IMF）挂钩的地区货币金融合作机制。该计划由于不包括美国，脱离 IMF，形成对美国的主导地位和 IMF 的挑战，遭到美国的强烈反对，同时，被认为是树立日本在亚洲的金融领导地位，也没有得到亚洲所有国家和地区的支持。见 Phillip Lispscy, "Japan's Asian Monetary Fund Proposal", http: //web. stanford. edu/group/sjeaa/journal3/japan3. pdf.

② "宫泽计划"资金由日本单独设立，总额 300 亿美元。不过，有人认为，金融危机扩大，日本难脱其咎，因为在危机的关键时刻，日本抽调海外资金回国。见陈文鸿等《东亚经济何处去》，经济管理出版社 1998 年版，第 231 页。

场金融危机是对这种缺陷提出的最严厉警告。①

辩论的另一个焦点问题是"东亚模式"是否过时，或者说，东亚地区经济的高增长是否终结。否定的意见认为，以政府主导为特征的东亚模式已经"寿终正寝"，这好像应验了早先美国经济学家克鲁格曼对东亚经济的批评，他认为，所谓东亚奇迹，不过是一种神话。②因此，不少人认为，东亚经济的繁荣不再。③

在美国、欧洲的许多报刊上，当时"东亚模式"终结的论调相当盛行。当然，也有许多意见认为，危机是暂时的，危机并没有改变东亚经济发展的一些基本优势和条件，因此，再经过几年的调整，还会出现"第二次"增长奇迹。④

事实证明，因为出现了危机就完全否定东亚经济发展的经验和未来前景是错误的，把本来属于政策失误和制度缺陷的问题扩大为东方制度不可治愈的病症，显然是过于偏见了。

当然，危机也的确暴露出东亚一些国家经济发展、政府政策和企业经营体制上的一些严重问题。比如，过分密切的政府—企业体制；过度依赖"出口导向"，高投入低产出；轻视国内市场开发，经济社会发展失衡；银行体系不健全，证券市场发展滞后，市场体制缺乏透明；重开放，轻管理，对国际资本缺乏有效监管；等等。

金融危机的发生和影响表明，单个国家应对不了这样严重的危机，一旦发生这样的危机，很少有国家能够幸免于难。如果说东亚国家和地区从开放发展中尝到了甜头，那么，也从命运相连中体会到了责任。

---

① 关于这方面的分析见 Karl D. Jackson，"Asian Contagion"，ISEAS，1999，Singapore，p. 3；这方面的问题直到 2008 年美国发生次贷危机，危机很快演变成世界性大危机，才受到重视，各个国家，还有国际社会才开始通过合作的方式进行治理，这方面的分析将在以后关于金融合作章节里进行分析。

② Paul D. Krugman，"The Pacific Myths"，*Foreign Affairs*，pp. 11 - 12，1994.

③ 有的专家指出，危机实际上也蔓延到亚洲以外的国家，因此，导致危机发生的原因并不是东亚国家独有的。见西口清胜《现代东亚经济论：奇迹、危机、地区合作》（中译本），厦门大学出版社 2011 年版，第 59 页。

④ Callum Henderson，*Asian Dawn：Recovery，Reform & Investing in the New Asia*，McGraw-Hill，2000. 我在《亚洲现代化透视》中写道："……危机过后，亚洲会取得的一个新的跳跃式的发展，亚洲的前景是光明的，对此不应有任何疑义。"见张蕴岭主编《亚洲现代化透视》，社会科学文献出版社 2000 年版，第 47 页。

第二节　合作之船扬帆起航

如果说1990年马哈蒂尔总理提出构建"东亚经济集团"（EAEG），有些为时过早，1996年东亚13个国家为一方与欧盟建立亚欧会议（ASEM）不过是应欧洲之邀，与之开展集体对话，[①] 那么，1997年的亚洲金融危机催生的"10+3"合作机制，则是为了一个目的而走到一起，是基于内在需求的逻辑。东亚国家坐在了一艘合作之船上，合力扬帆起航，这是东亚地区发展史上的一件大事。

1997年12月15日是一个值得记住的日子。这一天，在东盟的邀请下，中日韩和东盟十国领导人在马来西亚首都吉隆坡聚首，举行非正式对话与合作会议（"10+3"，APT），实现了历史性的突破。这次会晤意义深远，预示着一个合作东亚的未来。

"10+3"领导人会议的主要议题当然是如何应对金融危机，同时也涉及如何深化东亚地区的经济联系，以及东亚未来的发展等问题。会议中领导人就诸多议题达成了共识，对加强东亚地区的合作发出了明确的政治信号。[②]

1998年底在越南首都河内举行的第二次东亚领导人会议取得了更为具体的成果。如果说第一次对话会是就合作本身达成共识，那么第二次会议就是力图把东亚合作推向务实的方向。会议的主要议题是如何通过加强地区合作克服金融危机，尽快恢复地区的经济增长。中国在会议期间就加强

---

① 亚欧会议是亚洲与欧洲之间的政府间论坛。1994年7月，欧盟制定了《走向亚洲新战略》，主张与亚洲进行更广泛的对话，建立一种建设性、稳定和平等的伙伴关系。1994年11月，新加坡总理吴作栋提出召开亚欧会议的倡议，得到各方广泛积极响应。1996年3月1日至2日，首届亚欧首脑会议在泰国曼谷举行，标志亚欧会议正式成立。目前，亚欧会议成员数已由开始创立时的26个增加至51个。主要有首脑会议、外长会、高官会、部长级会议等，合作领域主要为：政治对话，就双方感兴趣的广泛议题进行讨论；经济合作（科技、农业、能源、交通、人力资源开发、消除贫困和保护环境等），促进贸易与投资，并就全球贸易、国际治理等问题进行磋商；推进学术、文化与人际交流与合作。先后签订了《2000亚欧合作框架》《亚欧贸易便利行动计划》及《亚欧投资促进行动计划》，成立了亚欧基金和亚欧会议信托基金。

② 同时也开启了"东盟+1"对话合作机制，东盟与中国领导人的会晤成果是发表《中华人民共和国与东盟国家首脑会晤联合声明》，共同承诺"将发展彼此之间的睦邻互信伙伴关系作为中国与东盟在21世纪关系的重要政策目标"。http：//cpc. people. com. cn/GB/64162/64165/74856/74966/5159314. html.

东亚合作，应对危机提出了具体的建议，提议举行东亚国家的副财长和央行副行长会议，研究国际金融改革及监控短期资本流动的问题，这个提议得到与会领导人的一致同意。启动这样的合作机制，就使得东亚地区第一次有了高层政府职能部门之间的对话与协商，并就地区重大的经济问题寻求建立务实的合作机制。对于东亚合作未来发展具有重要影响的另一个成果是，根据韩国总统金大中的提议，领导人一致同意成立"东亚展望小组"（East Asia Vision Group，EAVG），就东亚合作的前景进行展望和规划。

1999 年 11 月 28 日在菲律宾首都马尼拉举行的第三次会议是一个重要转折点和新起点，因为这次会议就推动东亚合作的原则、方向和重点领域达成了共识，首次发表了《东亚合作联合声明》。声明强调，"东亚加强合作、密切相互之间的联系有着光明的前景"，领导人决心"推动对话与合作，以加速对话进程；加强并巩固集体的努力，以促进相互理解、相互信任、睦邻友好关系以及东亚乃至整个世界的和平、稳定与繁荣"。声明列出了在经济和社会领域、在政治和其他领域的合作重点，主要有：在经济合作方面，加速贸易、投资和技术转让，鼓励信息技术和电子商务方面的技术合作，推动工农业合作，加强中小企业合作，启动东亚产业论坛，推动东亚经济增长区，如湄公河次区域的发展等；在货币与金融合作方面，加强政策对话、协调与合作，包括宏观经济风险管理，公司管理，资本流动的地区监控，强化银行和金融体系，通过"10＋3"的框架，加强地区的自救与自助机制；在社会和人力资源方面，推动实施"东盟人力资源开发倡议"，建立"人力开发基金"；加强科技发展领域的合作，加强能力建设，促进东亚地区增长；加强文化和信息领域的合作，加强地区的文化交流，加深了解；加强发展合作，推动经济的可持续发展；加强政治和安全对话、协调与合作，加强相互理解和信任，在跨国问题上加强合作。

领导人强调，"对进一步深化和扩大东亚合作表示了更大的决心和信心"。① 应该说，领导人的这个声明对于东亚地区的合作提出了具有远见的构想，不仅着眼于应对危机带来的冲击，而且开始勾画东亚合作的长远目标。因此，把它称为一个重要的转折点和新起点并不为过。

此后，"10＋3"领导人会晤机制化，越来越多的部长会议机制启动，特别是"东亚展望小组"关于建设东亚共同体的报告提出，接着组成官方

---

① 见《东亚合作联合声明》，马尼拉，1999 年 11 月 28 日，www. asean. org。

研究小组提出落实的行动计划，由此，东亚合作之船像赶上了大顺风，勇往直前。

促使东亚国家走到一起的直接动力当然是应对金融危机，但从利益基础来说，还是相互依赖的经济链接。二战以后，东亚地区从日本经济起飞到"四小龙"，再到东盟和中国，通过产业转移和分工生成了投资—贸易—金融链，逐步建立起区域性的生产分工和运营体系。这种分工链接超越历史，超越政治，以市场联系机制为基础，得到了各国开放发展政策的支持。东亚地区这种相互依赖的联系机制和共享利益自然需要机制化的合作来维护。①

东亚地区的经济链条是逐步加长的，越来越多的经济体成为其有机组成部分。二战以后，日本经济很快获得恢复。作为东亚地区先发达起来的国家，日本在引领该地区经济发展的过程中起到重要的作用，是后起的国家和地区获得资金和技术的主要来源，从而形成由日本引领、一批发展中经济体紧随其后的"雁行飞阵"经济发展链条。特别是 20 世纪 80 年代后期，日元升值，日本企业大举外迁，通过对外投资和产业转移创建一种以生产分工为联系的机制。这种"雁行飞阵"让那些参与市场网络和产业分工的经济体之间建立了紧密的经济联系。②

进一步加深这种联系的是越来越多的经济体实施开放发展战略，加入到国际和区域生产分工链条，融入国际市场体系。先是"四小龙"，它们实行积极的开放和新发展政策，利用自己的低成本比较优势，通过引进外资，加工出口，使其成为有竞争力的加工基地和出口市场。投资引进和出口拉动促进了经济的快速增长。③在"四小龙"之后，更多的经济体加入到开放发展行列，像东盟的马来西亚、印度尼西亚、泰国、菲律宾等。有意思的是，在更多经济体加入分工体系之后，先一步发展起来的"四小龙"快速调整产业结构与发展战略，把一些低端和劳动密集型加工业转移到后加入分工链条的经济体，而后来者则通过发展接替型加工产业，迅速成为

---

① Kazuko Mori and Kenichiro Hirano edited, *A new East Asia*, NUS Press, 2007, p. 100.

② 当然，日本是"雁行飞阵"的领头雁，只是一种综合的概括，表明的是一种经济起飞秩序，来自美国、欧洲的投资和产业转移也构成东亚生产链的重要组成部分。

③ "四小龙"，指韩国、新加坡，以及中国的香港和台湾地区。四小龙经济发展成功的意义在于，那些落后的经济体，可以通过实施开放，引进资本和技术，参与国际分工、利用国际市场空间，实施发展的赶超。见张蕴岭主编《亚洲现代化透视》，社会科学文献出版社 2000 年版，第 20 页。

具有新竞争优势的市场。大量外来资本流入和加工出口业的发展拉动了经济的快速发展。

中国实施改革开放政策，以巨大的发展潜力和特殊的竞争优势加入到东亚的分工体系和产业链条，不仅为地区经济增添了巨大的活力，而且也使地区原有的分工链结构发生重要改变。中国成为加工出口中心，使得地区的"链条型"分工结构转变为"复合交叉型"结构，形成一种网络状的区域分工结构。由于大量的外来投资集聚中国，使中国成为最重要的分工枢纽，成为面向地区和世界市场的巨大"加工装配工厂"①。

显然，东亚越来越紧密的区域经济联系生成了内在的合作利益基础。如果说 1997 年启动东亚对话合作机制是出于应对金融危机的需要，那么，在这个机制下通过的《东亚合作联合声明》，则是着眼于未来长远发展的战略性共识。领导人在这样短的时间取得这样的共识，虽然有着日益加深的经济联系和共同利益基础，更重要的是他们的政治认同和远见，即推动建立一个合作、发展与繁荣的东亚地区。

东亚走到这一步并不容易。近代东亚经历了动荡与战争，对立与对抗，经受了沉重的打击。特别是，在政治和安全的分隔仍未完全消除的情况下，达成推动合作的共识，既是基于现实的利益，也是基于未来的愿景。

当然，面对巨大差别和诸多未解的矛盾，人们也不免存在疑问：东亚的合作具有可持续性吗？经济的合作能够得到政治的强有力支持吗？亚洲不同于欧洲，东亚能找到符合自己特点的合作方式吗？以"10＋3"为基础的东亚合作不包括美国，在东亚有着巨大利益和影响力的美国，会袖手旁观吗？诸如此类，问题还有很多。

毕竟，东亚地区分裂的时间太久，现实的差别太大，内外关系非常复杂。有人认为，近代以来，东亚国家并没有作为一个地区整体共事的良好记录，直到 20 世纪 90 年代初，有关亚洲团结的号召声音还是那么弱。出于现实利益驱动的功利性合作可能会比较容易推动，但是，要真的搞区域化的机制构建，就会触及各个方面的利益。现实的东亚区域合作起于务实的利益观，而区域合作的制度化建设，特别是超国家的区域性制度化建设

---

① 有人认为，网络型结构体现的是更为细化的产品内分工和垂直分工体系。见唐海燕、张会清《中国崛起与东亚生产网络重构》，《中国工业经济》2008 年第 12 期。

需要高度的政治认同。因此，东亚合作的深化所要涉及与触及的方方面面太多了，进程注定会出现反复。①

回顾与思考

光阴如梭，亚洲金融危机已经过去快 20 年了。今天回顾，好像还历历在目。不过，如今对它进行回顾，与当年进行直面的分析研究不同，所激起的是更深刻的思考。②

经济开放是各国参与国际经济、利用国际资源发展实现经济快速发展的正确选择。对于发展中国家来说，开放可以解决发展的瓶颈——资金、技术短缺和市场不足。但是，开放也有风险，尤其是汇率的自由浮动和金融市场的开放，一方面有利于引入资金，发展资本市场，另一方面也会增加汇率波动，货币投机和金融市场混乱和动荡的风险。从当时泰国、印度尼西亚、韩国等国的情况看，公司过度借贷，金融机构过度放贷，汇率大幅度波动，在金融市场出现问题苗头时，资金大规模撤离是导致危机恶化的重要原因。因此，经济开放要求建立完善的监管法规和强有力的监管机构，在平时实施严格的监管，在问题出现时亦能发挥出超强的治理能力。对于那些发展水平不高，尤其是金融体系不完备，缺乏有效管理和治理能力的发展中国家来说，开放的准备需要做好，这并不是说要制度完备了再开放，而是说要尽可能地把政策、制度准备做得好些，以避免因为漏洞而招致冲击，再出现问题后措手不及，任其恶化。

在亚洲金融危机发生后，多方力图减缓危机的影响，援助受到危机直接冲击的国家，但是，事实表明，效果很不理想。按说，有东盟在，东南亚国家应该可以进行更好的协调与合作，但是由于东盟本身缺乏应对危机的实力和治理能力，任凭危机肆虐扩散。尽管在危机发生后，东盟召开了

---

① 参见 Simon S. C. Tay, *Asia Along: The Dangerous Post-Crisis Divide from America*, John Wiley & Sons (Asia) Pte. Ltd., 2010, pp. 176 – 177。

② 特别是在 10 年之后，当初严厉批评亚洲的美国，发生了严重的次贷危机。该危机迅速扩散到全世界，对世界所造成的影响，带来的损失远比发端于东盟国家的金融危机严重。而且，从内在的原因看，两场危机的根子都在于对金融机构的监管出了问题。美国一向以金融市场发达和金融监管机制完备而著称，危机发生在美国，令人始料不及，更引起人们的深刻思考。

数次会议，但是，在应对危机方面，具体成效很少。①

　　说老实话，那样严重的危机，已经远远超出东盟成员和东盟整体应对的能力。这就是为何东盟向经济关系最密切的中国、日本和韩国发出对话与合作邀请的原因。对于中日韩来说，由于经济上的相互依赖，其实也需要推动东盟的合作，而正是这样的双向需求为东亚合作机制的诞生孕育了环境。

　　在危机发生后，我曾经访问一些东南亚国家，目睹了危机带来的冲击。在泰国，我看到平时拥挤不堪的街道，一下子变得冷冷清清。我的一位高官朋友告诉我，危机发生前，每天都有人找他，向他推销提供信贷，而危机发生后，他去求人家提供贷款，但没有人理他。当地银行的朋友告诉我，国际货币基金组织制定的银行放款准备金标准非常无理，本来发生了危机，银行出现资金链断裂，资本金不足，应该放宽信贷门槛，但国际货币基金组织却提高了银行准备金标准，如果达不到标准就不能放款，结果，银行无法向需要资金救助的企业提供贷款，企业只能倒闭。

　　我在马来西亚访问时，目睹了马哈蒂尔与副手安瓦尔如何因对策分歧反目成仇。那时，我应马来西亚副总理安瓦尔的邀请，参与讨论和拟定"太平洋宪章"（The Pacific Charter）的工作。这本是马来西亚政府的一项大战略，要领衔制定冷战后的新地区规则，限制美国的霸权，提升马来西亚的影响力。这项工作由安瓦尔领导，邀请几位专家组成工作组，成员来自东盟的印度尼西亚、泰国、菲律宾，东盟以外的有中国、美国和日本。工作组专家们基本上就地区新秩序达成共识：冷战后，亚太地区需要建立新的国际关系，需要新国际关系指导原则。以专家个人签名的"太平洋宪章"公开发表，并且为此召开了发布会。参与这项工作对我影响很大，此后，我有关区域关系的研究和思考很多都与那时的议题有关。②不过，在金融危机侵袭马来西亚并对其经济造成巨大影响的情况下，作为负责财

---

①　东盟作出的最有意义的一个决定是在危机发生后，不是采取内向的保护主义，而是决定加快内部一体化步伐（AFTA），意图很明显，那就是通过开放，增加市场的吸引力，让外资流入，以推动经济的复苏。

②　也许是由于安瓦尔下台的缘故，我们辛辛苦苦工作一年多发布的"太平洋宪章"——一个新的国际关系指导原则宣言，被冷落了。最近，我拿出当年的文本册，掸掉封面的尘土，细读起来，不觉暗暗佩服专家们的慧眼卓识。应该说，文本里倡导的关于新形势下追求和平、平等、协商、和谐、共处的思想，今天仍然很有指导意义。很遗憾，也许是生不逢时，或者领导者本人（安瓦尔）落魄，这个好文件被冷落了，沉入了深宫。

政、经济事务的副总理安瓦尔还与我们一起讨论"太平洋宪章"文本，这显然令马哈蒂尔总理大为不快。尽管有关"太平洋宪章"的研究工作是得到马哈蒂尔支持的，他也曾数度会见专家组成员，但是，这时他却对安瓦尔还不结束这个项目表示不满。我记得就在我们专家组讨论之时，他突然进来，一脸不高兴，对安瓦尔说，为何还在这里讨论这个问题？这项工作应该停下来。看到他如此生气，当时我们都感到很吃惊。此后不久，安瓦尔就被撤职投入监狱了。开始我们认为是因为他不得力，后来才知道，是因为他与马哈蒂尔之间就如何救助马来西亚经济产生了分歧。马哈蒂尔采取的是"对抗性"政策，把本国货币林吉特与美元挂钩，实行固定汇率，管制资本市场，限制资本流出和投机交易，而安瓦尔则希望与国际货币基金组织合作，让林吉特贬值，整顿本国金融机构，并造势"抢班夺权"，让马哈蒂尔下台，这令马哈蒂尔很愤怒。从应对危机的角度来看，当时马哈蒂尔采取的应对措施还是取得了很好的效果，因为它避免了国际货币基金组织干预所造成的副作用，为此，马来西亚的金融市场很快稳定下来，经济取得了较快的恢复。

马哈蒂尔对开启的东亚合作进程也非常重视。政府支持设立了专门资金，支持"东亚大会"（East Asia Congress）活动。该项目每年邀请政界、学界和企业界的人士集聚吉隆坡，就推动东亚合作的问题进行讨论，提出政策性建议。我几乎每年都参加会议，并应邀发表讲演，因此，成了马来西亚的常客。[①]

当时，这样的活动在其他东亚国家也以不同的形式组织。那几年，我每年都接到许多的邀请，参加至少十几个由不同国家组织的学术会议。我当时任所长的亚太研究所还有亚太经合组织与东亚合作中心也每年组织会议，设立专门的课题，邀请来自东亚国家的专家学者参加，并且出版了多部有关东亚合作的书。[②]可以说，当时整个东亚地区刮起了一股推动区域合作的旋风，作为这个领域的学者，着实感到兴奋。

不过，"10＋3"对话合作机制的启动只是迈出了东亚合作进程的第一步。随着对话合作的深入，分歧也就显现出来。核心的问题，一是合作的

---

① 不过，后来随着东亚合作路径变得复杂，东亚共同体建设势头减弱，这个机制也停止了运作。

② 如我主编的 *Emerging East Asian Regionalism: Trend and Response*, World Affairs Press, 2005。

定位，二是合作的目标。在这样一个有着挥之不去的历史纠葛，冷战分裂对立尚未彻底结束，新的争端泛起的地区，要使合作深化，特别是要进行区域合作的机制化构建，共识性并不强，而要使进程不断推进，并且取得成效，并非易事。

　　经济发展利益固然是开展合作的基础，但是，这个基础也会因利益的差别、政治的分歧而变得不稳固。东亚地区经济上链接，而政治上分野与安全上分隔，这样的情况使区域合作进程受到诸多因素的制约和干扰，这注定东亚合作进程会充满矛盾和曲折。

延伸阅读

东亚合作联合声明 ①

菲律宾·马尼拉

1999 年 11 月 28 日

　　1. 在马尼拉举行的东盟—中、日、韩首脑会议上，文莱、柬埔寨、中国、印度尼西亚、日本、韩国、老挝、缅甸、菲律宾、新加坡、泰国、越南的国家元首/政府首脑和马来西亚总理特使对他们迅速发展的国家关系表示满意。

　　2. 他们指出，东亚加强合作、密切相互之间的联系有着光明的前景；他们认识到，这一合作的不断扩大，为他们相互开展合作提供了更多的机会，从而加强了那些对推动本地区的和平、稳定与繁荣至关重要的因素。

　　3. 他们知道，在新的千年中存在着挑战和机遇；在全球化与信息时代，本地区内的相互依赖不断增强。因此，他们同意，要推动对话与合作，以加速对话进程；加强并巩固集体的努力，以促进相互理解、相互信任、睦邻友好关系以及东亚乃至整个世界的和平、稳定与繁荣。

　　4. 有鉴于此，他们强调，各自承诺根据《联合国宪章》的宗旨和原则、和平共处五项原则、《东南亚友好合作条约》以及公认的国际法原则

---

　　① 　这是 1999 年 11 月 28 日东亚领导人发表的关于东亚合作的声明译文。这是一份历史性的文件。文件虽然不长，但它是开启东亚区域合作的一把钥匙。

处理相互关系。

5. 他们忆及东盟、中国、日本和韩国的领导人在 1998 年 12 月于河内举行的第六届东盟首脑会议上所做的关于经常举行领导人会议的重要决定，认识到东亚展望小组在不断作出努力。他们同意，在面对未来挑战的时候，需要加强对话进程，从而推动共同感兴趣和共同关心的重要领域内的东亚合作。

6. 有鉴于此，他们强调，承诺继续推动现有的磋商与合作，在各领域中、在不同的层次上共同作出努力，特别是在：

a) 经济和社会领域

——在经济合作方面，他们同意，加速贸易、投资和技术转让，鼓励信息技术和电子商务方面的技术合作，推动工农业合作，加强中小企业合作，推动旅游业的发展，鼓励积极参与东亚增长区——包括湄公河盆地——的发展；通过考虑将诸如建立"东亚经济委员会"以及为主要地区工业启动产业论坛的倡议联系起来，以促进民营部门更广泛地参与经济合作活动；同时，鉴于这些行动是实现可持续经济增长以及对于防止东亚再次发生经济危机所发挥的不可或缺的作用，他们同意，继续进行结构改革，并加强他们之间的合作。

——在货币与金融合作领域，他们同意，在共同感兴趣的金融、货币和财政问题上加强政策性对话、协调与合作，初始阶段可以集中在宏观经济风险管理、加强公司管理、资本流通的地区监控、强化银行和金融体系、改革国际金融体系、通过"10＋3"的框架，包括正在进行的"10＋3"财政和央行领导人和官员的对话与合作机制，加强自救与自助机制。

——在社会及人力资源开发方面，他们同意，社会及人力资源开发对于实现东亚可持续增长至关重要，这种重要性体现在可以在东亚国家内部和东亚国家之间减少经济和社会不平等。在这方面，他们同意，在诸如实施"东盟人力资源开发倡议"、建立"人力资源开发基金"以及"东盟社会保障体系行动纲领"等领域进一步加强合作。

——在科技发展领域，他们同意，加强在这些领域的合作，加强能力建设，促进东亚经济发展及可持续增长。

——在文化和信息领域，他们同意，加强地区合作，向世界其他地区宣传亚洲的观点，进一步促进东亚人民之间的交流，推进对彼此文化的了解、友好与和平，集中了解东亚文化的力量和优点，认识到本地区的力量部分来源于其多样性，并在这一认识的基础上继续努力。

——在发展合作领域，他们同意，给予并加强对东盟落实《河内行动计划》的支持是重要的，这将推动经济和可持续发展，增强技术能力，提高人民的生活水平，实现本地区长期的经济和政治稳定。

b）政治和其他领域

——在政治—安全领域，他们同意，继续进行对话、协调与合作，加强相互理解与信任，从而在东亚地区建立持久和平与稳定。

——在跨国问题上，他们同意，加强合作，以解决东亚各国在这一领域的共同关切。

7. 领导人们注意到，他们的集体努力和合作日程是对各种多边论坛倡议的支持与补充。他们同意，在诸如联合国、世界贸易组织、亚太经济合作组织、亚欧会议以及东盟地区论坛等各种国际和地区场合中，加强协调与合作，同时，也加强与地区和国际金融机构的协调与合作。

8. 他们决心，在各个领域实现东亚合作；他们责成有关部长通过现有机制，尤其通过他们的高官，监督"联合声明"的实施。他们同意，在2000年泰国曼谷举行的东盟与对话国会议前后，举行一次"10＋3"外长会，以回顾本"声明"的执行情况。

9. 最后，他们对进一步深化和扩大东亚合作表示了更大的决心和信心，朝着注重实效、切实提高东亚人民的生活质量、促进本地区在21世纪的稳定的方向努力。

第 二 章

憧憬未来

导 言

东亚作为一个区域，在近代已经变得支离破碎。早期历史上，传统的东亚秩序曾以中国为中心。在长期的历史进程中，尽管这种秩序因中心与外围力量的对比变化出现许多不稳定与调整，但是其基本构架一直保持到清朝后期。[①]

近代，日本的崛起和清朝的衰落使这个秩序框架彻底崩塌。明治维新以后的日本迅速崛起，随之实行扩张，决意打破中国主导的地区秩序，建立日本治下的"大东亚共荣圈"。在与日本的抗争中，清朝大败，国力衰竭，原有的以中国为中心的地区秩序也就难以维护而解体。在这种秩序转变中，一是中国本身丧失了支撑制度框架的能力，且成为被外部势力侵犯、肢解的对象；二是东亚其他国家被拖入结构重组的旋涡。西方列强争夺亚洲，许多国家成为它们的殖民地，日本对外扩张，许多国家被其占领。这样的列强争夺，使东亚地区的乱局持续了相当长的时间。

第二次世界大战结束以后，东亚地区的关系架构重新排列：一是美国构建了以其为中心，以军事同盟为纽带，以反共为宗旨的安全体系，把许多国家纳入其中；二是以苏联为首的社会主义阵营成立，东亚一些国家成为这个阵营的成员，中国结束内战，新中国成立，加入了以苏联为首的社

---

① 何芳川：《华夷秩序论》，http：//hist. cersp. com/kczy/sxdt/200607/3133_ 5. html；对于"华夷秩序"下的地区关系和内涵，也有不同的看法。特别是一些日本学者，不承认其他国家对"中国的世界观"主导性曾有共识，因此认为，不能"以宗藩关系涵盖与周边国家关系的整体"。见川岛真《宗藩关系的事实与记忆》，《中国社会科学报》2014 年 6 月 27 日，A05。

会主义阵营。由此，东亚国家被分割成两个阵营，陷入冷战对峙，不时发生战争与冲突。

推动二战后东亚区域秩序渐变的力量主要有三个：一是属于西方阵营的国家和地区之间发展起以市场为基础的紧密经济关系，以日本的经济恢复和发展为先导，继而出现实施开放发展战略的"四小龙"，形成接力型的发展链条，后来更多的东南亚国家实施开放发展战略，加入"雁行飞阵"，这样，以市场机制为基础的经济发展链条把一批国家和地区紧密联系起来，造就了以东亚区域为基础的关系框架和利益；二是中国脱离以苏联为首的阵营，实施改革开放政策，通过吸引外资，开拓外部市场、参加区域和国际分工，加入到西方主导的市场体系，从而打破了东亚的二元分割格局；三是冷战结束，政治分野的大墙被推倒，绝大多数国家间（除朝鲜外）的关系走向正常化发展，市场运行机制扩展到几乎整个地区。这样，东亚以经济链接机制为纽带，以国家间关系正常化为基础的区域框架开始形成。

东南亚国家是构建区域链接机制的先驱。出于共同安全的初始动机，6个东南亚国家于20世纪60年代后期建立了东南亚国家联盟（简称东盟），此后，该组织调整功能定位，以实现东南亚地区的稳定、和平与发展为宗旨，逐步把所有的东南亚国家吸收了进来。东盟的发展促进了东南亚的区域认同，构建了共同参与和共享利益的次区域合作机制。在区域认同微弱与合作机制缺乏的东亚地区，东盟无疑可以成为一个具有吸引力的连接中心。

发端于东盟的亚洲金融危机促使东盟推动与其他国家的合作，主动邀请中日韩构建对话合作机制。其直接的目的当然是应对金融危机，但也助长了东亚的区域合作意识，为东亚合作创建了环境和铺垫了基础。"东盟＋3"（"10＋3"）把东南亚和东北亚连接在一起，托起了东亚的地缘框架，催生了东亚区域合作的动机，这促使了1999年"10＋3"领导人关于开展东亚合作声明的出炉。该声明并没有对东亚合作的远景进行清晰的描绘，但列出了开展合作的诸多领域。从这个角度来认识，东亚区域合作的大船开始扬帆起航，在此基础上也催生了对东亚合作进行长远规划、提出未来发展蓝图的动机。

"东亚展望小组"（展望小组）就是在此背景下应运而生的。展望小组的报告提出把构建"东亚共同体"作为东亚合作的长远目标。不过，展望小组设想的共同体不同于欧洲模式，它不是要建立统一的东亚合作组织，而是发展支撑共同体大厦的多个合作机制，包括"东亚领导人峰会"、"东亚自贸区"和"东亚货币金融合作机制"。东亚共同体的建设以"10＋3"为主渠道，以经济合作机制的构建为基础，渐进推进，逐步深化。可以说，这样的一个设计蓝图充分考虑到了东亚的现实。

在东亚建设共同体，这个设想很宏伟，也很有前瞻性。但是，在东亚，区域认同意识较弱，存在复杂的关系和利益关注。这决定了东亚共同体的构建必然会遇到各种障碍和阻力。东亚共同体是地区新关系、新制度和新秩序的构建，各种势力都会力图发挥自己的影响，从而使该进程很难按照预想的路径发展，多力量推动的"竞争性构建"，生成了多层合作机制框架。

由于共建东亚共同体的合力减退，在实际的发展中形成了多线条、多机制并进，因此，务实的功能性构建替代了统合的区域机制构建。到如今，东亚共同体似乎只剩下一种"理念"，一种不可舍弃的"精神"。①原来红红火火的"东亚共同体建设运动"看来也有些偃旗息鼓了。

东亚合作进程仍以多种方式推进，特别是在自贸区构建和金融合作领域，合作的意愿仍然很强。但是，在总体进程上，似乎越往前走，疑问越多，困难也越大。特别是在中国实力大幅度提升，日本右翼政党上台执政，东盟内部局势不稳，美国极力搅局的背景下，东亚的区域合作向何处去？这既引起人们的反思，也引起人们的忧虑。

第一节　东亚共同体畅想

在1998年"东盟＋3"的领导人会议上，韩国总统金大中提议成立一个专家组，对东亚合作的未来进行研究，提出东亚合作的未来展望报告。金大中总统的提议得到与会领导人的支持，会后，"10＋3"各国很快推选出参与研究的人选，组成由26位专家学者组成的"东亚展望小组"（East Asia Vision Group，EAVG），曾经担任过韩国外长的学者型官员韩升洲担任

---

① 有人认为，东亚的合作重在参与，不在结果，过程本身就是一种结果。作为一种过程，不急于在制度化建设方面见成果。见李文主编《亚洲：发展、稳定与和平》，中国社会科学出版社2014年版，第485—487页。

组长。①

展望小组的主要任务是研究如何加强东亚国家在经济、政治、安全、文化等方面进行中长期合作的问题，即为未来的东亚合作设计长远规划蓝图。经过近两年的工作，展望小组于 2001 年向领导人会议提交了最终研究报告，这份报告立即得到"东盟＋3"领导人的一致认同。

展望小组的报告是一份具有历史性意义的文件，因为它明确提出东亚合作的长期目标是"走向东亚共同体"，"把东亚从一个由各个国家组成的地区，发展成一个共同应对挑战，具有共同志向和目标的相互信任的共同体"。②该报告是一份有着重大突破的文件。说它有重大突破，主要体现在把"东亚"作为一个整体来规划，以地缘和利益为基础，以区域共同体为载体，构建开放、合作、发展与和平的"新东亚"。东亚各国差别很大，有着各种各样的矛盾和分歧，能够抛开歧见，放眼未来，把建设共同体作为目标，这是前所未有的。

为了对这份报告有更为全面和深刻的认识，这里，不妨梳理一下该报告所提出的主要建议内容。

在经济合作方面，报告建议：建立东亚自由贸易区（EAFTA），先于亚太经合组织（APEC）的茂物目标（2020 年）建成；推动投资领域的开放，将东盟投资区框架协议扩展到整个东亚地区；推动地区发展和技术方面的合作，对不发达国家提供援助；推动知识经济的发展，建立面向未来的经济增长结构。

在金融合作方面，报告建议：推动东亚金融合作，建立地区金融合作机制；加强汇率协调，实现地区的金融稳定，促进经济发展；加强地区的金融监督和管理。

该报告的政策性建议也涉及政治、安全以及社会文化领域。报告认为，没有各国间的政治与安全合作，没有社会文化的认同，经济合作也难

---

① 在东亚地区，由于区域合作的进程主要靠参与成员的倡议（initiative），一般情况下，谁出的主意就谁来负责组织，因此，专家组组长是由倡议国推荐任命的。比如，2004 年中国提议成立专家组，就东亚自贸区（East Asia FTA，EAFTA）问题进行可行性研究，我就被推荐担任专家组组长。

② 《东亚展望报告》，转引自张蕴岭、周小兵编《东亚合作的进程与前景》，附录二，世界知识出版社 2003 年版，除非特别注明，本书有关展望小组报告的中文引文均来自本出处，不过在有关部门的坚持下，当时附录里的译文均把 community 译为"大家庭"，本书在引用时均改为"共同体"。

以深化。

在政治安全方面，报告建议：在睦邻友好、相互信任和团结一致的基础上处理地区内部关系；建立应对威胁地区和平问题的合作机制；在尊重国家管理各自事务原则的基础上拓宽政治合作；扩大东亚在国际事务中的声音，扩大地区在建立和发展全球新秩序过程中的作用。

在社会和文化合作方面，报告建议：在人力资源发展，技能训练和能力建设加强合作；提高地区的认同意识，加强文化合作；加强教育领域的合作，设立东亚教育基金。

该报告对推进地区合作的机制化提出了具体的建议：把"东盟＋3"年度领导人会议提升为东亚领导人会议，即东亚峰会（East Asia Summit）；建立"东亚论坛"，为东亚合作提供社会支持。

该报告强调，东亚正迅速成为当今世界上一个具有特殊重要性的地区。在新的千年里，全球化、信息革命以及地区之间不断加强的相互依赖等不可逆转的趋势，给东亚区域合作带来了新的机遇和挑战。以往的政治对抗、历史仇恨、文化差异以及观念冲突，成为东亚国家开展合作的障碍。地区内部发展阶段，贸易、经济政策、金融和法律等方面的不平衡，也妨碍地区进一步开展合作。东亚国家地理上相邻、有着共同的历史经历和相似的文化与价值观，区内各国拥有不同的优势，有的有丰富的熟练劳动力，有的在经理人才、自然资源，以及资金和高科技方面拥有优势。共同面临的挑战、资源上的互补性，要求各国开展互利合作与交流，而合作不仅包括经济领域，还包括政治、安全、环境、社会、文化和教育等各领域。

报告提出，经济全球化、贸易区域集团化的趋势带来了新的挑战，比如确定全球标准、协调管理和进行多边贸易谈判等，这些都要求各国更加深入开展地区协调与合作，用一个声音说话来增进地区共同的利益。亚洲金融危机为加强地区合作提供了强大的推动力，提高了各国对东亚必须推进合作来处理可能发生的类似问题以及预防发生新的危机的认识。

报告提出，东亚缺乏一种适用于地区范围的对话与合作制度框架，各国越来越认识到，必须构建一个地区层面的框架来应对不断化的环境。报告认为，有必要确立一个愿景，以激励东亚各国人民和政府为建立一个能够应对本地区未来的挑战，并能增进相互理解和信任的东亚共同体而努力。建立东亚共同体应该遵循的指导原则是，提高地区认同感，以经济合作为基础，坚持以人为本，发扬东亚的勤劳、重视教育、节俭、富有进取精神的传统，实现合作参与的包容性，遵照国际认可的国际关系原则和标准，相互尊重、睦邻友好及各国平等，在尊重各国主权的同时，加强地区利益，推进机制化建设，与国际体系协调一致，对世界其他地区开放。①

展望小组的报告得到"10＋3"领导人的首肯，并指示成立由"10＋3"各国官员参加的"东亚研究小组"（East Asia Study Group，简称"研究小组"），就展望小组提出的建议进行研究，提出落实措施。②研究小组于2002年提出研究报告，就推进东亚共同体建设提出了17项马上落实的措施和8项中期落实的措施。报告建议立即落实的措施都比较具体，包括：成立东亚商业委员会，对欠发达国家提供医疗援助，改善投资环境，成立东亚投资信息网络；加强资源与基础设施合作，对四个领域（基础设施、信息技术、人力资源、东盟一体化）提供支持；促进技术转让与合作开发技术；发展信息技术；建立东亚思想库网络；落实"东亚人力资源开发计划"；制订减贫计划；加强卫生医疗合作；加强非传统安全领域合作；加强地区认同与东亚意识；推动有关东亚的研究等。这些具体的合作措施见效快，能让东亚国家人民感受到开展区域合作的好处，从而增强对合作的支持。

报告建议中期实施的八项措施主要包括：建立东亚自贸区，促进中小企业投资，以东盟投资区为基础建立东亚投资区，建立东亚金融合作机制，建立东亚汇率协作机制，从"10＋3"峰会过渡到"东亚峰会"，推动海上合作，支持非政府组织（NGO）参与合作进程等。这八项措施既具有前瞻性，又具有现实性，是推进东亚合作的深层次内容，也是东亚共同体建设的重要步骤。③其中，东亚自贸区、东亚峰会和东亚金融合作机制三项是构建东亚共同体的制度性建设的三个支柱。应该说，这两份报告把东亚合作的理想、前景与具体构建步骤都比较完整地勾画和规划出来。

尽管在此之前，有关东亚合作的讨论已经不少。特别是，1997年启动了"10＋3"对话合作进程，让东亚合作有了平台，但是，把东亚共同体作为区域合作的目标，这还是迈出了一大步，使东亚的合作有了"区域主

---

① 东亚展望小组展望报告：《走向东亚共同体》，2001年，http：// www. asean. org。

② 2000年"10＋3"领导人指示成立东亚研究小组，该小组由官方人士组成，于2001年3月成立。

③ 东亚研究小组报告，http：//www. docin. com/p-453744354. html。

义"的特征。

所谓"区域主义"，其基本的特征是合作的机制化（制度化）建设。东亚共同体着眼于符合东亚地区特点的合作机制建设，是原来主要由市场机制主导的经济一体化升级，因为机制化建设需要政府直接参与，通过政策和法规来加以实施。也就是说，由市场机制主导的经济一体化，其行为体主要是公司企业，而区域合作机制的构建则是把政府与市场结合起来，政府不仅为市场提供支持，而且还要主导合作的制度化建设，并为此制定相关的政策与法规。

欧洲联合是政府主导的区域合作运动，它以制度构建为基础，最终实现超国家的区域管理和治理。欧洲合作运动的经验对东亚区域合作有着"启蒙"作用，但是，东亚展望小组建议的东亚共同体构建显然没有照抄欧洲的模式，而是针对东亚地区的具体情况，提出了以功能性机制构建为基础的共同体建设，更没有提出分步走的共同体建设路线图，而是主张渐进的深化进程。[①]

有关区域合作的功能主义的理论认为，各国通过开展经济合作，建立合作的规范，各方加以遵守，形成超越国家的利益，而这些利益又会进一步扩散，从而实现地区的和平。[②]展望小组的报告对于通过开展经济合作，增强区域意识，实现东亚地区的和平给予了特别的关注和强调。尽管东亚地区经济上相互依赖，发展起了区域性的生产网络，但是，由于政治体制、意识形态的差别，特别是安全上的分割、市场机制的链接对于应对争端缺乏调节和应对能力。为此，展望报告在关于开展合作的建议中，也包括了政治与安全合作，培育区域认同意识。按照展望小组报告的设计，东亚共同体的终极目标是实现地区繁荣、地区和平和实现区域共同安全。因此，东亚共同体建设有着很强的政治意图。其实，"10＋3"领导人会议就是一个政治对话与合作框架，而要把它提升为峰会，更是着眼于提升合作的政治含义。[③]

---

① 按照区域主义理论，欧洲提供了一种从低到高的构建模式，即关税同盟—共同市场—经济共同体—共同体—联盟，这里包含两个层次：一是经济一体化从低到高，二是先经济后政治，最后达到经济政治联合的结合。欧洲的这种模式显然不适用于亚洲，亚洲在诸多方面都与欧洲不同。见 Ellen L. Frost, *Asia's New Regionalism*, Lynne Rienner Publishers, 2008, UK, p. 12。

② 这方面的归纳见陈锋君、祁建华主编《新地区主义与东亚合作》，中国经济出版社 2007 年版，第 39—43 页。

③ 张蕴岭：《为什么要推动东亚合作》，《国际经济评论》2003 年第 9—10 期，第 49—50 页。

尽管展望小组的报告所设计的东亚共同体具有实质性的内容，也有清晰的区域机制构建含义，建设共同体的愿景得到各国的支持，但是，在共同体建设上的实际进程中还需要不断地凝聚共识。就展望报告本身而言，把共同体作为东亚合作的目标是清晰的，但对于东亚共同体的实现步骤，推进方式，还存在模糊性。后来的事实证明，一旦进入实施进程，分歧就出现了，要取得共识，还是很不容易的，在分歧面前，原来设定的框架也不得不做修改。

其实，在各种场合，包括领导人的声明，用得最多的还是"共同体建设"（community building），而不用"建设共同体"（building community）。这两个说法有不同吗？事实上是有的。比如，有的人认为，用"共同体建设"更符合东亚合作的现实，更具有可行性。因为，"共同体建设"意味着是一个过程，共同体只是未来的一个长远目标。而建设共同体，则意味着按照清楚的方案、步骤去落实，东亚共同体并没有向欧洲联合那样清晰的方案设计和达成一致的行动议程。[①]

因此，对于东亚各国来说，接受"东亚共同体"这个概念，主要还是基于一个"理念共识"，或者说是一种"价值取向"，而对于东亚共同体是什么，如何做，还没有充分的认知基础。

鉴于此，东亚共同体建设更多体现为一种基于现实的"自觉行动"（对危机的反应）。它的建设过程，在结构上是松散的，体现为多层次的功能性机制发展。[②]

事实上，对东亚共同体还是存在不同认识的。比如，对"共同体"，有的人认为，是以创造共同的利益为基础，有的人则认为，是以共享价值观为基础。[③]对东亚共同体认识上的巨大差异，预示着实际的发展进程不会一帆风顺。[④]

---

① Ellen L. Frost, *Asia's New Regionalism*, Lynne Rienner Publishers, 2008, UK, p. 16.

② 张蕴岭：《如何认识东亚区域合作的发展》，《当代亚太》2005 年 第 8 期，第 3 页。

③ 比如，尽管日本成立了"东亚共同体评议会"（Council on East Asian Community, CEAC），提出了建设东亚共同体的报告，但是，对"共同体"并没有给出清晰的定义，它提出的建议大多是"以日本为中心"。过分强调开放的区域主义、民主、价值观、国际规则等。Kazuko Mori and Kenichiro Hirano edited, *A New East Asia: toward a Regional Community*, NUS Singapore , 2007, pp. 15 – 16.

④ 关于各国对东亚共同体的不同看法，见王勇《东亚共同体：地区与国家的观点》，《外交评论》2005 年第 8 期。

第二节 东亚的区域认同

东亚作为一个地缘区域，是指东北亚 5 国和东南亚 10 国。东亚展望小组报告所论及的东亚共同体的地缘范围就是这 15 个国家，共同体建设以"10＋3"为先导，未来扩大到蒙古国和朝鲜。[①]

但是，东亚共同体的这种地缘定位有着历史发展连接的基础，但受到东亚现行政治关系与地区安全秩序结构的制约。东亚作为一个地区在近代受到反复切割。中国衰落，其早先建立起来的地区关系秩序框架坍塌，西方列强不仅蚕食中国的周边地区，而且进入中国划分各自的势力范围。日本崛起以后大肆对外扩张，先是侵占朝鲜半岛，进而进犯中国，并向亚洲其他地区扩张，强制推行以日本为中心的"大东亚共荣圈"，颠覆了东亚长期形成的秩序基础和理念。

二战以后，东亚的地区秩序构造受到两个大的发展的影响：一是民族独立，一批原属于殖民地的国家实现独立，成为掌握自己命运的主体，中国也结束了内战，成立了新生的中华人民共和国；二是冷战，把东亚国家分裂成为对峙的东西方。尽管前一个发展为重建东亚地区秩序提供了基础，但后一个发展撕裂了东亚的地缘框架，在此情况下，东亚作为一个地区很少被提及。

打破东亚地缘分隔的是开放性经济发展模式所生成的区域性经济链接。以日本经济的发展为龙头，"四小龙"以及东南亚一些国家先后实施开放发展战略，从而形成由对外投资—产业转移分工—贸易交换的经济链条，显现了经济的区域属性。在这样的背景下，20 世纪 90 年代初，世界银行发表了关于"东亚奇迹"的报告，把东亚作为一个具有经济共同性的区域来看待。

中国实施改革开放政策，不仅使地区的经济链条加长，而且由于其拥

---

① 就国家范畴，俄罗斯通常不被包括在东北亚或东亚范畴内，但是，其很大一部分国土处在东北亚地区，理应参与东北亚或东亚合作机制的活动。这也是其被接纳为亚太经合组织成员、东亚峰会成员的原因。俄罗斯的国徽是双头鹰，一边向欧洲，一边向亚洲。尽管其地缘和利益重点在欧洲，但是如今，它对东亚、亚太事务的参与增多，制定了远东发展规划，要把符拉迪沃斯托克打造成东方开放发达的城市，以此拉动整个东部地区的发展。这样，俄罗斯的东亚情结会进一步加强。

有巨大的市场规模、优惠的吸引外来投资的政策与廉价且丰足的劳动力供给，很快成为"加工出口中心"，从而使得原来的链条式区域经济关系转变为交互式的"网络状"关系，形成"地区生产网络"。由此，原来分隔的东北亚、东南亚地区形成了紧密连接的东亚地区。这是亚洲金融危机发生后，东盟要求与中日韩进行合作对话的地缘利益基础，也是"东亚认同"的黏合剂。然而，以经济利益为基础的地区认同只是构成东亚区域认同的一个方面，而且，经济利益的差别也会影响认同的凝聚力。①

区域认同的基本含义是，它提供一个区域框架，使每一个国家都被纳入其中，并且要求各国认可这个框架的合法性。②然而，这种认同尽管有经济链接的区域基础，但显然会受到地区政治、地区安全和地区关系结构的制约。冷战结束后，尽管以东西方为标志的划界不复存在，但是由美国建立的安全和政治关系框架仍然存在，朝鲜半岛仍然分裂，紧张关系没有根本缓解。特别是，美国在东亚地区有着重要的经济、政治和安全利益，自认为是这个地区不可或缺的国家，对不包括其在内的东亚共同体建设，肯定会有所警惕。③因此，一旦东亚共同体的建设显出成效，美国就很难袖手旁观，必定采取措施进行干预。东亚地区有美国的盟友、伙伴，美国的参与很深，如果美国施加影响，进行干扰，作用还是不能低估的。

中国是对东亚地区影响力越来越大的国家，中国参与了东亚区域合作的所有进程，对以"10 + 3"为主渠道的合作路径给予了大力的支持。但是，从建设东亚共同体的角度来说，中国因素有些特别。经济上，中国是区域生产网络的连接点，中国的发展为地区提供越来越大的利益。但是，中国对于区域认同有着复杂的考虑，中国的影响力也受制于许多因素的制约。比如，中国坚持有自己特色的政治体制，对外部势力的干预和影响保

---

① 考虑到巨大的发展水平和利益差别，即便建立东亚自贸区，也可能需要先分别建立双边的或者"10 + 1"的自贸区。金成男、赵宗标：《东亚经济合作的现实与模式》，《世界经济与政治论坛》2005 年第 6 期，第 22、23 页。

② Gaye Christoffesen 认为，确定"10 + 3"这个框架，表明中国和日本都接受了"东亚作为一个整体"的区域认同。见 Lee Lai Too, *Asia in the New Milliennium*, Mashall Cavendish Academic, 2003, Singapore, p. 138。

③ 有的美国学者用有意思的英文标题来描述这种发展——"把亚洲国家拉进来，把美国赶出去"。Paul Bowles, "Asia's new regionalism: bringing state back in and keeping the (united) states out", *Review of International Political Economy*, Summer, 2002, pp. 230 – 233, Http://www. jstor. org/stable/4177421.

持高度的警惕，中国所处的地缘区域比东亚地区涵盖更大的范畴。同时，中国综合实力迅速崛起，使很多国家对中国的作用和影响保持警惕，特别是日本和美国，前者担心中国主导地区事务，后者担心被排斥出局。中国本来是推动东亚区域认同的积极因素，这样一来，反倒成为被制约的对象。

尽管中国积极参与东亚合作进程，在推动功能性合作上很积极，但对东亚共同体也有诸多考虑，官方的表态一直很谨慎。因此，要说中国想主导东亚共同体的建设那是有些冤枉了。①中国保持谨慎的原因很复杂，既有自身的原因，也有外部的原因，从根本上说，主要还是在东亚共同体目标和共同体功能定位等问题上有着自己的考虑。②

实际上，东亚共同体的"经济认同"受到东亚政治与安全架构的制约。在中国综合实力迅速提升的背景下，区域关系出现新的调整，区域认同的向心力发生变化，加之美国直接出手干预，使得以"10＋3"为框架的政治构建，即"10＋3"对话机制被提升为东亚峰会机制的设计变得困难重重。

回顾一下，在展望小组的报告得到"10＋3"领导人的肯定之后，东亚地区曾经掀起一股东亚共同体建设的"热潮"。各国成立了许多机制、论坛，比如，中国牵头成立了"东亚思想库网络"（NEAT），该网络还设立国家分支机构，其中，日本的机构规模最大（东亚共同体评议会，CE-AC）；韩国牵头成立了"东亚论坛"（East Asia Forum）；马来西亚牵头成立了"东亚大会"（East Asia Congress），等等。一时间，有关东亚合作、东亚共同体建设的讨论热闹起来，大量的学术论文发表，书籍出版。在这样的气氛中，"10＋3"领导人决定按照东亚展望小组和研究小组的建议，抓紧推进"东亚峰会"和"东亚自贸区"的建设。2004年，"10＋3"领导人在声明中表示，支持"10＋3"经济部长会议关于建立东亚自贸区可行性研究专家组的建议，支持在2005年由马来西亚在首都吉隆坡承办第一次"东亚峰会"。

这是在1999年"10＋3"领导人就东亚合作发表声明之后，推动的新

---

① 在各年度的"10＋3"领导人会议上，中国领导人的发言只提"10＋3"合作，没有用过"东亚共同体"。

② 有的学者认为，鉴于各方有着不同的认知、不同的打算，东亚共同体只是一种虚幻的愿景。见郑先武《东亚共同体愿景的虚幻性析论》，《现代国际关系》2007年第4期，第55页。

一轮东亚合作进程。这次进程与以前不同，是要推进东亚合作的机制化建设。①而正是要进入机制化建设进程，各方真正的分歧才开始暴露出来。②

　　实际上，日本对东亚共同体的认知从一开始就表现出不同。日本政府把中国设定为一个竞争对手，极力与中国争夺影响力。就在 2001 年年底中国与东盟同意构建自贸区之后，2002 年初日本小泉政府就急急忙忙推出日本—东盟全面经济合作设想，又于 2003 年底在东京召开了日本—东盟特别首脑会议，决意要做东亚区域合作的领头雁。对于东亚共同体建设，日本强调共同体必须要能实现自由、民主、法治。日本一些对政策制定有影响的专家明确提出，东亚共同体要能保证美国介入东亚事务，要能维护日美同盟体系，要符合日本的价值观等原则。有的日本专家指出，日本的这种对中国主导的惧怕为东亚合作进程制造了很多麻烦。③

　　尽管日本官方表面上不拒绝东亚共同体这个概念，甚至表示要与东盟一起承诺推进共同体的建设，但是，在日本决策者的共同体认知里，"10＋3"这个地缘范畴已成为一个政治问题，即把它与中国的主导联系起来。在此情况下，有的日本专家提出，要想让日本在以"10＋3"为基础的东亚共同体建设上发挥重要作用，是"梦中的幻想"。日本之所以开始认可东亚共同体建设，主要是因为要与中国争夺主导权，而对于真正的行动，实际上不愿意采取任何行动。④

---

　　① Strengthening ASEAN ＋3 Cooperation, Chairman's Statement 8th ASEAN ＋3 Summit, Vientiane, Nov. 29, 2004. http：//www. asean. org/news/item/chairman-s-statement-of-the-8th-asean-3-summit-vientiane-29-november-2004.

　　② 有人认为，东亚的特征是多样化，认同本身是在复杂的基础上形成的，有"文化东亚"、"地理东亚"、"经济东亚"，还有"帝国东亚"等，各自具有不同的含义、不同的背景，因此，对于东亚共同体不能抱有幻想。参见田毅鹏《东亚"新发展主义"研究》，中国社会科学出版社 2009 年版，第 378 页。还有人认为，东亚是"超越国家模式的区域主义"，由不同领域的空间联系构成，依赖于非正式的市场机制，没有正式的政治协定。参见彼得·J. 卡赞斯坦、白石隆编《日本以外：东亚区域主义的动态》，中国人民大学出版社 2012 年版，第 15、19 页。

　　③ 像对中国很不友好的渡边利夫就干脆提出，东亚共同体隐藏着中国的地区霸权主义，是一条危险的道路。持这种观点的日本专家当然也不止他一个。见西口清胜《现代东亚经济论：奇迹、危机、地区合作》（中译本），厦门大学出版社 2011 年版，第 198、204—207 页。

　　④ 有人认为，2004 年因小泉参拜靖国神社，中日关系恶化，日本官方不再提东亚共同体，而是把主要的努力转向对付中国。见张云《日本的农业保护与东亚区域主义》，天津人民出版社 2011 年版，第 151—152 页。也有人认为，日本对东亚合作本来不甚热衷，只是出于与中国的竞争需要才改变态度。见李廷江、石源华编《东亚区域合作与中日韩关系》，社会科学文献出版社 2013 年版，第 189 页。

2004 年，当"10 + 3"领导人决定在 2005 年召开东亚峰会之时，日本政府主动提议负责组织外长会议，讨论东亚峰会事宜，看来是有自己的打算的。而正是在那次会议上，日本拿出了自己的方案，不同意以"10 + 3"为基础召开东亚峰会，提议应扩大峰会的基础，吸纳本不属于东亚地缘范畴的印度、澳大利亚和新西兰参加。就是在日本的坚持下，一个新东亚峰会机制诞生了。

在东盟的坚持下，该东亚峰会不以"10 + 6"的架构出现，而是以"10（东盟）+ 3（中日韩）+ 3（印澳新）"的框架形式出现。东盟的这个坚持表明，新的东亚峰会机制只是"10 + 3"的延伸，即在保持东盟主导地位的前提下，邀请更多的国家参与。在东盟和中国、韩国的坚持下，新的东亚峰会被定位为一个战略性论坛，主要讨论涉及战略、政治和经济的大问题，在东亚共同体建设中发挥积极的作用。这样，原来的"10 + 3"对话与合作机制继续存在，继续保持其东亚合作主渠道的地位。无论是"10 + 1"、"10 + 3"，还是东亚峰会，年度会议仍然只能由东盟成员国举办。东亚峰会的主席声明也特别指出，认识到"10 + 3"在实现东亚共同体方面已经作出了巨大努力，东亚峰会与"10 + 3"和"10 + 1"一起为东亚共同体建设发挥重要的作用。

东亚峰会显然是一个各方妥协的产物。尽管东亚峰会也申明在东亚共同体建设上发挥作用，但在其框架里，东亚共同体的建设已经被"泛化"，只剩下概念了，特别是美国、俄罗斯参加东亚峰会之后，它成为了一个大国对话的框架。①

新东亚峰会改变了东亚合作的地缘基础，突破了以地缘为基础的区域认知，向以利益为导向的对话合作方向转变。②这种变化对东亚区域合作的目标和进程产生了重要的影响，为后来东亚的合作路径打开了多个通道。如果从积极的意义上说，它为东亚合作开拓了更为灵活的空间，而从消极的意义上看，它使得以"10 + 3"为基础的东亚共同体建设变得困难了。

值得思考的是，本来，在 2004 年"10 + 3"领导人上，大家达成了共识，计划于次年召开"10 + 3"框架下的东亚峰会。然而，在形势发生突

① Kuala Lumpur Decalaration on East Asia Summit, 2005. http: //www. asean. org/news/item/kuala-lumpur-declaration-on-the-east-asia-summit-kuala-lumpur-14-december-2005.

② 有的学者提出，新东亚峰会的推出，把东亚共同体的虚幻性给揭破了。郑先武：《东亚共同体愿景的虚幻性析论》，《现代国际关系》2007 年第 4 期，第 53 页。

变的情况下，与会者还能够就建立新东亚峰会达成妥协和共识，且能在2005 年成功召开峰会，这一方面表明东亚各方在推进区域合作上采取了妥协与务实的态度；另一方面也说明，以地缘为基础的东亚区域认同基础本就不稳固。从这个意义上说，东亚区域合作运动主要还是基于利益共识，而不是基于清晰的区域主义理念。这样，人们对东亚共同体建设的认同也就可以发生变异。在这一点上，显然与欧洲不同。①

有了东亚峰会变轨的先例，原来设想的以"10＋3"为基础的东亚自贸区的建设也难以坚持。如果说东亚峰会的变轨是以政治考量为主，那么，东亚自贸区的建设也被赋予了很强的政治含义。这也就是日本会以新东亚峰会框架为基础，推动构建东亚自贸区（东亚紧密经济伙伴关系，CEPEA）的原因。

其实，经济上的地缘性要比政治上的地缘性更灵活。从构建自贸区的效益看，规模大所获得的效益总是要比规模小所获得的效益多。从经济收益的角度来说，只要大家同意参与，几乎没有理由可以拒绝以新东亚峰会为框架构建自贸区，也就是说，若印度、澳大利亚和新西兰愿意参加东亚自贸区的谈判，好像没有理由加以拒绝。在此情况下，推进以"10＋6"为框架的自贸区谈判只是个时间问题。

从开放与合作的利益角度来说，尽管东亚地区的生产网络构建主要是在"10＋3"基础上进行的，印度参与很少，澳大利亚和新西兰参与也不太多，但通过自贸区建设，把它们纳入到地区生产网络并无害处。其实，出于地缘联系的原因，澳大利亚和新西兰一直积极参与亚太经济合作机制，对加入东亚经济网络也非常积极。日本提出让印度参加的理由是，印度是一个潜在的经济大国，制定了"东向政策"，希望加入东亚经济网络，这也是在理的。从东盟的利益来说，印度加入东亚自贸区机制也有好处，东盟与澳新（澳新紧密经济关系协定，CER），与印度都签署了"10＋1"自贸协定。

鉴于这样的原因，日本牵头的关于"东亚紧密经济伙伴关系"（CEPEA）联合研究，包括中国在内的所有新东亚峰会成员都派专家参加

---

① 其实，欧洲联合也不是沿袭一条路径，有由核心欧洲国家组成的主渠道（煤钢联营—关税同盟—共同市场—经济共同体—共同体—统一大市场—欧盟），也有由英国领导的"欧洲经济联盟"，只是后者逐步向前者靠拢，就连英国也加入了欧盟，使得主渠道成为主流。

了。其实，大家也清楚，日本坚持推动这个框架下的自贸区协定，显然不主要是出于经济原因，而是有政治上的战略考虑，那就是平衡中国的作用和影响。而中国之所以"明知山有虎，偏向虎山行"，派专家参与，也是出于参与东亚多层次合作利益的考虑。

其实，自贸区谈判的内容虽然是经济，但也涉及政治和地区关系。在很多情况下，自贸区战略往往被作为一种政策工具来推进。这样的例子比比皆是。比如，中国提出与东盟构建自贸区就出于综合利益的考虑，日本急忙宣布与东盟构建紧密经济伙伴关系，显然是出于与中国竞争的政治考虑。2009 年美国宣布参与并领导"跨太平洋伙伴关系协定"（TPP）谈判，显然是为了应对没有美国参加的东亚自贸区构建。

2000 年中国率先倡议与东盟构建"10＋1"自贸区，此举得到东盟的积极响应。东盟自贸区的启动激励了其他国家采取行动，于是"10＋1"成为一种仿行的模式，东盟先后推动与中国、日本、韩国、澳新和印度"10＋1"自贸区的构建。按照"10＋3"领导人会议达成的共识，2004 年启动构建"10＋3"自贸区的工作，中国主动提议牵头建立由"10＋3"各国专家参加的东亚自贸区（EAFTA）可行性联合研究专家组。专家组开始工作顺利，但是后来发生变故，原来积极参与的日本代表提出，日本政府的立场有变化（新东亚峰会成立，日本另有打算），不希望在研究报告上签字，只是在大家的劝说下才勉强签署，但他们一再声明，仅代表个人立场。就在 2006 年"10＋3"东亚自贸区联合研究专家组完成报告，提交给"10＋3"经济部长会议讨论之时，日本提出了在东亚峰会框架下建立东亚紧密经济伙伴关系的建议，接着，日本牵头成立可行性研究专家组，邀请东亚峰会其他 15 个国家派代表参加。该专家组于次年完成了关于建立东亚紧密经济伙伴关系的报告，该报告的核心则是建议构建东亚峰会框架下 16 个国家的自贸区。这样，关于建立东亚自贸区就有了两个不同的方案版本。由于意见分歧，原来设定的建立东亚自贸区的进程被大大拖后了。

建设东亚自贸区和东亚共同体，离不开各国在共识基础上的诚心协商与协调。出现分歧不可怕，可怕的是不协商、不合作，而不能做到协商与合作的原因则是由于在认知和谋略上存在差异。

看一看欧洲的经验，欧洲联合的支柱是法德合作。法国和德国是两个欧洲大国，历史上曾长期争斗不止，结下冤仇。法德不团结，欧洲联合则无从谈起。每当欧洲联合出现波折的时候，都是法德领导人站出来进行协商，以一致的声音说话，合力推动联合进程往前走。在东亚，与法德关系和作用类似的是中日两国，但是正是中日之间难以达成共识，才使得东亚共同体的建设难以推进。

为何法德可以有共识，而中日却不能？其中一个重要的原因是二战后欧洲与东亚走的路不同。在欧洲，德国被彻底打败了（并且被肢解），欧洲（西欧）关系被重新构造，德国彻底接受了改造，与过去决裂。法国接受了改造后的德国，法德以平等的地位和新关系共同参与重建欧洲。重建欧洲的最重要出发点就是避免再次在欧洲发生大战。两次世界大战发端于欧洲，避免战争成了欧洲（西欧）国家最大的共识。显然，这是基于地缘基础的政治共识。各国开展联合的动机也是清楚的，即建立欧洲超国家的区域管理机制，削弱单个国家（当时的目标国家就是德国）发动战争的能力，通过联合创建区域利益共享的坚实基础。可以说，欧洲联合的目标是政治，制度建设的出发点也是政治，无论是最初的煤钢联盟，还是高层次的欧洲联盟，都没有偏离这个宗旨。

而在东亚，尽管发动战争的日本被打败了，但日本并没有被彻底改造，没有与过去彻底决裂。日本被美国占领，尽管制定了和平宪法，但是日本被美国改造为同盟国，建立了美日同盟，共同对抗苏联和与苏联为伍的新中国。在美国的支持下，日本旧的制度框架被保留下来，参与发动战争的一些要人也成为新政府的官僚。日本在美国的羽翼下，经济实现了快速复苏，甚至成为居美国之后的世界第二大经济体。而新中国被排斥在战后的地区关系重建（中国并没有参与由美国主导的《旧金山和约》）之外，成了美日的敌国。

尽管中日恢复邦交让两国实现了外交关系的正常化，中国的改革开放拉近了与日本的距离，双方发展了经济上的密切联系，但是，由于日本没有真正与历史决裂，历史问题总是不时冒出来成为破坏中日关系的"杀手"。小泉执政时坚持参拜靖国神社，中日关系发生严重倒退；安倍上台执政后坚持参拜靖国神社，中日关系又一次陷入困境，不仅是双边关系，而且也使中日韩三边合作关系受到极大的影响。

尽管冷战的结束基本上打破了地区的政治分隔，但是，美日韩同盟架构依然存在，新的地区政治与安全构架并没有建立起来。在经济上，日本成了东亚经济领军者，是东亚经济网络的支柱，崛起的中国对日本的主导地位形成挑战（日本在亚洲金融危机后提出建立亚洲货币基金，中国断然反对就是一例），而面对中国的快速崛起，日本感到担心，对中国上升的实力和影响力忧心忡忡，对中国在地区发挥越来越重要的影响力如鲠在喉。对日本来说，尽管它支持东亚区域合作，但所能接受的，要么是由日本主导进程和框架，要么是能够化解中国影响力的大区域框架。认识到这一点，也就可以理解日本为何非要坚持以"10＋6"为基础。

东亚共同体建设是东亚地区关系与秩序的重建，而中日缺乏共谋建设的战略与利益基础。除了东亚地区政治与安全格局的原因外，更为重要的原因是，中日力量对比逐步发生变化，由"中弱日强"向"中强日弱"转换，使中日关系处于不稳定的调整期。尽管经济的纽带把两国链接起来，但是，这个链条还不足使两国在地区事务上形成不可逆转的共识。

再则，与欧洲不同的是，东亚合作的先行者和驭手是东盟，而不是中国或者日本。东盟是东亚地区成立最早，也是最成功的地区组织。如今，几乎所有的东亚区域对话与合作机制都是由东盟牵头，并且以东盟为中心运作的。因此，东盟对东亚共同体建设的态度和作用至关重要。事实上，东盟对发展以它为中心的合作机制是支持的，也是热心的，但对于把东盟融化到东亚区域机制不仅不积极支持，而且还力求加以拖延。东盟国家的许多人士往往把中日分歧作为东亚共同体建设进程受阻的主要因素，而事实上，东盟的主要努力方向是建成东盟共同体，而对东亚共同体并不着急。东盟担心，推动实质性的东亚共同体建设会影响自身共同体的建设，也怕有了东亚共同体，会"大权旁落"，即区域进程会由其他大国主导。为此，在区域合作进程中，东盟真正关注的不是"领导地位"，而是"中心地位"，因为只有保住"中心地位"，才可以使其不被同化，不被拆散。

显而易见，缺乏地缘区域的认同和实现目标的认同，是东亚共同体建设的软肋，也是东亚共同体建设进程不顺、愿景难圆的一个基本原因。[1]

---

　① 从功能合作的目标设计角度考虑，货币金融合作进程另辟蹊径。2003年，在泰国清迈召开的"10＋3"财长会议上，各方同意建立区域框架下的货币互换机制（称为"清迈倡议"）。货币互换机制以双边商谈和签署协议为基础，而不是以东亚整体区域构建为基础，这样，就没有利益综合平衡问题和区域框架认同等问题。加之此前已经有过关于"亚洲货币基金"的波折，大家对在这个领域开展合作应采取什么方式有了共识的基础。因此，货币金融合作进程取得成果。这方面的分析见本书以后的分析。

回顾与思考

受政府的指派，我与来自外交部的石春来先生作为中国的代表参加展望小组。石先生曾经担任过中国驻澳大利亚大使，是一位老外交官，有他在，涉及外交的问题我就不用多费心思了。韩国对自己牵头的东亚展望小组给予了大力的支持，不仅拨出了专项资金，配备了秘书班子，其间金大中总统还两次会见小组成员，与大家座谈，听取研究进展。

展望小组承担的是一项创造性的工作，来自各国的专家虽然由各自国家的政府部门推荐，但是组成小组后，是作为一个集体进行独立的工作。展望小组并没有得到具体的指示，现成的东西就是 1999 年 "10 + 3" 关于东亚合作的声明。

这是一项富有挑战性的工作，因为要为东亚提出一个适合本地区特点、务实而又具有战略眼光的发展蓝图。就我的记忆，展望小组讨论最激烈，也是最深入的涉及三个方面的大问题：一是远景目标；二是共同体的性质；三是共同体的建设。

关于东亚合作的远景目标，开始大家有一个共识就是要从东亚的实际出发，既要有远见，又要可行；既要学习欧洲的经验，又要有本地区的创新。大家苦思冥想希望找到一个新的词语来表达，避免用已经用过的词语，比如 "Community"、"Union"（欧盟用）、"association"（东盟用）、"cooperation"（亚太经合组织，APEC 用）等。不过造出一个全新的词也不容易，讨论来，讨论去，最后专家们还是一致认为，用 "East Asia community"（东亚共同体）为好，因为，"community"（共同体）是最能体现地区合作内涵的词语，不过为了体现东亚共同体的特性，"community" 不用大写字母开头，表示其是发展区域合作的机制，而不是像欧盟那样建立超国家的区域管理机制。展望小组报告的标题就是 "走向东亚共同体"，把建设共同体作为开展合作的愿景，即目标。标题用走向（toward）是在表明，共同体是一个发展过程。因此，此后各种场合，说起东亚共同体，大都用 "共同体建设"（community building）来表达。"共同体建设" 表明它是一个进程，是一种努力和一个目标。因此，这样的表达比较灵活，也比较容易被各方接受。

如何定位东亚共同体的性质？专家们都认识到，尽管欧洲的合作经验值得借鉴，但是东亚合作不能走欧洲式的共同体或者欧洲联盟的道路。欧洲区域合作有其独特的背景、政治和文化。欧洲秩序是二战后重建的，旧的秩序打碎了，需要重新构造秩序。二战后，无论是欧洲（西欧）的政治家们，还是公民，形成了清晰的理念和共识——欧洲要联合起来，目的是避免再次发生大的战争，实现地区的长治久安。因此，欧洲联合的共识基础是寻求区域共治，由此，构建区域治理的机制，或者说是超国家的区域性制度建设是欧洲联合的出发点。而东亚则不同，以经济利益为基础的共同体建设是推进合作，而合作的目标是实现看得见的利益。鉴于各方利益不同，因此，参与合作的动机和可接受的方案也就不同。

1997 年的亚洲金融危机增加了东亚各国合作共济的紧迫感，也就是说，以应对现实危机为需要，开展区域合作，但东亚作为一个地区，毕竟尚缺乏建立区域制度化合作机制的认同和基础。因此，即便叫做"东亚共同体建设"，其核心还是开展合作，不是寻求共治。共同体的英文用小写的字母开头，就是希望表达这层意识。

就我参与东亚展望小组讨论的体会，大家之所以认同"东亚共同体建设"，一则，它可以为地区合作设定一个目标；二则，它提出了一种具有实质内容的合作路径。不过，把东亚合作的目标设定为"东亚共同体"，展望小组内部还是经过了反复讨论的，其间也有分歧，特别是对于机制化的建设，一些用词反复推敲，有的经过反复讨论。比如，鉴于建立亚洲货币基金的计划被否定，日本的专家提议，东亚的机制化建设需要把建立地区货币基金、建立货币汇率调节机制，甚至最终走向单一货币作为目标。日本之所以提议，我的感觉是，日本要借区域合作来推动日元的国际化，以便日本能在地区金融机制建设方面发挥主导性作用。日本已经在地区生产网络中居主导地位，进一步使东亚的金融"日本化"是一个目标。[1]东盟成员国的一些专家和中国的专家对此都表示异议，大家反复讨论希望找出更合适开展金融货币合作的方式。我与日方专家就单一货币问题讨论很久。我记得最后定稿时，大家讨论到深夜，尽管其他国家的代表也表达了自己的意见，但日本代表坚持己见，到两点多钟还达不成共识。韩国、东盟成员国的专家都实在困得受不了，决定回去睡觉，大家委托我与日本的专家讨论，找出可接受的方案。我有近 10 年研究欧洲一体化的经历，深

---

① 彼得·J.卡赞斯坦、白石隆编：《日本以外：东亚区域主义的动态》，中国人民大学出版社 2012 年版，第 5、6 页。

知实现地区单一货币所需的条件及操作之难，也了解由此带来的诸多矛盾。我坚持，不一定要把单一货币作为东亚开展金融货币合作的选项和目标。我们两个没有吵架，心平气和，力图找出可行的方案，我估计日本的专家也是肩负政府嘱托的重任，不然也不会那么固执。可是，夜深了，第二天大家还等着对敲定文本进行最后定稿，免得再放开讨论和争议的闸门。说实话，我们也困得够呛，希望尽快达成共识，最后，我们形成了这样表达的共识："展望小组设想了东亚长期演进成一个共同货币区的可能性，即只有当经济、政治、社会和其他联系发展到更紧密的货币一体化形势变得可行，而且需要时才有可能。"这句话比较长，也比较婉转，对单一货币限定了许多条件。对于设立货币基金和汇率协调机制的问题，展望小组报告也增加了灵活性，提议"阶段性"、"双轨制"，搞"东亚借款安排或者东亚货币基金"，着重强调金融管理和监管。①我与日本专家达成的表达共识得到了其他国家专家的赞同，为展望报告最终文本通过奠定了基础。②

　　说实话，中国政府对于东亚合作持积极参与的态度，但开始对于把东亚共同体作为合作目标并不支持。起初，政府部门的有关人士提醒我，对于东亚的区域合作，要尽可能避免把制度化建设作为目标，尽量不用东亚共同体这样的词语。然而，经过反复讨论，绝大多数专家都同意把"东亚共同体"作为区域合作的长期目标，大家认为，这个目标可以让东亚地区的合作增加凝聚力。在讨论中，我和石春来大使尽可能表达中国官方的关注，但也坚持了务实、灵活和前瞻的态度，不做"反对派"，做建设性的贡献者，以体现中国政府对推动东亚合作的支持。事实上，在讨论中，我主动提议，应该把"走向共同体"作为展望报告的标题，把"共同体建设"作为实现共同体目标的载体，让共同体体现在渐进的建设进程之中，把不间断的进程作为一种追求的结果。我的建议得到了专家们的支持。③"东亚共同体"作为目标既然是专家组成员的共识，中国也没有表示反对。不过，在中

---

① 东亚展望小组报告：《走向东亚共同体》，转引自张蕴岭、周小兵主编《东亚合作的进程与前景》，世界知识出版社 2003 年版，第 284—285 页。

② 这里我还记得参加"亚欧合作会议"专家组的情况，日本成员极力在东亚与欧盟合作的框架下发行"日元、欧元、美元债券"（YES bond）。尽管这个建议写在深化亚欧会议合作的建议里，但是，由于条件不具备，也就不了了之。

③ 我曾经向政府有关人士反映，在专家组的讨论中，绝大多数的意见同意把东亚共同体作为合作的目标，希望中国官方不要坚持避用"共同体"的立场。政府有关部门也认识到，既然大家都同意，中国就没有必要反对。

国领导人的发言和官方文件中，极少使用"东亚共同体"这个词语。

东亚合作的大船起航了，但驱动这条大船需要强大的动力。扬帆远航必定会遇到风浪，风浪中，最重要的是不翻船，顺势而行。东亚开展合作有现实需要，但深度发展的基础并不牢固，共识缺失与合力不足，这为后来东亚共同体建设埋下争议的种子。[①]

事实上，作为东亚展望小组的成员，我似乎感觉有一种责任，尽所能发挥积极的作用，在推动东亚合作进程上助一把力。我在欧洲联合研究上的经历让我对推动东亚合作有更深的理解。我曾坚定地认为，东亚要学习欧洲的经验，通过合作实现国家间，特别是中日之间的和解，以创建东北亚乃至东亚地区的和平。东亚合作运动的兴起提供了难得的历史机遇。

从2001年到2007年，我几乎不拒绝参加任何有关东亚合作会议的机会，因此，每年出国开会的时间很多。为此，中国社会科学院有人送我一个绰号，叫"出国专业户"。这个绰号有些不中听，那是有些人不理解我的举动，似乎认为我很想多出国。其实，出国开会不是一件很舒服的事情，除了要准备发言稿，在会场做发言外，还要见记者什么的。在绝大多数情况下，我都是开完会议就回来，几乎没有时间放松，有的城市我去过多次，都没有参观过那里的景点，只是从机场到旅馆，再由旅馆到机场打道回府。由于参加的活动多，我结交了来自许多国家的朋友，他们中有学者、专家、官员，成就了一个不小的"朋友圈"。我不过就是一个普通的中国学者，由于借中国之风，到哪里都备受重视，每次活动的主办方都对我参加的活动进行精心安排，令我颇为感动。

除了承担东亚展望小组的任务外，我还担任了其他工作。其中，最有意义的便是参与筹建东亚思想库网络（Network of East Asia Think Tank）。2003年，中国政府主动建议牵头成立"东亚思想库网络"，得到"10+3"成员的支持。"东亚思想库网络"的成立大会暨首届年会于2003年9月29—30日在北京举行，所有"10+3"成员国都派代表与会，会议开得隆

---

① 有的专家认为，东亚合作存在三个障碍：一是缺乏内聚性，发展阶段、政治体制、文化和宗教背景上呈现的多样性，地区大国在历史上敌对和政治上的竞争形成分散力量等；二是对区外力量的依赖性，特别是对美国，再加上美国对双边关系的关注；三是东亚国家对机制化的犹豫不决，尽管各国认识到通过合作解决问题的重要性，但对迅速的、自上而下的机制表现出固有的怀疑。见彼得·J. 卡赞斯坦、白石隆编《日本以外：东亚区域主义的动态》，中国人民大学出版社2012年版，第145页。

重，国务委员唐家璇参会并讲话，我被推举为首届总协调人。会后，一些国家，如日本、马来西亚、泰国等还成立了国别委员会。我的工作兴致很高，尽我所能推动其发展。我为东亚思想库网络确定了英文名称，并加以注册，建立了网站（NEAT）。我曾设想，将来进一步发展，要把它办成地区推动东亚合作的智库，以对东亚合作进程提供智力支持。不过，一年之后，外交部有关部门就在没有与"10＋3"其他成员协商的情况下换掉了我的职务，由隶属于外交部的外交学院领导担任。我记得在第二年召开的东亚思想库网络大会上，有的成员还提出意见，要中方解释清楚，为何在没有与其他成员协商的情况下就替换了总协调人，甚至表示，希望我继续担任。按我的理解，这是中国外交部要把这个机制统起来，放在隶属于它的机构，好加强领导。事实上，当时由我做总协调人开展工作也难，政府不给经费，中国社会科学院的有关领导也不给予支持，让我很为难。

尽管不担任总协调人的职务，我还在多种场合呼吁要重视这个机制的建设，把它打造成地区支持区域合作的智库，好像没有得到很好的理解。政府的支持力度也不太大。这里想起一个插曲。日本政府对于中国主导东亚思想库网络是感到内心不平的，但是这又不好说出来。于是，在2005年东亚峰会成立以后，就自己提议成立一个以东亚峰会框架（16个国家）为基础的智库，并且承诺出资1亿美元，分10年使用，也就是说该研究机构基本活动经费每年至少可以有1000万美元。2007年，由日本政府出面推动，东盟与东亚研究院（ERIA，简称研究院）正式成立。日本人很会办事，很有谋略，研究院的经费由日本提供，但办公地点不在日本，而是设在印度尼西亚的首都雅加达。研究院在印度尼西亚申请了国际法人地位，并且成立了由东亚峰会16个成员派代表参加的董事会。我被国家有关部门推举为中方代表参加董事会。尽管研究院的负责人和主要工作人员都是日本人，但它的确按一个国际机构的方式运行，研究课题的设立和成果主要为东盟合作进程和东亚峰会进程服务。至今我担任ERIA的董事已经是第三届了，董事会里，只有我这个"老三届"，其他国家都换人了。[①]如今，这个研究院已经很有影响，其召开的会议，完成的调研报告产生越

---

① ERIA（Economic Research Institute for ASEAN and East Asia）被称为东亚地区第一家具有独立与合作特征的国际型研究机构。主要的经费来自日本政府，澳大利亚、新西兰、印度政府都为其捐了款。每年完成大量的研究项目，涉及东亚经济发展、经济政策、东亚合作进程，特别是，它高调宣布做东盟的智力支持，为东盟完成大量政策性调研报告。

来越重要的影响。相比之下，中国牵头成立东亚思想库网络虽然更早，但其活动现在越来越少，成果也不尽人意，影响远不比日本推动成立的研究院。面对这种状况，不免有些惋惜。

中国政府一直强调以"10＋3"为东亚区域合作的主渠道。实际上，由于中日关系反反复复，加上日本对中国主导"10＋3"怀有警惕，韩日关系也因岛屿争端，特别是日本否认历史而恶化，"10＋3"合作难以深化，这样，其主渠道的作用越来越难以发挥。

日本力推以"10＋6"为框架的紧密经济伙伴关系除得到澳大利亚、新西兰和印度的支持外，东盟一些国家也给予了大力支持。中国与澳大利亚和新西兰有着密切的经济关系，与印度的经贸关系也得到很快的发展，在此情况下，硬性坚持东亚自贸区必须以"10＋3"为基础，好像理由不太充分了。鉴于此，我向政府部门提出调研报告，也公开发表文章，建议在构建自贸区上采取更为灵活的态度。理由是，如果可行，构建"10＋6"为基础的自贸区建设在利益上要比构建以"10＋3"为基础的自贸区更大。特别是，把中印两国的市场开放安排放在地区的框架上来加以推动，要比在双边框架上推动更容易，因为中印经济存在结构性竞争差异，在服务领域，印度更强，在制造业领域中国更强，急于发展制造业的印度会非常担心向中国开放市场，因此，尽管中国提出研究构建双边的自贸区，但印度一直不太积极。通过区域合作框架，打开中印之间的市场开放渠道，这应该是一个带有战略性意义的谋划。①

2010年，鉴于中日关系有所改善，双方联合提出建议，敦促东盟尽快制定方案，推动东亚自贸区进程，无论是以"10＋3"还是以"10＋6"为框架，只要可行均可以接受。这表明，中国在推动东亚合作上变得更灵活，加上中日的共同倡议，这就为东盟推动"地区综合经济伙伴关系"（Regional Comprehensive Ecomomic Portnership，RCEP）进程提供了环境。

鉴于东亚共同体的建设已经出现异变，务实的功能合作成为主要努力的方向，在我看来，在今后的东亚合作进程中，可以淡化"主义"（区域主义），强调合作（功能合作）。如今，没有一个国家公开声明要放弃东亚共同体的建设，但是，也没有一个国家明确提出以东亚共同体作为开展合作的目标。至于东亚共同体建设还能不能被重新提到日程，还要看今后形

---

① 见张蕴岭《东亚合作再思考》，《外交评论》2009年第2期。

势的发展。①其实，在中国官方的用词里，现在倒是使用"共同体"比较多，比如，"命运共同体"、"利益共同体"等，这与当时对使用"东亚共同体"持谨慎的态度形成鲜明的对照。当然，中国倡导的"共同体"不同于展望小组提议的"共同体"，它更接近于一种综合的和多样的合作理念与合作发展的精神。

像东亚这样复杂与地区关系结构发生重要变换的地区，很多事情的发展，特别是大势的定局，不会是轻而易举的和直线条的。近代以来，东亚地区的力量对比，国家间的关系，区域秩序的构造等，发生了根本性的转换。如今又经历一场新的历史性转换。这个新的进程会以什么样的结果展现，还需要多种力量的碰撞，需要时间的考验。不过，东亚地区的发展只要沿着合作这个方向行进，就可以避免悲惨历史的重演。从这个意义上说，合作精神、共同体精神，不管是以共同利益为基础，还是以共同命运为认知，都是可贵的，都是应该践行、坚持和发扬的。

延伸阅读（1）

东亚合作联合声明②

——深化东盟与中日韩合作的基础

(2007 年 11 月 20 日)

一 引言

（一）我们，东南亚国家联盟（东盟）成员国以及中华人民共和国、日本国和大韩民国的国家元首或政府首脑，在东盟与中日韩（"10 + 3"）

---

① 也有的学者认为，尽管东亚共同体建设遇到困难，但是"东亚共同体"势头下降并不意味着它的生命力行将完结，"东亚共同体"构想仍不失为最现实的选择。但是，他们所说的东亚共同体的内涵已经变化，建议构建的结构是"一轴两翼"，或者称之为"3 + 10 + 3"，前一个 3 是指俄罗斯、蒙古国和朝鲜，10 自然是指东盟，而后面的 3 是指澳大利亚、新西兰和印度。见宋均营、虞少华《对东亚共同体建设的再思考》，《国际问题研究》2014 年第 4 期，http://www. rmlt. com. cn/2014/0401/252643_ 3. shtml。

② 第二份联合声明的背景是 2005 年成立了由 "10 + 3 + 3"（澳大利亚、新西兰和印度）参加的"东亚峰会"，声明强调 "10 + 3" 为推动东亚合作的主渠道，并且为此制订了 2007—2017 年的十年合作计划。

合作 10 周年之际，于 2007 年 11 月 20 日在新加坡举行会议。

（二）我们注意到迅速变化的国际环境和全球化既带来机遇，也带来挑战。我们一致认为，在共同利益和对和平、稳定、合作与繁荣的愿望和承诺带动下，实现一个充满活力、开放、富有创新和竞争力的东亚前景光明。

（三）鉴于此，我们强调我们根据《联合国宪章》的原则和宗旨、《东南亚友好合作条约》以及公认的国际法原则处理相互之间的关系的承诺。

（四）我们回顾了过去 10 年取得的成绩，巩固了现有合作，并为"10＋3"合作设定了未来方向，即为建立东盟共同体而继续支持东盟一体化建设，同时为构建东亚共同体这个长期目标而贡献力量。

二 回顾发展和壮大的过去 10 年 （1997—2007）

（一）我们忆及 1999 年《东亚合作联合声明》、2001 年《东亚展望小组报告》、2002 年《东亚研究小组报告》、2005 年《关于东盟与中日韩领导人会议的吉隆坡宣言》以及其他所有"10＋3"合作已签署、通过、记载和发表的相关文件。

（二）我们满意地注意到"10＋3"合作取得的显著进展，这在过去 10 年中已拓展和深化到 20 个合作领域。我们也认识到部门机构、东亚研究小组和东盟秘书处"10＋3"小组为取得这些进展所做作的重要贡献。

（三）我们忆及"10＋3"进程始于 1997—1998 年的亚洲金融危机之后，我们满意地看到，"10＋3"进程为"10＋3"各国带来了互利和更紧密的联系。

三 展望巩固与更紧密一体化的未来 10 年 （2007—2017）

（一）确定"10＋3"合作在日渐显现的地区格局中的目标和作用

1. 我们重申"10＋3"进程将继续作为建立东亚共同体这一长期目标的主渠道，东盟将在其中发挥主导作用。

2. 我们赞赏东盟—中国、东盟—日本和东盟—韩国进程对"10＋3"框架下的全面合作所做的突出贡献。我们赞同并欢迎中、日、韩三国持续不断地致力于支持东盟建成东盟共同体的目标。

3. 我们赞同并支持"10＋3"进程与诸如东亚峰会、东盟地区论坛、亚太经合组织和亚欧会议这些地区论坛对促进东亚共同体建设所起的相互促进、相互补充作用。

4. 我们重申东亚一体化是一个为实现互利的开放、透明、包容和前瞻性的进程，并支持实现本地区和平、稳定、民主和繁荣的国际公认的价值。在实现东亚和其他地区持久和平和共同繁荣的远景指引下，我们将顺应新经济流动和不断演变的战略互动，坚持使所有利益相关国家和组织继续致力于实现一个能够适应变化和新动力的开放地区格局的信念。

5. 我们重申支持东盟 2015 年建成以安全、经济和社会文化为三大支柱的、开放、富有活力和坚韧不拔的东盟共同体以及缩小东盟成员国之间发展差距的目标。我们欢迎《东盟宪章》的签署，一致认为一个团结一致、充满活力的东盟对确保地区安全和繁荣至关重要。

（二）合理推进并加强 "10 + 3" 合作

我们同意未来 "10 + 3" 合作范围将包括但不限于以下领域：

1. 在政治和安全合作方面，我们将通过人力资源开发、定期举行安全对话和交流以及其他能力建设措施来拓展和加强对话与合作，确保我们的国家彼此之间以及与世界各国在一个公平、民主和和谐的环境中和平共处。

2. 在经济和金融合作方面，我们同意推动促进经济增长和可持续发展，通过促进经济自由化、经济一体化、与 WTO 协议一致的透明和自由贸易、实施结构性改革、鼓励投资、促进技术转让和升级、保护知识产权、提高研究和决策能力、使 "清迈倡议" 多边化并增强亚洲债券市场倡议，来建设一个商品和服务自由流通、资本和劳动力更易流动的更加繁荣的东亚。

3. 在能源、环境、气候变化和可持续发展合作方面，我们重申需要采取有效措施，以应对气候变化、能源安全和环境等相互关联的问题。在能源安全方面，我们将特别强调提高能源效率、能源供应多元化以及新能源和可再生能源的开发。在可持续发展合作方面，我们将特别强调减缓和适应气候变化，以及环境保护和经济持续增长与社会发展之间的协调性。我们重申致力于长期稳定大气温室气体浓度，使其保持在可以防止人类对气候系统造成危险干扰的水平这一共同目标，并同意按照公平、灵活、有效、共同但有区别的责任原则以及各国的不同能力，积极参与制定有效、全面、公平的 2012 年后国际气候变化安排的进程。

4. 在社会文化和发展合作方面，我们同意加强努力以消除贫困和在东亚实现千年发展目标，通过支持《万象行动计划》和《东盟一体化倡议》缩小发展差距，支持次区域发展倡议，加强文化合作、教育合作，深化相互理解和培育东亚认同感和意识以及民间交流，处理诸如性别、儿童、防止传染病和减轻自然灾害等社会问题，鼓励与非政府组织进行政策磋商和协调，以促进在处理社会问题方面的公民参与以及政府和公民社会之间的伙伴关系。

5. 在机制建设及与更大范围合作框架关系方面，我们同意进一步拓展合作，重新调配资源集中到重点合作领域，以便充分利用"10＋3"合作的优势。为此目的，我们将建立"10＋3"合作基金，并同意加强东盟秘书处"10＋3"小组，通过合理化和致力于协调一致来加强合作项目。我们还同意促进东亚区域合作与其他地区和全球框架合作之间的相互协调。

四　结束语

本《联合声明》的目标将通过落实后附《工作计划》中所列的具体重点活动和旗舰项目来实现。相关部门机构应落实该《工作计划》并将其纳入各自的规划和行动计划。《工作计划》落实进展情况由"10＋3"司局长负责监督，并向年度"10＋3"外长会议和领导人会议汇报。将对该《工作计划》进行中期审议，也可对其进行修订，以更有效地实现《联合声明》所列各项目标。

本《联合声明》于 2007 年 11 月 20 日在新加坡通过。

延伸阅读（2）

探求东亚的区域主义①

东亚作为一个地理概念，一般是指东北亚 5 国和东南亚 10 国。东亚作

---

① 本文发表于《当代亚太》2004 年第 12 期。这里用"区域主义"的概念，是指东亚合作的动机带有区域地缘认同和构建区域合作机制的意图。这两个方面是"区域主义"的基本构成。以后的发展也表明，正是这两个方面的发展遇到制约。——作者补注。

为一个地区首先是地缘上的连接，各国被陆地和海洋连接在一起，毗邻而居，形成了天然的联系和共享的利益。东亚作为一个地区逐步发展起了共生的经济、政治、安全、社会文化关系，形成了越来越多的共享利益，因此，东亚合作有着东亚区域主义的内在基础。但是，东亚国家之间的巨大差别，历史的纠葛与现实尚存的矛盾等使得东亚的区域主义根基脆弱，共识不强，目标不明。对于目前具有区域主义性质的地区合作究竟如何发展还难于定论。东亚地区合作的内在意义在于其自身发展的过程，只要这个过程沿着正确的方向发展，就会产生理想的结果。

一　东亚区域主义的兴起

东亚区域合作的思想由来已久。从历史上看，最早提出东亚区域主义思想的是日本人。明治维新后的日本开始强大，希望以区域合作来对抗西方的强势，保卫和扩大自己的利益。因此，19世纪中后期，许多有影响的日本人都先后提出和积极推动"亚细亚主义"、"东亚同盟"等。但是，日本的东亚区域主义后来走向了极端，成为推行军国主义的工具和借口。中国的一些志士仁人，如孙中山等，也曾经提出以东亚合作来抵御西方的列强殖民，把中国从列强瓜分的灾难中解救出来，但是，势单力薄，也只是说说而已。二战以后，日本战败，东亚分裂，有关区域主义的说法销声匿迹。

20世纪60年代，在东亚地区有关区域合作的呼声渐起，最早也是来自日本，但主要是"亚太区域主义"，经济上崛起的日本需要与美国建立紧密的联系，后来亚太合作逐步得到澳大利亚、韩国以及美国等的支持。这股亚太区域合作思潮推动了一系列机制的建立，从太平洋经济合作委员会（PECC），到亚太经合组织（APEC）。

20世纪90年代初，有关东亚区域的概念突显。最引人注目的当然是马来西亚总理马哈蒂尔提出的有关建立"东亚经济集团"的倡议（后改为东亚经济核心论坛）。马哈蒂尔的初衷是面对欧洲一体化的进展和美国的经济霸权，东亚地区应该联合起来，争得自己的利益。马哈蒂尔的这种思想带有一定的传统的东亚区域主义痕迹（反对西方控制）。但是，他的这种思想也不是没有根基的，因为东亚作为一个区域经济体已经形成，并且被国际社会所确认了，最有影响的当属世界银行的一篇《东亚奇迹》的报告。此后，有关东亚区域发展的概念逐步增多。

东亚作为一个区域集合在国际舞台上出现是 1995 年亚欧合作会议的召开，东亚地区的东盟与中日韩一起与欧盟国家建立了合作框架。不过，真正启动东亚合作是在亚洲金融危机发生之后。1997 年 12 月 15 日，东盟—中日韩领导人（当时是"9＋3"）非正式会议在马来西亚首都吉隆坡举行，这是一次具有深远意义的会晤。尽管当时领导人会议的主要议题是如何应对亚洲金融危机，但它却成为推动这个地区合作的一个新起点。次年，在马尼拉举行的东亚领导人会议就推动东亚合作的原则、方向和重点领域达成了共识，首次发表了《东亚合作联合声明》。此后，不仅一年一度的领导人会议被固定下来，而且还逐步增加了多个部长会议，使"10＋3"机制（东盟 10 国加中日韩 3 国）成了东亚地区各国开展对话与合作的主渠道。尽管"10＋3"还是一个以经济合作为主题的地区对话机制，但是，在这个机制框架之下取得了许多实质性的合作成效。

在金融合作方面，通过"清迈倡议"，建立了地区货币合作机制。"清迈倡议"的基础是双边货币互助互换，即通过签订双边协定，在对方出现资金困难或受到资本冲击的时候，签约方向对方提供援助。重要的是，"清迈倡议"为未来东亚地区发展更高层次的地区金融合作机制提供了一个基础。

在贸易和投资方面，尽管涵盖整个东亚地区的自由贸易区计划尚未开始，但是，在地区合作框架下的一些重要的发展还是很有意义的。首先是中国—东盟自由贸易区的建设，2001 年 11 月中国和东盟领导人就建立紧密经济伙伴关系达成共识，宣布用十年的时间建成自由贸易区。目前，"早期收获"计划（Early Harvest Program，先期开放农产品市场）正在落实，有关自由贸易区的谈判接近完成。与此同时，日本与东盟之间、韩国与东盟之间、中日韩之间也都就自由贸易安排、开展经济合作进行努力。同时，在"10＋3"框架下，各方还就湄公河地区的开发达成共识，把推动次区域发展作为东亚合作的一个重要议程。

"10＋3"机制所推动的不仅仅是一个地区经济合作进程，它还具有很强的政治含义。首先，它有利于东亚地区各国之间政治关系的改善。出于多方面的原因，东亚地区各国之间存在着许多历史的和现实的矛盾。"10＋3"机制提供了一个平台，使各国可以通过对话加深了解和理解，进而改善关系，增加合作。比如，中日韩三国领导人的对话就是在"10＋3"这个机制下发展起来的，2003 年三国领导人发表了经济合作宣言。中国—

东盟之间在深化经济合作的基础上，进一步确立了战略合作伙伴关系。同时，从发展角度看，这些努力将会进一步推动东亚地区建立更加稳定、更加紧密的政治合作关系框架。

二　东亚区域主义的发展

东亚区域合作从务实需要开始，并没有一个明确的政治目标，在很大程度上说，也没有一个共识。作为一个进程，它从实际需要开始，在行进中不断增加合作的内容，逐步建立和拓展合作机制。经济合作是东亚区域主义形成及发展的基础。但是，东亚地区各国经济发展上的巨大差别决定了东亚经济一体化只能是渐进的，一个统一的东亚大市场还是需要很长时间的事。

尽管东亚合作已经建立起了一个大的框架，但是，真正具有实质性内容的还是经济合作，而在经济合作中，推动市场的开放是最重要的内容。目前，东亚地区自由贸易区的建设是多个进程并进、有东盟自身的自由贸易区，有中国—东盟自由贸易区，有日本与东盟、韩国与东盟的自由贸易区。那么，如何使这些分散的进程统合起来呢？这里，有几种选择：一是通过东盟的扩大，即其他国家加入东盟，最后实现东亚范围的一体化，在体制和方式上，沿袭现在的东盟自由贸易区方式。不过，由于中日韩，特别是中国和日本规模太大，加入东盟会出现很多问题，东盟自身也会难以承受。二是"10"和"3"分别发展，在成熟的基础上实现东南亚和东北亚地区的联合，最后成立东亚地区的合作机制。这里，关键是东北亚国家（主要是中日韩）能否建立起真正的自由贸易区，在这方面，困难是很多的。特别是考虑到中日韩之间经济发展的差距和政治上的障碍，发展真正的一体化组织难度很大。同时，分别建立自贸区，也会使刚刚起步的东亚合作受到制约，甚至产生分裂。三是中日韩分别推动与东盟的制度化安排，并且同时寻求把三个进程合拢的方式，有条件的可以先走一步，比如现在的中国—东盟自由贸易区计划。四是在进行多层推进的同时，尽早推动和全面规划整个东亚地区合作的框架和组织结构，把各个分散的合作发展纳入整个东亚合作的框架和组织机制之中，建立东亚自由贸易区。比较起来，第四种选择可能较现实，具有可操作性。

推动东亚整个地区合作机制的建设，当然要考虑到东亚现在已有的合作机制的存在和作用。因此，目前它并不是要立即解散东盟或停止其他多重合作机制的运行。相反，在近期，可能应该鼓励多种形式的合作，比如中国与东盟之间的自由贸易区建设可以先行，如果中国与东盟能够在推动合作上先走一步，或者说，步伐更快些，那么，对于推动整个东亚的合作可能会有积极作用。目前，东亚的对话合作进程是几个轮子一起转动（东盟自身，三个"10＋1"）。当然，这里重要的是要把东亚地区的各种合作机制纳入到东亚长远合作发展的框架和组织体系之中，以便有利于东亚合作长远目标的实现，而不是产生新的分隔。

应该承认，推动东亚合作的确存在许多困难。东亚没有平等参与地区合作的历史，因此区域合作的理念和认知都很弱。因此，对于合作的目标很难在短期内达成共识。从总体来说，东亚合作主要存在以下几个方面的困难：

其一，地区差别很大，这里既有作为世界第二大经济体的日本，也有世界人口最多的中国，还有世界最不发达的老挝、柬埔寨、缅甸。在这样一个差别如此巨大的地区推动合作，困难可想而知。比如建立自由贸易区，既要考虑到不同的利益和安排上的差别，又要考虑到把开放市场与推动经济发展结合起来。

其二，东亚地区内已经有东盟自由贸易区，并且正处于深化进程中，如何协调与统合地区分散的机制安排，是一个比较复杂的过程。同时，如何发展东亚区域主义的综合内涵，在经济合作发展的同时，增强政治与安全合作，这也需要智慧。

其三，大国间，主要是中日之间在发展、战略、安全以及历史认知上存在巨大差别，很难取得统一认知。中日之间当前政治关系上的不顺畅，必然影响地区合作的进程。

尽管如此，我们看到，东亚合作中的区域主义意识和行动都在发展。从认识上来说，一个重大的进步是各国对"东亚共同体"（East Asia community）概念与定位上的基本认同。同时，从实际进程发展来说，各国已经同意发展具有区域主义概念的"东亚峰会"，考虑建立东亚合作秘书处等，剩下的只是时机了。如果这两个方面得到落实，那么东亚区域主义组织的雏形就形成了。

目前所发展的东亚区域主义具有新的特征，因此，可以称之为"新东亚区域主义"，归纳起来，有以下几点：

其一，以保证各国的主权和利益为基础，不搞"主权让渡"，进行平等参与和协商，同时，合作的内容从务实需要开始，循序渐进，因此，合作进程更多地体现为一种"功能主义建构"特征（functional institutional building），在很大程度上说，东亚区域主义的基础来自于这种功能性机制的发展。

其二，以局部区域合作为基础，东盟地区的合作是东亚地区合作的基础和驱动器。东南亚地区本来是一个分裂的、不发达的地区，大多数国家为中小规模，这样，一个联合起来的地区与中日这样的大国对话合作就可以体现出很大的平衡，避免为大国垄断控制。东盟最宝贵的经验是，通过建立地区合作机制把各个不同的国家纳入到一个地区合作框架之中，从而实现国家关系的改善与地区稳定、和平，东盟的这个经验延伸到东亚地区具有重要意义。

其三，不采取"东亚至上"的内向方略，而是承认利益差别，鼓励多层努力，实行"开放的合作主义"，即在东亚地区各国进行合作努力的同时，允许和鼓励各国与区外国家进行合作，因此，区域合作不带有封闭和对抗性。在经济上，表现为多层的自由贸易区协定；在安全上承认和保持了现有的双边合作或结盟关系。

其四，合作的目的主要是为了本地区的发展、稳定与和平，重在功能性发展，而不是首推区域组织。从经济上说，东亚发展起了市场导向的区域联系与利益机制，但是，缺乏稳定的区域制度化安排。从国际关系角度来说，东亚国家还没有完全从历史与现实的分隔中摆脱出来，需要以新区域主义精神学会如何和平共处。新的东亚区域主义不把反西方作为地区合作的出发点与动力机制，而是寻求自己内在的共处与合作逻辑。

东亚区域合作的这些特征，究竟是区域主义的初级阶段表现，还是自己的本源特征，这还有待探讨。不过，这些特征至少保证了区域合作顺利起步和渐进发展。

三　东亚区域主义的功能

东亚区域主义未来发展如何？1998 年韩国总统金大中在第二次领导人会议上提议成立"东亚展望小组"，由东亚各国各界的知名人士研究如何加强东亚国家在经济、政治、安全、文化等方面进行中长期合作的问题，即为未来的东亚合作设计长远规划蓝图。2001 年展望小组向领导人提交了研究报告。展望小组提出把建立"东亚共同体"作为东亚合作的长期目标。尽管人们基本上已经接受东亚共同体建设的概念，但是，它的内涵是什么？如何推进？这都还需要进一步探讨。

欧洲联盟的建设为世界提供了一个启示，即在一个地区建立起高度一体化组织是可行的。对于东亚地区来说，欧洲联合的最宝贵经验是：

其一，通过联合实现地区关系的改善与融洽，尤其是实现了法德的和解与战争造成的区域分裂，进而实现了地区的长久和平。

其二，地区联合的稳定与深入发展是建立在渐进的制度化建设之上的。制度化保证了合作进程的法理性与有效性。

尽管欧洲超国家的区域制度化经验不能照搬到东亚，但必要的区域合作机制建设还是必不可少的。东亚不同于欧洲，即便东亚合作的长期目标是建立区域共同体，但这个共同体也只能符合本地区的实际，有自己的特色。

在我看来，较早确定一个明确目标，或者一个模式，对东亚区域主义进程来说是没有多大意义的，而真正有意义的是进程的内容和所要发挥的功能。

第一，东亚区域合作的一个重要功能是推进区域的"法制建设"，为地区各国之间的经济政治关系建立合理的、平衡的与稳固的地区关系打基础。各国之间建立的各种双边的、双边与次区间的协定、协议作用有二：一是确立法制框架（以往没有）；二是提升法制水平（与国际接轨）。东亚国家之间构建法律、法规基础，并且与国际规范、标准接轨，这是一个意义长久的大事。

第二，通过区域合作化解国家间的敌对与冲突，有助于解决悬而未决的遗留和现实问题。欧洲联合的初衷是通过合作制止战争，实现和平，让以往敌对的国家在合作中成为友邦。东亚的合作进程会有助于弥合地区的历史与现实分裂，缩小及至化解国家间，尤其是像中日这两个大国之间的许多矛盾。因为地区合作提供了一个各方共同参与共享利益的统合框架。传统的大国战略是争夺领导权和独占利益，在区域合作机制中，这种战略行不通了，在参与中逐步走向协同。这是"东亚共同体"存在发展的一个前提和基础。

第三，区域利益有它的特殊性和存在的必要性。即使东亚实行"开放的合作主义"，但也有其区别于其他的区域利益。在全球化时代，区域利益往往体现为向区域所在国家提供保障与扩大利益的"公共产品"。因此，区域合作往往体现为一种"集体的力量",一方面推动全球化中的利益平衡,另一方面为本地区争得相应的利益。

东亚的区域性认同(identity)无论在内部还是外部都已经是既定事实了,其合作进程正是要通过利益与制度发展来巩固这种认同。试想一下,如果有一个东亚区域实体存在,那么,无论是世界经济,还是国际关系,都会变得更加均衡与合理。比如亚太地区,如果能够建立起"东亚—北美"关系构架,那将是一种结构比较均衡的"太平洋关系框架",大国之间不再仅仅表现为双边的结盟或对抗。

具有区域主义性质的东亚合作进程不会是一帆风顺的,其间会遇到各种困难和挫折。欧洲实现统一的梦想花了半个世纪的时间,东亚建成共同体也许会需要更长的时间。

第三章

认识和理解东盟

导　言

近代，东南亚地区被西方殖民主义占领，大多数国家成为英国、法国、荷兰的殖民地，直到二战以后，各国才先后获得独立。1954 年，出于反共和镇压民族独立运动的需要，美国纠集英国、澳大利亚、新西兰、巴基斯坦以及泰国和菲律宾成立了东南亚条约组织（SEATO），这个组织虽然冠以"东南亚"，但只有两个东南亚国家参加，该组织直到 1975 年才宣布解散。

东南亚国家自己的合作组织起于 1961 年，泰国、马来西亚（当时叫马来亚，尚未与新加坡分治）和菲律宾作为发起国成立了"东南亚联盟"（Association of Southeast Asia，ASA）。不过，次年，因为马来亚与菲律宾发生领土争端，以及马来西亚与新加坡分治，该联盟陷于瘫痪。[①]

1967 年，东南亚推动区域合作的动力再现，泰国、马来西亚、新加坡、菲律宾和印度尼西亚五国外长签署了"曼谷宣言"，成立了"东南亚国家联盟"（Association of Southeast Asia Nations，ASEAN），简称东盟，取代原来的"东南亚联盟"。[②]此后，东盟逐步实现扩大，先后有文莱、越南、老挝、缅甸和柬埔寨加入，到 20 世纪末，东盟成员包括 10 个国家，实现

---

① 1966 年，由韩国发起，还成立了"亚太协会"（Asia and Pacific Council，ASPAC），目的是把"自由世界"的国家组织起来反共，共 9 个成员（其中有包括当时的南越在内的 4 个东南亚成员）：澳大利亚、日本、马来西亚、新西兰、菲律宾、泰国、韩国以及当时的南越和中国台湾地区（以"福摩萨"的名义）。

② 华语界也有的按字义翻译成"东南亚国家协会"，简称东协，因为英语 Association 原意为协会，不是联盟，联盟的英文是 Union，也有的翻译为"亚细安组织"，简称亚细安，是东盟英文缩写 ASEAN 的音译。

了整个东南亚地区的联合。目前，还有其他的国家要求加入。①

　　"东南亚联盟"成立的初始动机是政治与安全，主要是捍卫民族独立和防止共产主义势力扩张。②东盟成立之初也特别强调其政治与安全功能，但是，由于内部分歧，政治与安全的功能并没有得到很好的发展，使该组织处于失能状态。冷战结束后，其功能主要转向推动本区的经济发展，构建区域内部的市场开放环境，开展经济合作。东盟推动经济开放发展的努力取得成功，提升了其作为区域组织的信誉和影响力。在此基础上，东盟逐步推动地区在政治、安全、社会等领域的合作，并且进一步制定区域合作的更高目标——东盟共同体建设。

　　东盟的发展是一个奇迹，在一个分裂、战乱、动荡与落后的地区，通过开展区域合作，实现了地区的稳定、和平、合作与发展，这在东亚地区是史无前例的。③而且，东盟作为一个区域合作组织，在聚拢东亚其他国家参与区域合作上起到核心的作用，因此，了解、认识和理解东亚区域合作，也必须了解、认识和理解东盟。④

　　认识东盟的意义不仅仅在于认识它自身发展的历程、自身积累的经验，而且也在于东盟经验对于推动东亚地区合作的意义。在很大程度上说，没有东盟也许就没有东亚合作进程。东盟对于东亚合作的意义，首先是东南亚这片地区实现了稳定、和平与发展，其次是东南亚作为一个有影响力的团体扮演核心角色。从地缘和经济政治权重上看，东南亚不是东亚的中心，但是，从把东亚地区聚拢在一起开展合作上来说，它居于中心的地位。多个"10 + 1"对话合作机制就像车轮上的辐条，以东盟为轴，形成相互连接的大区域框架。

---

①　2006 年，独立后的东帝汶提出加入东盟，巴布亚新几内亚被吸纳为东盟的观察员。

②　Sharon Siddi and Sree Kumar edited, The Second ASEAN Reader, ISEAS, Singapore, 2003, p. 3. 有人把它具体总结为三个考虑：反对共产主义运动扩张，吸引美国等西方国家援助，促进地区合作。见 Yoshiyuki Hagiwara, "The Formation of ASEAN", in The Second ASEAN Reader, ISEAS, 2003, Singapore, p. 4。

③　东盟制定的《东南亚友好合作条约》对于各国间共处的原则做了清晰的规定，主要包括，尊重独立、主权、平等和领土完整与国家认同，不干涉国内事务，和平解决争端，不以武力相威胁，开展合作。并承诺解决国家间的矛盾和争端要理性、有效、灵活和避免发生冲突。见 http://www.asean. org/news/item/treaty-of-amity-and-cooperation-in-southeast-asia-indonesia-24-february-1976-3。

④　随着冷战的结束，东盟的一些人士就提出了"大东盟"构想，即吸纳所有东南亚国家入盟，实现东南亚地区不同宗教、不同社会制度国家间的和平、合作与发展。于是东盟先后吸收越南、老挝、缅甸和柬埔寨加入，到 20 世纪末，实现了东盟 10 国联合之梦。有关分析参见文深《大东盟未来走向探析》，《东南亚纵横》2000 年增刊。

当然，东盟成员大多是中小国家、发展中国家，尽管结成团体，但内部的差异性、成员国复杂的对外关系结构和利益，都使得东盟这个团抱得不那么紧。因此，防止分裂、避免被外部力量主导，成为东盟设计区域合作的一个中心关注，为此，在推动东亚区域合作中，要力求维护东盟的"中心地位"（centrality）。对于东亚地区的合作来说，东盟的中心地位诉求是一把双刃剑：一方面它是推动力量，即以集体的力量聚拢其他各国，推动区域合作发展；另一方面它也可能是拖后的力量，因为东盟有双重身份，一是东盟自己，置于优先地位，二是合作参与者，关心自己的中心地位和利益。

对于东盟，不仅要认识，也要理解。爱它，因为有了它才有了东亚的区域性合作；怨它，因为它有时成事不足。东盟有 10 个成员国家，它抱团，但无法限制成员国为自己的利益而采取单独行动，它是区域合作组织，但不具备超国家的管理功能，任何事情都需要取得协调一致，让大家"感到舒适"。

第一节　东盟方式的特征

东盟成立 40 多年，一路走来，不断取得进步，积累了丰富的经验，它学习欧洲联合的经验，但没有照抄欧洲的做法和模式，而是根据自身的特点和需要，创建了独特的"东盟方式"（ASEAN Way）。东盟成立依据的是一份宣言（《曼谷宣言》），文字只有一页纸长，它不是宪章，不是条约，只是共识，是共同的承诺。①据认为，东盟方式的内涵是"不写下来的

---

① 《曼谷宣言》确立联盟的目标和宗旨是：（1）本着平等的伙伴关系的精神，通过共同努力促进本地区的经济增长、社会进步和文化发展，为把东南亚国家建设成一个繁荣、和平的社会加强基础；（2）通过维护正义和法律的准则以及遵循《联合国宪章》所规定的各项原则，来促进本地区国家间的和平与稳定；（3）在经济、社会、文化、技术、科学和管理等领域促进对共同有利的事业的积极合作和互助；（4）相互提供有关教育、职业、技术和管理等方面的培训和研究设施的援助；（5）为了更充分地利用它们的农业和工业，扩大贸易往来，包括对国际贸易问题的研究以及改善交通和运输设施与提高人民的生活水平进行更加有效的合作；（6）促进东南亚研究；（7）为与现有的具有类似目标和目的的国际和地区组织保持更密切、更有益的合作，探索使这些合作更加紧密的一切途径。为了实现东盟的目标和宗旨，建立（1）外交部长年度会议；（2）常务委员会，由外长会议东道国外交部长或其代表为主席，成员包括其他成员国驻东道国的全权大使，在外长会议休会期间执行本联盟的工作；（3）由专家和专务官员组成的特别委员会和常设委员会；（4）各成员国的秘书处，代表各自国家执行本联盟的工作，并为外长会议和外长特别会议、常务委员会和今后可能设立的其他委员会服务。宣言明确宣布，东盟对赞同该目标、原则和宗旨的所有东南亚国家开放，欢迎参加。见《曼谷宣言》，1967 年 8 月 8 日。http：//www．caexpo．org/gb/news/special/cafta/ziliao/t20051222_ 55473．html。

规范（norms），非正式的理解（understanding）"，依托六大原则，即尊重主权和相互依存，不干涉内政，不使用武力，避免使双边问题在地区层面对抗，协商一致的决策过程和谨慎处理敏感问题。①

"东盟方式"可以从东盟对内与东盟对外两个角度来认识。所谓对内，即东盟内部的建设，主要是指东盟内部从经济一体化到共同体建设的方式，所谓对外，即东盟对外的关系，对于东亚区域合作来说，则是它的对外关系与参与机制的构造。

我们先来看东盟内部建设的经验特征。这些特征事实上对于东亚地区的合作方式具有重要的借鉴意义。

其一，渐进推动东盟的扩大与提升，坚持东盟事务放在东盟框架之下解决，以便增强本地区内部的集聚力。②东盟的价值不在于实现地区的高度一体性（或者成为单一性），而在于在保持多样性的前提下，推进协商与合作。东盟方式的贡献在于，以合作为出发点，创建"协商与一致的文化"；通过每年组织上千种会议，构建广泛和多层次的"沟通渠道与网络"；通过坚守不干涉的原则，创建"安静外交与冲突管理机制"。东南亚地区曾被称为"亚洲的巴尔干"。冷战结束后，欧洲的巴尔干地区经历了战乱，而东南亚地区却实现了和平转变，靠的就是这些创造性。③东南亚是世界上差别最大的地区之一，政治体制、发展水平、种族、宗教多样，东盟的作用不是要把它们统一，而是在合作框架下实现和谐共处。维护多样性是东盟开展合作的基础，而通过开展合作，实现共同发展则是一致的追

---

① The "ASEAN Way" —An Analysis of Principles, Procedures and Practices. （2009, June 18）http: //www. writework. com/essay/asean-way-analysis-principles-procedures-and-practices.

② 对于东盟方式，解释很多，比如新加坡外长贾古玛把它归结为非正式，组织最小化，广泛性，协调与一致，和平解决争端。转引自阿米塔·阿查亚《构建安全共同体：东盟与地区秩序》，王正毅、冯怀信译，上海人民出版社 2004 年版，第 87 页。再如，马来西亚的诺丁·索皮（Nordin Soppiee）归纳为：寻求和谐与共识原则，敏感性原则，不对抗原则，一致性同意原则，安静、私下与精英外交原则等。东盟解决矛盾不设定目标，但是坚持在东盟框架下来解决，这就避免了各方的自行其是。见 Seoesastro Hadi, ASEAN in a changed regional and international political economy, CSIS, Jakarta, 1995, pp. iii–ix; Gillian Goh, The ASEAN Way: non-intervention and ASEAN's role in conflict management, pp. 114–115, Journal of East Asia Affairs, web. stanford. edu/group/sjeaa/journal3/geasia1. pdf。

③ Kishore Mahbuhani and Rhoda Serovino, ASEAN: the way forward, http: //www. mckinsey. com/insights/public_ sector/asean_ the_ way_ forward.

求。因此，东盟的发展进程被认为是亚洲包容性文化的具体体现。[①]

其二，坚持以经济发展为基础，通过东盟机制逐步推进区域内的市场开放，改善发展的综合环境。自 20 世纪 70 年代中期，东盟开始把推动内部市场开放、优化内部发展环境作为合作的重点。1977 年开始启动"特惠贸易安排"（PTA），在进程中，不断对特惠贸易安排的内容进行修改，以提高东盟内部市场的开放程度。1992 年，东盟开始实施"东盟自由贸易区"（AFTA），计划用 15 年的时间建成自贸区，把区域内部的关税降到 0—5％。东盟自贸区的建设从执行共同有效普惠关税方案（CEPT，简称普惠关税方案）开始，而普惠关税方案根据成员发展的水平，实行了快速减让（又分为 10 年和 7 年）与常速减让（又分为 10 年和 15 年）的分步走办法。东盟根据发展的需要和可行性，不断加快市场开放的速度。1994 年，东盟决定把建成自贸区的时间由 15 年缩短为 10 年。1997 年发生金融危机之后，东盟的经济发展遇到极大的困难，在此情况下，东盟成员没有退回到保护主义，而是提出了加速开放的战略，老成员承诺到 2000 年完成自贸区建设，对新成员（越、老、柬、缅）给予缓冲期（3—8 年）。1999 年东盟又决定 6 个老成员到 2015 年、新成员到 2018 年完全实现零关税。[②]东盟这种"蛙跳式"的推动方式，也不失为一种进取型的推进战略。因为，一是东盟内部差别大，有些成员经济欠发达，必须走一步看一步，根据情况和需要制订加速计划；二是内部和外部情况变化迅速，必须根据形式的变化进行及时的调整，"趁热打铁"，不断以新进程推动开放进程深化。[③]

东盟开展经济合作的方式不是靠动员内部资源开展集体项目建设，而是采取推动市场开放，改善区内市场环境，增加区内对外部资源投入的吸引力的方法。事实上，东盟作为发展中国家的联合体，内部可动员的资源有限，其最大的资源是市场潜力，因此，市场开放本身可以创造资源。特

---

① 曾担任泰国外长的塔纳特·科曼（Thanat Khoman）认为，东南亚地区的合作基于文化的共享性（shared value of culture），基于亚洲的文化与传统。见 Gillian Goh, *The ASEAN Way: non-intervention and ASEAN's role in conflict management*, p. 114。

② 具体分析参见张蕴岭、周小兵主编《东亚合作的进程与前景》，世界知识出版社 2003 年版，第 76—80 页。

③ 批评者认为，东盟制订的计划很宏伟，落实性差，成员国往往不认真落实。在我看来，其实，东盟也许就是靠这种推进式方法，叠加目标的落实度。见宋宝雯、方长平《东盟方式对东盟区域合作的主导作用》，《中国青年政治学院学报》2013 年第 5 期，第 118 页。

别是在发生金融危机之后，东盟是靠加速开放来增加吸引力和创建活力的。事实证明，这样的做法促进了资本向东盟的回流，加快了经济恢复增长的步伐，有利于东盟国家走出危机。

东盟改善发展环境，不仅仅靠推动市场开放（包括货物贸易、服务和投资），还大力推动经济合作。东盟开展经济合作，一靠成员国内部，二靠拓展外部。东盟提出了互联互通计划，并为此制订了落实的行动计划（Master Plan）。互联互通计划不仅包括建设相互连接的基础设施，也包括互联互通相关的法规和人员流动。但是，东盟本身资源有限，只是为此设立了一个 10 亿美元的基金，用于推动项目，建设项目要靠成员自身和吸收外部的资源，特别是推进与外部的合作。①

经过这样的努力，东盟由一个经济落后的地区，成为一个具有活力和吸引力的地区，尤其是新成员，实现了持续的高增长，有的较快走出了低收入国家行列，跨入中等收入国家行列的门槛。

其三，构建具有东盟特色的共同体。东盟共同体的建设不抄已有的模式，确立了符合本区实际的定位。2003 年 10 月，东盟正式宣布将于 2020 年建成东盟共同体。东盟共同体不像欧洲那样建立一个单一的组织，而是由"经济共同体"、"安全共同体"和"社会文化共同体"三个框架组成。共同体（community）这个词的词意本来是指"和合共处"的一种形式，没有组织上的定式。欧洲是一种模式，东盟则是另一种模式。在东亚展望小组的关于建立东亚共同体的报告里，东亚共同体的架构则是由几个支柱（政治、经济、金融）来支撑的，并不是由一个单一的区域组织来统领。事实上，尽管东盟把建设共同体的时间定在 2015 年，但 2015 年只是要达到一些基本目标，完成框架的构建。至于共同体建设本身，它是一个长期进程，是一个没有终点的进程。在这个进程中，各个方面都会深化，对于结构和组织形式也会适时调整。东盟共同体的建设强调舒适度，即各方的接受度，也即可行性。这非常重要，因为超出接受能力的进程，要么会导致成员之间分裂，要么会半途而废。

东盟共同体的建设是一个"自然的发展进程"，是建立在 40 多年建设经验的基础上的。东盟于 2007 年制定了《东盟宪章》。制定宪章对东盟合

---

①　互联互通计划被纳入 "10 + 1"、"10 + 3" 和东亚峰会框架下的合作，以实现东盟内部的互联互通和东盟与外部的互联互通。

作进程来说是一个重要的转折，因为东盟的成立是以"志同道合"为基础，而有了宪章则不同，它是用法律的形式确立了东盟这个组织的地位、目标、原则。《宪章》规定，东盟是一个具有法律地位的区域组织，成员国应当严格认真地遵守《宪章》的规定，在本国法规与宪章有任何冲突时要以宪章为准绳，从而保障成员国都在相同或相似的法律框架下推进一体化进程；东盟可以作为一个整体对外交往，并与其他国家和组织签署重要协议；东盟拥有行之有效的运作机构，具有集体决策权力。宪章的制定表明，东盟由一个松散的合作平台发展到具有法律地位和决策效力的区域合作组织。这是东盟由开展功能性合作走向共同体建设的一个基础。[①]

东盟的发展经验表明，在东亚地区，发展区域合作是实现地区稳定、和平与发展的有效途径。东南亚本没有开展区域合作的历史，通过渐进的合作进程，成员国逐步培养了合作精神，构建了"共享文化"（shared culture）和"共享利益"（shared interests）的基础，提升了区域的作用和影响力。在发展进程中，怀疑的声音、批评的声音一直相伴而生。批评者认为，东盟提出的项目太多、计划太多，但缺乏行之有效的落实机制。[②] 这在很多情况下是事实，特别是东盟缺乏集体资源，对区内的公共产品没有构建能力，主要依靠外来资源。但是，毕竟它坚持走下来了，并且不断取得进步。如今，东盟的存在不仅对于东南亚，而且对于东亚地区都是不可或缺的。可以反向思考一下，如果没有东盟，东南亚地区会是一个什么样子呢？至少，不会像如今这样的稳定与和平，其发展也许会大大滞后。[③]

其实，东盟一路走来，靠的是战略设计和"韧性决心"。战略设计的意义是制定推进目标，把目标作为行进动力。特别是这后一方面，是东盟推动合作进程的一种方式。所谓"韧性决心"，就是坚持不懈，面对复杂和困难的情况，既具有忍耐性，又具有决断性，不后退，继续推进合作

---

① 东盟专家认为，《宪章》的意义在于，为东盟提供了法律地位，明确了建设共同体的目标和机制，加强决策效率和由国家导向的区域合作向人民导向的合作转变。Rizal Sukima, ASEAN Beyond 2015: The Imperatives for Further Institutional Changes, ERIA Discussion paper, p. 11、13、16, http：//www. eria. org/ERIA-DP-2014-01. pdf.

② 有人认为主要问题是，缺乏协调一致的决策机制，一致性包括所有的问题，轮流坐庄举办会议，过度强调成员国家利益，以及制度化建设太弱。Muthiah Alagappa, Insititutional Framework, in The Second ASEAN Reader, ISEAS, 2003, Singapore, p. 4.

③ 马凯硕认为，东盟作出了三大贡献，即实现了和平、繁荣和地区稳定。见 Kishore Mahbuhani and Rhoda Serovino, ASEAN: the way forward。

进程。

　　以推进东盟共同体战略为例，起先是在 1997 年 12 月的东盟峰会上提出的。当时，整个东盟陷入空前的危机之中。面对巨大的困难，东盟推出了面向未来的《东盟 2020 年愿景》（*ASEAN vision* 2020）规划，以此提升信心，对外则邀请中日韩对话，构建东亚"10 + 3"对话合作框架，以合作应对危机。此后，构建东盟共同体成为东盟行进的主方向。东盟于 2000 年提出东盟一体化倡议，于 2003 年签署《东盟协调一致第二宣言》，亦称《巴厘第二协约》，正式宣布 2020 年建成东盟三个共同体。2007 年，东盟各国决定把建成共同体的时间提前到 2015 年。这些举措体现了东盟成员推进区域合作的决心和勇气。①

　　当然，我之所以对东盟给予这样的肯定，主要是从区域发展的角度来进行观察的。从这个角度观察，首先，东南亚地区有东盟和没有东盟是大不一样的。世界上，除了欧洲，其他地区的区域合作都没有像东南亚地区那样取得如此巨大的成效。其次，东盟创建了符合本区实际的，具有独具特征的东盟方式。东盟方式也许只适用于东南亚地区，但是，至少它的成功为其他地区开展合作提供了可资借鉴的另一种经验。

　　对于东盟发展本身的研究，可以有不同的角度。比如，其"软机制"特性对落实达成的共识或者提出的计划缺乏约束性。这使落实的实际效果大打折扣，导致"说得多，做得少"。但是，也可以从另一种角度来理解，那就是如果是"硬机制"，差别很大的 10 国在制订计划上要取得共识就会很困难，甚至连共识也达不成，进而使整个发展的进程陷入僵局。其实，外界批评最多的还是当时东盟对缅甸的国内政治干预太少，让军政府继续执政。这样的批评多来自西方。事实证明，东盟的"安静外交"还是对缅甸的政治稳定转型起到了积极的作用的，避免了压力过大所产生的"政策逆反"，或者激起国内内乱。因此，人们可以对东盟的许多做法产生诸多不满意，但是又很难找出更好的替代办法。这可能正是东盟方式的价值所在。②

---

①　此类分析参见陆建人《简析东盟的区域合作战略》，《创新》2007 年第 2 期。
②　有的学者认为，在缅甸问题上，东盟还是谨慎地对缅甸进行了"柔性干预"，如多次发表声明敦促缅甸采取措施，释放昂山素季，改善人权等，并且通过其他许多方式进行沟通和表达关注。这方面的分析参见程晓勇《东盟超越不干涉主义——基于缅甸问题的考察与分析》，《太平洋学报》2012 年第 11 期，第 27—28 页。

东盟本身是有缺陷的，比如，尽管它的不干涉内政原则保证了成员国的自主性，但是一些成员自行其是，对他国和东盟的利益造成损害，对此，东盟几乎无能为力。它的"舒适性"原则为成员国提供了灵活的空间，但也使东盟落实行动议程的成效往往大打折扣。

不过，对于东盟本身的研究分析需要花很大的工夫，要费很多的笔墨，这显然不是本书的重点。本节归纳与议论的几个方面，是着重于与本书主题相关的东西，即东盟经验对东亚区域合作的借鉴意义。尽管东盟不同于东亚，但毕竟东盟是东亚的一个组成部分。如前所述，东盟人士是把东盟的共享、包容文化与亚洲文化紧密连接起来的。由此，东盟的成功经验对东亚有直接的借鉴意义。东盟作为一个先发展起来的区域组织，在参与和推动东亚合作中起到了重要的作用。从这个意义上说，东盟方式对东亚区域合作有着特殊的影响力。①

第二节　以东盟为中心

以东盟为中心是东盟发展对外关系与开展对外合作的一个基本原则。"中心"原则（centrality），大体有两个基本含义：一是维护东盟的核心地位；二是坚持东盟的主导性作用。这两个方面不可分割，目的是维护东盟的核心利益，保证其在参与合作中不被分化和化解。②

东盟作为一个区域组织，在拓展对外关系中坚持两个战略基线：一是构建由自身打造的地区力量（power）平衡网，通过构建外部力量的平衡和制约，来防止任何一种力量，尤其是大国力量垄断地区事务，防止因力

---

① 有的专家认为，亚洲以及亚太合作的方式，如亚太经合组织（APEC）、东盟地区论坛（ARF）、东盟 +1、东盟 +3、东亚峰会（EAS）、亚欧会议（ASEM）等均受到东盟方式的影响。见 David Capie and Paul Evans, The ASEAN Way, in The Second ASEAN Reader, ISEAS, 2003, Singapore, p. 45。

② 在东亚合作进程开始的几年，在诸多场合，大家谈得比较多的是"东盟的领导作用"，东盟坐在东亚合作行驶列车的驾驶员位置（driver's seat），是"驭手"，或者说是"驾驶员"（driver）。但后来，东盟人士几乎在所有场合均强调以"东盟为中心"，显然，面对像中国和日本这样的大国，东盟还是要保住中心的地位。东盟人士似乎不愿意让人说东盟坐在驾驶员这个位置上，更愿意让人接受和支持东盟的中心地位。中心地位既包含东盟为一体的含义，也包括尊重东盟意愿的含义。我曾经问一位东盟的朋友，为何不喜欢"driver's seat"这个说法，他告诉我说，我们不当这个被别人指挥的驾驶员，言下之意，显然是指像中国、日本这样的大国会事实上主导事务。他说，维护东盟中心地位是防止东盟被大国边缘化。应该说，他把问题说得很清楚了。

量（power）失衡而在本地区发生殃及自己、损害自身利益的冲突或者战争；二是在推进区域的合作机制建设中，始终保持由东盟出面推动、东盟与各方进行协商的架构。这样做有两个重要含义：其一，东盟作为一种集体力量，为本地区创建安全环境。在这种创建中，东盟不是用自己的硬实力与大国抗衡，而是用自己的"软实力"，即区域组织的力量与大国周旋，利用大国力量平衡，争取自己的主动性；其二，东盟发挥导向作用，但并不固执己见，而是作为协调中心，吸纳各方的意见，形成共识，这样的共识有一个基本的前提，就是东盟自身同意，对自己有利。

东盟的这种以"我"为中心的操作，看似有些过度自私和霸道，事实上，它不过是一种务实的选择。其实，这对于东亚地区的合作来说，也有着特殊的意义，那就是在其他国家不能合力推动的情况下，东盟就成了真正的"驭手"。当然，有时候，这也对东亚地区的合作进程产生另外的影响，即东盟在重要的问题上可能会犹豫不决，缺乏推动落实共识的实际手段，在一些情况下，甚至拖后腿。不过，尽管如此，其他国家还是认可和接受东盟，甚至是等待东盟发挥作用。在这方面，"地区综合经济伙伴关系"（RCEP）的推出是一个很好的例子。中日在推进东亚自贸区进程上出现分歧，一个力推以"10＋3"为基础，一个坚持以"10＋6"为基础，在此情况下，只有等东盟发挥作用，提出推进方案。但是，从2006年到2011年，东盟迟迟不做决断。只是到了美国推进"跨太平洋伙伴关系协定"（TPP）取得进展，4个东盟成员参加TPP，东盟和东亚合作面临巨大挑战的情况下，它才在2011年提出构建"区域全面经济伙伴关系"计划。该计划一提出，立即得到中日韩和印度、澳大利亚还有新西兰的支持。东盟为"地区综合经济伙伴关系"提出了指导原则，出面组织谈判议程。这样，东盟的"中心地位"也得以确立。①

坚持和确保以东盟为中心的最好体现是其推动的"10＋"框架。这个框架既包括东盟推动的东盟—对话伙伴国机制（dialogue partnership），又包括东盟与多个国家构建自贸区，以及"10＋3"、"10＋6"（现在是RCEP）自贸区框架。各个层次的"10＋"对话框架、自贸区框架，都让

---

① 有的学者认为，东盟不是权力中心，它要确立的是"功能性中心"的地位，通过发挥其"功能性中心"作用，维护其地位和利益，而且，出于东亚地区复杂关系的考虑，其他国家也接受东盟的这种作用。参见王玉主《RCEP倡议与东盟中心地位》，《国际问题研究》2013年第5期，第53页。

东盟成为设计者，形成东盟优先（自己先开会）、东盟为基（在东盟开会）和东盟主导（东盟设计议程）的结构。在国际关系和区域秩序的构造上，像东盟这样能在区域合作中发挥如此主动性的尚无他例。①

东盟对话伙伴机制的建立体现了以东盟为中心的战略。东盟先后确立了10个对话伙伴：澳大利亚、加拿大、中国、欧盟、印度、日本、新西兰、俄罗斯、韩国和美国。应该说，建立对话伙伴国机制是东盟发展对外关系的一个创造，它有别于传统的结盟关系，也不同于不结盟关系，是其搞平衡外交的一个手段。不仅于此，东盟利用这个机制与对话伙伴国发展起了多样性的合作，而对话伙伴国也利用这个机制拓展与东盟的合作关系。

构建"10＋1"自贸区让东盟的中心地位得到进一步加强。本来，与东盟构建自贸区是中国的提议。但是，东盟坚持以"东盟＋"框架来构建，把它作为"10＋1"对话机制下的合作内容。在自贸区构建中，中国把东盟作为一个整体来谈判，这对东盟意义非凡。事实上，在此之前，东盟整体与外部并没有达成实质性的自贸区协议。当然，把东盟作为一个整体来对待，中国也是求之不得的。此举可以使谈判变得"简单"，因为与一个整体东盟谈判，显然要比与10个差别很大的成员国分别谈判容易得多。事实上，东盟与中国构建自贸区的成功，增强了它拓展"10＋1"自贸区框架范围的信心，助其积极推动与日本、韩国、印度、澳大利亚与新西兰，以及与欧盟（正在谈判）构建自贸。把推动市场开放与开展经济合作融为一体的自贸区建设，大大丰富了东盟与对话伙伴国对话国关系的内容，深化了与对话伙伴国的关系。这也为东盟发挥"进程设计者"的作用，维护东盟的中心地位积累了经验。

其实，在这些构建过程中，东盟并不具备居高临下、掌控方向的能力。在很多情况下，都是对方推着东盟往前走。比如，中国在与东盟的自贸区构建中，提出了许多创意，得到了东盟方面的理解和支持。因此，以东盟为中心并不是一切都由东盟说了算，说实话，东盟也没有那个能力，而是让东盟更有参与合作的自信。与东盟开展合作，获取东盟的理解和支

---

① 有的学者认为，东盟为中心靠的是，自身是"规范的供给者"和"进程的设计者"，前者基于东盟本身的发展成功（东盟方式），后者基于东盟作为一个整体的力量（主导进程）。见顾静《东盟中心地位面临的变局及其重构》，《当代世界》2014年第3期，第64—66页。

持非常重要，而要得到其理解和支持，则必须充分考虑其特殊的利益关注和接受能力。比如，中国提出的"早期收获"计划，就考虑到了东盟欠发达国家出口农产品的比较优势；提出谈判内容先易后难，分步推进（先货物贸易，再服务和投资领域），对欠发达成员给予照顾等，就是充分考虑了东盟的利益关注和新成员参与的能力。中国提议与东盟共同建设博览会平台，就是考虑到为双方，特别是东盟国家提供商品展示平台，扩大交流渠道等。

　　当然，中国也有自己的利益考虑。这里所要强调的是，理解和认可东盟的中心地位，对于合作方来说，重要的就是充分考虑东盟方面的特殊利益关注。而从东盟方面来说，则是把握住进程的主动权，让合作伙伴考虑和照顾自身的利益关注。东盟这样做非常必要，因为东盟内部发展水平差别大，利益差别也大，如果东盟不能体现整体与差别利益的均衡，它自身就失去了内聚力。

　　东盟地区论坛是东盟构建以己为中心的大国平衡战略的重要举措。①东南亚地处海陆要冲，是各种力量博弈的重点地区。冷战结束、两极格局解体后，国际局势和国际关系发生重大转变。面对新的形势，东盟于1992年决定启动地区政治与安全对话，次年的第26届东盟外长会议安排了东盟6个成员国、7个对话伙伴国、3个观察员国和两个来宾国外长就开展安全对话进行协商，各国外长同意在1994年启动东盟地区论坛（ARF）机制，就地区政治安全问题进行对话与协商。此后，东盟地区论坛每年在东盟国家召开，成为地区最有影响的安全对话合作机制，目前的成员有23个，不仅包括亚太地区的国家，也包括欧盟。②

　　东盟地区论坛是官方合作机制。按照它的设计，该机制的功能将逐步

---

　　① 在以东盟为中心的同心圆结构中，东盟地区论坛作为最大的框架，具有特殊的定位，主要集中于安全对话与合作，着重于增进各方在安全领域的信任，与其他以经济政治对话合作的框架机制相配合。见周士新《浅析东盟地区论坛的信任建立措施》，《东南南亚研究》2011年第3期，第4页。

　　② 据学者阿米塔夫·阿查亚（Amitav Acharya）的研究，本来在冷战结束后提出亚洲学习欧洲搞欧安会的经验，建立以"共同安全"（common security）为基础的地区安全合作机制。东盟并没有接受这样的提议，而是根据东盟的理念提出了以"合作安全"（cooperative security）为理念，以对话合作为宗旨的东盟地区论坛倡议。见 Amitav Acharya, "How Ideas Spread: Whose Norms Better? Norms Localization and Institutional Change in Asia Regionalism", *International Organization*, Vol. 58, No. 2, 2004, pp. 250 – 275。

提升，合作内容逐步深化。其发展进程被分为三个阶段："建立信任措施"，"开展预防性外交"和"探讨解决冲突的方式"。截至 2011 年，东盟地区论坛实施了 100 多个建立信任措施的项目。2011 年的第 18 届外长会通过了《ARF 预防性外交工作计划》，表明它准备进入第二个阶段，即开展预防外交阶段。为了维护东盟在东盟地区论坛中的中心地位，一直以来，东盟地区论坛作为东盟外长会议的后续议程，由东盟当年的主席国主持，主要的议题和规划设计均由东盟秘书处负责。

当今世界和地区的安全问题复杂多变，安全力量格局发生重要的调整和转换，新的矛盾和战略竞争加剧。东盟一直把握住两个要点：一是就危及安全的重要问题展开官方对话与讨论；二是使论坛成为加强交流、缩小分歧、凝聚共识的平台，避免成为争斗的场所。做到这些很不容易，因为地区安全问题不像经济关系那样有市场机制的内在联系，而往往是利益和力量的博弈、争斗，寻求共同的利益基础和构建合作机制都涉及复杂的因素。因此，尽管东盟地区论坛一直坚持开展活动，但并没有按照原定的构想使合作的机制和功能得到显著提升。

从特征上讲，东盟地区论坛是一个由中小国家集团主导的国际安全对话合作机制，尽管东盟基本上掌控了它的发展方式和节奏，使大国参与而不是主导，对大国力量进行"软制衡"①，但是，一些大国还是可以突然推出自己的议程，有时候还会与东盟的成员联手提出本不在设定议题的问题。

事实上，维护东盟的中心地位，最大的挑战是其自身内部的向心力、凝聚力。鉴于东盟本身的限制，东盟并不能完全掌控成员国的自我行动，也不能限制成员国发言的自由。比如，2010 年越南利用主席国的便利，把南海争端问题作为主要议题，美国前国务卿希拉里·克林顿就南海问题挑动是非，攻击中国。2012 年菲律宾坚持把本国的立场塞进地区会议公报等，就损害了东盟地区论坛对话、协商与合作的基本精神。如何让东盟地区论坛的进程转入具有效力的预防性外交阶段，对东盟来说是一个考验。②

---

① 见陈寒暖《东盟地区论坛的效力评估——一种理性主义的视角》，《外交评论》2008 年第 10 期，第 89 页。

② 在 2010 年 7 月越南河内召开的东盟地区论坛会议上，美国国务卿希拉里·克林顿突然提出南海问题，大谈南海国际航行自由问题，影射中国在南海推行霸权、妨碍南海航行自由。鉴于该次论坛由越南负责组织，人们一般认为背后有越南的企图。此后，南海问题一直成为东盟地区论坛上的一个热门话题。参见《"公关"东盟：中美在地区论坛上合纵连横寻支持》，http://www. dfdaily. com/html/51/2012/7/11/822928. shtml。

在构建以东盟为中心的经济开放合作框架中也是这样。一些成员尽管参与和支持东盟的整体构建，但是在很多情况下，并不受东盟整体议程的限制。比如，新加坡就单独与许多国家签订自贸区协议，步子迈得很大。美国领导"跨太平洋伙伴关系协定"（TPP）谈判，新加坡、文莱是发起国，马来西亚、越南参加，这对东盟的中心地位原则是一个很大的冲击，也是对东盟共同体，特别是经济共同体建设的一个巨大冲击。[①]

东盟的大国平衡战略也受到美国"重返亚洲"战略的冲击。美国是超级大国，在亚太和东亚有着重大的利益和影响力。本来，东盟一些国家要利用拉美国介入来平衡中国，但是，美国的重返战略使得力量平衡向美国倾斜，东盟一些国家，如菲律宾、越南借机拉美国与中国对抗，把东盟的整体平衡战略给肢解了。[②] 事实上，美国的过度介入和重树其主导权的努力对东盟的整体团结和发展是一个威胁，使得一些进程难以按东盟的核心设计发展。

在世界与地区力量格局发生重大转变的新形势下，东盟如何找到自己的新位置，如何运用自己的集体力量维护力量平衡，如何维护地区合作的大框架与利益均衡，使自己处在"四两拨千斤"的中心位置，对它来说是一个新的考验。按照预定计划，2015 年东盟就要建成三个东盟共同体了。在复杂多变的东亚和亚太地区，东盟如何维护和进一步加强其中心地位，还有很多未知数。不过，东盟会努力的，因为若不如此，东盟本身的发展就会受到更大的挑战。

当然，值得思考的是，从东亚区域合作的角度来认识，以"东盟为中心"也提出了一个东亚区域合作的目标和架构问题。从目标来分析，如果东亚合作的最终目标是建立单一的区域合作机制，那么，其路径就可能只有两个选择：一种选择是实现东盟的扩大，吸收其他国家参加东盟，从而扩展成一个以东亚地区为基础的大东盟，这样，东盟也就只剩一个名称，内涵和结构都变化了，东盟恐怕不愿意让像中国这样的大国

---

① 据一位新加坡的朋友讲，美国为了拉越南参加 TPP，曾私下许诺越南若积极参与谈判，可以在落实协议时给予足够的灵活性。作为一个欠发达的经济体，越南并不具备过早加入高标准的TPP 的能力。

② 东盟对南海争端的立场由支持成员国保持克制到试图以美国来制衡中国，反而会削弱自身的整体协调力，威胁东盟的中心地位。见张洁、朱滨《中国—东盟关系中的南海因素》，《当代世界》2013 年第 8 期，第 52 页。

加入；另一种选择是东盟解体，东南亚国家融入更大的区域合作组织之中，那样，东盟为中心也就无从谈起了，也许，这正是东盟所担心和尽可能避免的。如果这两个选择都不现实，那么就要思考和设计一个包容的东亚区域合作大框架，既可以保持东盟的存在，又可以让东亚区域合作机制得到发展。

RCEP 的推动在经济上构建了一个包容的框架。RCEP 建设的是 16 个国家大市场，东盟以一个区域组织的定位参与并发挥领导作用。东盟一边参与 RCEP，一边建设自己的经济共同体。尽管东盟在 RCEP 的设计和谈判中保持了中心地位和发挥了主导性作用，但是，RCEP 所创建的是一个参与者平等与共享的开放大市场，也就是说，东盟市场被融入一个更大的市场框架之中。东亚的金融合作也基本上是如此，由 13 个国家组成的东亚货币储备基金也没有设立单独的东盟机制。显然，对于功能性大区域机制构建，东盟并不反对，也许，东盟所拒绝的是那种能化掉东盟的统和的东亚地区制度性构建。这为我们构建未来东亚区域合作的目标和框架提供了一种视角，比如，把东亚共同体作为一种宽松的可容地区合作的目标和框架，其中仍然可以容许东盟存在，并使其保持"中心地位"，发挥积极的作用，也许东盟会对它给予更大的支持。[①]

第三节　东盟共同体建设

东盟决定到 2015 年建成东盟共同体。规划中的东盟共同体实际上是一个"大厦"，由三个部分组成：经济共同体、安全共同体与社会文化共同体。这样的设计是独一无二的，是区域合作制度建设的一个创新。

经济共同体不是要建立超国家的区域管理机制，而是建立"单一的生产基地"（single production base），这也就是说，在自贸区的基础上进一步提高市场开放程度，进一步改善经济发展的环境，加强区域生产网络的链接，降低产业链运营的成本，以促进区内经济的全面发展。东盟经济共同体的基本特征是："一个统一的市场和生产基地，一个极具竞争力的经济

---

① 我在《中国与亚洲区域主义》一书中，对东亚以利益为基础构建功能性的合作机制进行了深入的论述，倡导构建以"开放区域主义"为原则的东亚区域合作框架。见 Zhang Yunling，"China and Asian Regionalism"，*World Science*，2009；这方面的评论见王荣艳《亚洲区域合作的演化，发展与未来——评中国与亚洲区域主义》，《当代亚太》2011 年第 2 期。

区，一个经济平衡发展的经济区，以及一个与全球经济接轨的经济域。"
而一个单一市场和生产基地主要体现在："商品自由流动，服务自由流动，
投资自由流动，资本自由流动，技术工人自由流动。"①经济共同体的建设
不是走传统的"关税同盟"（成员国对外一致的关税）—共同市场—经
济共同体的路子，而是根据东盟的具体情况另辟蹊径。东盟经济共同体
是以东盟自贸区（包括东盟投资区、经济合作、各种形式协调）为基础
发展的，实际上是一个升级版的自贸区。2015 年是建设经济共同体的时
限目标，在这之前必须完成一系列必要的指标，但这个时间不是最后的
期限，这与欧洲方式很不相同，在此之后共同体还会不断地深化。②事实
上，东盟内部有着巨大的差别，而东盟作为一个组织并没有为欠发达成
员提供援助的资源，这在很大程度上使东盟内部缺乏很强的"共享认
同"感（shared identity）。特别是，共同体建设自上而下的认同和推动方
式，使得民众对共同体的认知比较弱，许多国家的人民并不知道经济共
同体会给他们带来什么好处。③对比一下当年欧盟建立统一大市场（single
market）的努力，它除了进行完备的立法准备外，还花了很大的气力进
行社会宣传和公民教育，以让公民有充分的了解和理解，获得公民最大
限度的支持。迄今，东盟在普及有关东盟共同体的宣传和教育方面所做
甚少。

　　根据《东盟社会文化共同体行动计划》，社会文化共同体的目标主要
是：共建社会关爱，共同应对贫困、平等和发展问题；提高人力资源的竞
争力，推动建立社会保障体系，以应对经济一体化带来的社会影响；推动
可持续发展和良好的环境治理；提升社会凝聚力的基础等。社会共同体的
基础是相互理解、睦邻友好和共同的责任，保护人权及社会正义。而文化
共同体的基础是尊重多样性发展，加强相互交流、借鉴和学习。东盟社会
文化共同体不是推行共同的社会政策，推行共同的文化与价值观，而是发
展互助合作的精神，相互尊重与学习的精神，建立一个和睦共处，相互支

---

①　见《东盟共同体蓝图》，http：//www. asean. org。

②　有的认为，东盟的经济共同体实质上是一个"超自贸区"。见刘鸣《2015 年东盟经济共
同体：发展进程、机遇与存在的问题》，《世界经济研究》2012 年第 10 期，第 84—85 页。

③　David Lozada：ASEAN economic community：are we ready for 2015？http：//www. rappler.
com/move-ph/27543-asean-economic-community-readiness-2015.

持，共享安康的地区。①东盟社会文化共同体的一个突出特征是，其内容不仅涉及社会公平问题、文化认同问题，而且还涉及环境、生态保护等问题，强调把东盟建成一个可持续发展的地区。②

安全共同体的目标是维护地区的共同安全。但它不是通过加强东盟组织的集体维护能力来实现，而是靠加强内部协调，降低发生冲突的风险，消除或者削减危及安全的因素来达到。东盟安全共同体的建设坚守尊重国家主权、互不干涉内政和不使用武力的原则，致力于创建内部的和平环境，比如，非核化，避免军备竞赛，不使用武力和不以武力相威胁，和平解决争端，培养和平意识与责任等。显然，东盟安全共同体所创建的地区安全，并不是以集体的安全力量解决对安全的威胁，或者通过成员国让渡国家的安全管理权，提升集体的管理权来解决，而是通过集体达成共识，对危及和平的行为进行规范来实现。③

东盟的安全涉及对外关系，因此，如何处理好与外部国家的关系，特别是与大国的关系特别重要。东盟采取对话合作、力量平衡的战略，即与外部国家进行政治与安全对话，开展协商与合作，构建以东盟为中心的大国力量平衡机制，消除外部力量在本地区发生对抗与战争。东盟制定了《东南亚友好合作条约》和《东南亚无核武器区条约》。要求它的对话与合作伙伴都签署这两个条约，承诺遵守条约的原则。

中国是东南亚地区外第一个签署《东南亚友好合作条约》的国家，也是第一个与东盟整体签署《南海行为宣言》的国家。像美国这样的超级大国，为了发展与东盟的关系，与其他大国，特别是中国竞争，也不得不按照东盟的要求签署了由东盟制定的条约。美国一向不承诺不干涉别国内政，不承诺不使用武力解决争端。但在东盟这个集体面前，美国也只好屈

---

① The ASEAN socio-cultural community plan of action, http：//www. asean. org /16832. htm.

② 韦红认为，东盟的社会文化共同体设计超出以往东盟对社会文化合作的范畴。见韦红《东盟社会文化共同体的建设及其对中国的意义》，《当代亚太》2006 年第 5 期，第 54 页。

③ 韦红认为，尊重国家主权，不干涉内政，这构成东盟安全共同体的独有特征。见韦红《东盟安全共同体的特征及中国在其建设中的作用》，《国际问题研究》2007 年第 2 期，第 61 页。不过，有人认为，东盟也不是绝对不干涉，也在可能的范围进行调整，对涉及东盟重要利益的问题"进行公开的和开诚布公的讨论"，施加压力。见 Hiro Katsumata，"Why is ASEAN Diplomacy Changing from Non-interference to Open and Frank Discussion"，*Asian Security Survey*，Vol. 44，No. 2，2004，pp. 237 – 238。

从了。①东盟并没有建立自己的地区联合安全军事力量，但对于参加各种形式的安全合作，包括军事演习表现得很积极。像马六甲海峡航行安全这样的大事，东盟也是支持相关国家进行联合，而不是组成区域性的安全执法力量。

由"盟"（Association）到"共同体"（Community），这是一个历史性的转折。②这是因为，一则，共同体的建设有了经成员国签署的法律文件——《东盟宪章》。《东盟宪章》从起草（2004 年）到通过（2007 年），历经三年，先是成立名人小组就《宪章》的框架与原则提出建议，后由高官提出《宪章》草案交由首脑会议讨论通过，最后再由各成员国签署。鉴于《宪章》经过各国的议会批准，落实《宪章》就是各个成员必须承担的法律义务。二则，东盟由此具备了法人身份，成为代表成员国的国际组织。这样，其他国家就可以向东盟派驻大使，发展与东盟的关系，从而使东南亚地区"有一个稳定的地区秩序"。三则，构建支持东盟共同体发展的管理制度，使其有一个"内聚性的制度框架来管理"，变成一个"更有效率的组织"③。

东盟共同体的建设按照"东盟方式"进行。它不像欧洲统一大市场建设那样，需要制定几百项的法律，把每一个方面的问题都用法律的形式加以固定，什么都要"依法办事"。东盟共同体建设是靠落实成员国达成共识的建设指标，各成员都为完成这些指标作出具体的努力。当然，一个挑战性的问题是，到 2015 年底，当东盟宣布建设共同体的指标基本达到时，人们会看到一个与以前不同的东盟吗？④还有，当东盟进入到东盟共同体阶段，它对东亚合作的进程会产生什么影响呢？它会变得更加有进取性还是

---

① 美国方面对于签署《东南亚友好合作条约》所涉及的方方面面的问题进行了深入的研究，主要的关注点还是该条约的不干涉内政、和平解决争端条款对美国"行动自由"的约束性。在当时，一个具体的问题是对缅甸的制裁。有的研究认为，如果由美国行政当局签署，就不涉及国会同意的问题。详细的研究见 Mark E. Manyin, Michael John Garcia, "US Accession to ASEAN's Treaty of Amity and Cooperation", *Congress Research Service*, pp. 2 - 3、15 - 18, fpc. state. gov/documents/organization/124064. pdf。

② 张锡镇：《东盟的历史转折：走向共同体》，《国际政治研究》2007 年第 2 期，第 130 页。

③ Lee Hsien Loong, Plenary remarks at the ASEAN Summit, www. asean. org/21063. htm.

④ 有的人认为，东盟不是要建立一个高度一体化的共同体，而是要建立一种成员国政府和行政当局间可以相互配合、采取有限协调行动的框架。见 David Martin Jones, Michael LR Smith, "Making Progress, Not Progress: ASEAN and the Evolving East Asia Regional Order", *International Security*, Vol. 32, No. 1, 2007。

更加保守？联想到 2015 年底也是 RCEP 谈判结束的时间，作为下一步，东盟共同体能够成为推动"东亚经济共同体"建设的驭手么？[①]考虑到东盟经济共同体建设本身的问题，RCEP 谈判的进程问题，特别是东亚区域合作进程的问题，要实现这样的转变看来还需要更长的时间。

回顾与思考

我原来对东南亚了解不多，印象最深刻的是那些与中国有关的大事件，如 20 世纪 60 年代印度尼西亚发生的屠杀华人事件；美国大举入侵越南，中国奋起援越抗美事件；越南反华，中越战争；柬埔寨内乱……在我的简单印记里，东南亚是一个动乱的地区，与中国的关系复杂多变。说老实话，出于这样的原因，在很长时间里，我对东南亚的印象很不好。

自调入亚太研究所以后，我利用此前在欧洲研究所研究欧洲一体化问题的底子，把研究的重点转向研究亚太地区的合作与一体化问题，其中，东盟当然成为我探究的一个重点。因为，它毕竟是东亚地区的第一个区域合作机构，对中国非常重要。特别是，通过研究，我看到了另一个东南亚，一个创造历史、创建和平、创建规则、推动发展、推动合作的东南亚，一个与中国有着紧密关系，希望与中国发展合作关系的东南亚。在研究和其他交往中，我结识了许多东南亚的朋友，他们中有官员，有商人，大多是学者。由于志同道合，我与一些学者成为亲密的朋友，共同为推动东亚合作，奔走呼号，不遗余力。[②]

说起东盟，尽管它成立于 1967 年，但是在很长时间里，由于东南亚地区处于分裂状态，内乱、内斗不止，其发展处在一种非常艰难的环境中。尽管如此，它还是不断摸索前进，寻求适合地区情况的和平与发展之道。1976 年是一个转折，东盟领导人达成共识，决心提升合作水平，为此，制定了《东南亚友好合作条约》。这个条约明确规定了东南亚地区合

---

① 在东亚展望小组二期报告中，专家们建议，在东盟经济共同体建设的基础上建设"东亚经济共同体"。

② 曾任印度尼西亚国际与战略研究中心主任的哈迪（Hadi Seoesastro）和曾任马来西亚国际与战略研究中心的诺丁·索皮（Nordin Soppiee），当年都是参与政府政策制定，站在推动东盟和东亚合作最前线的专家。我们三人年龄差不多，思想相通，经常一起参加会议，总是相互配合，被人戏称为东亚的"三剑客"。可惜，他们两个积劳成疾，早已故去。每当想起那些在一起的日子，总不免有些伤感。

作与地区关系的基本准则，要旨是尊重国家主权，不干涉内政，和平解决争端与开展合作。事实上，这个条约不仅是东盟内部的行为规范，也是其与外部发展关系的准则，要求对象国接受和遵守这些准则。

中国是第一个签署这个条约的区外国家（2003年）。此后，签署这个条约，成为加入"东亚峰会"（EAC）的先决条件，或者说是入门券，因此，它的"国际性"就更为凸显。中国率先签署《东南亚友好合作条约》，就像其率先推动构建中国——东盟自贸区一样，立即引起了很大的反响，带动了其他国家采取跟进行动，特别是美国，为了挤进东亚峰会，也不得不在这个条约上签字。这不能不说是"东盟规则"的一大胜利。

20世纪90年代初，东盟开始迈开发展的大步伐：一是学习欧洲建设统一大市场的经验，推动东盟自贸区（AFTA）的建设，决心通过推动区域内市场的开放，改善区内发展的环境，加快经济的发展；二是借助冷战结束的时机，推动东盟的扩大，把东南亚10个国家纳入到一个区域合作框架，实现地区的和解与和平。这两个方面的行动对于后来东盟的发展产生了重要的影响。

从经济发展的角度来说，东盟由搞内部优惠安排（特惠安排）到建立开放框架的自贸区，是一个战略性的转变。东盟成员绝大多数是中小发展中国家，发展经济最缺的还是资金和技术。构建自贸区，也即构建开放的区域大市场，就可以提高对外来投资的吸引力，使东盟成为跨国公司区域甚至是全球生产链的优选之地。事实证明，东盟的这一步棋是走对了。东盟很快就成为一个外资投资的热土，经济增长开始发力。就连欧洲也对东盟的市场眼热，欧共体还为此发布了鼓励企业到亚洲投资的文件。

形势大好也容易使人头脑发热，管理放松，结果，1997年发生了严重的金融危机，危机严重程度超出人们的预料。值得庆幸的是，东盟国家并没有因为发生严重的危机而采取以邻为壑的保护主义措施，这也许是东盟存在并发挥作用的结果。在困难时刻，东盟成员取得了前瞻性的共识：一则，加快开放市场的步伐，提升市场吸引力，让外资回归；二则，推动东亚合作，邀请具有经济实力的中日韩开展对话与合作，既着眼于应对当前的危机，也共商未来加强合作的愿景。

我记得当时在东盟国家访问，耳闻目睹，既看到危机的严重影响，也感觉到人们对未来的信心。当时，外部世界，特别是美欧媒体对东盟充满批判，东盟国家的人士对这些激烈的批判并不感到吃惊，但是也并不服气，我可以感到东盟国家那种不服输的"内在气质"。我还记得在泰国，我的一位高官朋友如何满怀信心地告诉我："我们会恢复的！"我还记得在吉隆坡听马哈蒂尔总理发表演说时的情景，他慷慨激昂，强烈批评国际投机资本兴风作浪，号召东盟和东亚国家联合起来打败索罗斯投机资本的攻击，整顿市场秩序，恢复经济。我曾多次见过马哈蒂尔总理，与之交谈，总感觉到他有一种独特的魅力，为亚洲争胜的豪气。

　　参与和接触的经历让我对东盟有了比较深刻的了解和理解，特别是对于我这样的以研究欧洲合作为底子的人来说，对很多事情都要"急转弯"，也就是说，不能拿欧洲的经验来对照东盟。以往，人们对欧盟多有褒奖，对东盟多有责难。如今，由于欧债危机引发的欧盟综合危机，人们对欧盟的责难多了起来，对"东盟方式"似乎有了更多的理解。

　　其实，真正了解和理解东盟不易，因为东盟的发展并没有一个明晰的定式，就是谈论很多的"东盟方式"，也是存在于发展的进程之中，具有"足够的灵活性"。东盟基于本地区的特点，必须找到聚合点，为各方接受，这正是东盟方式的内核。欧盟是法德共同推动，实际上是大国领导；欧盟采取加权投票的决策方式，实际上是按规模和实力来决定重大事务；欧盟是靠法律来夯实合作，实际上是靠超国家的区域法律来进行治理。而东盟却实行"大小国家一律平等"，靠协商来形成"集体共识"，靠政治承诺来落实计划，靠"道德与责任"来进行治理。正如新加坡许通美大使曾说，欧洲联合走的是非民主的道路，而东盟合作走的才是民主的道路。因为，在东盟，大国不能领导，东盟干什么都需要充分考虑各成员的利益和意愿。[①]在东盟成员中，中小国家多，发展差别大，它的吸引力所在是"灵活"与"包容"。前引泰国一位高官所言，东盟的文化与亚洲的文化息息相通，是亚洲文化的一个组成部分。亚洲文化的精髓是什么呢？也许就是"灵活"与"包容"吧。从这个意义上说，亚洲文化在东盟推动区域合作的进程中得到了很好的发扬，难道不是么？

　　人们经常说，信赖是合作之基。其实，信赖也不是与生俱来的，信赖是克服不信赖的结果。在东盟发展的进程中，信赖与不信赖并存。但是，东盟为何能够吸引除东帝汶以外的所有东南亚国家参加？那是因为各国对

---

　　① 许通美 2013 年 10 月 23 日在第 8 届中新论坛上的发言。笔者参加会议，这里根据记忆直接引用。

东盟合作进程的信赖，因为大家都有一个共识，就是只有东盟能使东南亚走向和平与发展，各方能够从参与中得到好处。因此，尽管东盟发展本身存在诸多问题，但成员国都有一个基本共识，这就是合力维护东盟的存在，并且不断取得进步。也许，在外人眼里东盟所取得的许多进步有些"令人失望"，但是，对于东盟成员来说，任何小的进步都是难得的。

其实，人们对东盟的不信赖感，不主要是源自成员国对机构的"不忠"，而往往是因为埋怨东盟作为区域组织不能发挥应有的作用，而东盟的这种"失职"，又是因为其"软约束"或者"有限功能定位"的制度性内在制约。比如，东盟本身没有集体资源，因此，它的进步靠的是持续推动开放与合作进程的努力，靠的是非强制规约下的合作意愿。因此，它往往提出的倡议多，达成的共识多，作出的决定多，但落实起来往往很打折扣。东盟本身也缺乏强有力的落实机制和惩罚机制，因为它主要的定位就是一个推动合作的组织，而不是一个超国家的管理组织。即便是宣布建成了共同体，东盟的这个特性也会是继续存在的。我记得就此问题问过一位东盟的高官："东盟为何不对不落实行为进行惩戒？"他幽默地回答说："因为不落实是成员国的权力，而惩戒则是滥用权力。"他的灰色幽默意味着，在差别巨大的东盟内部，既要合作，又要保持成员国的自主性，东盟作为一个合作机制，在二者之间寻求平衡。

东盟实行"舒适性原则"，也就是说，推进合作的进程要使成员国感到"舒适"（comfortable）。说起来有点可笑，既然要"改革"（推进市场开放），还要舒适，如何让二者找到结合点呢？这也正是东盟方式的难点。"舒适性原则"是能把所有的成员聚拢起来的一个方式，特别是让那些欠发达的成员能够不掉队的办法。但"舒适性原则"会导致一些成员对落实计划缺乏诚意，从而使实际落实的成果大打折扣，这正是导致人们对东盟缺乏信赖的一个原因。我的一位印度尼西亚专家朋友常开玩笑说，东盟应该解散。我问他，为什么？他说，因为别指望它真做成事。我说，解散了怎么办呢？他说，再成立起来。我说，为什么？他说，没有它不行啊！看吧，这就是东盟。①

---

① 据2012年的一项调查，在被访问的来自东盟成员国的2000多人中，76%的人不知道东盟共同体是什么，表明"共同体"还没有在人们的心目中占据中心位置。在被访问的企业界人士中，不知道的比例没有这么高，只有30%，但是，其中有一半以上的人对东盟不了解，而基本了解的只占五分之一。见 Steven Wong, ASEANess Still a Long Way Off, 2018, 8, http//www. isis. org. my。

其实，说东盟不真做事，这也是不公允的。东盟做了很多事，比如东盟自贸区建设，推动了内部的实质性开放，目前货物贸易市场基本达到零关税，投资开放也达到很高的水平。再比如，说是"舒适性"，其实也不尽然。缅甸的政治转型是一个很好的例子。缅甸实行军人统治，在要不要接纳缅甸入盟的问题上，东盟实行了"舒适性原则"，即不要求缅甸先改变政体而后成为成员，而是要求缅甸政府与东盟的体系接轨，自己加以改变。吸收缅甸入盟，主要考虑的是维护东南亚地区合作的完整性，即把所有的国家纳入到一个区域合作框架，这是防止地区分裂对抗的一种上策之举。把缅甸排斥在外，东盟就失去了影响力，甚至会导致冲突。让缅甸进入东盟，缅甸自己就会面临巨大的改革压力，而东盟在许多方面也可以对缅甸施加"软性集体压力"。东盟为这种做法付出了代价，比如，受到外界，特别是西方的批评。缅甸也因为受到制裁而发展缓慢等，但是接纳缅甸有助于维护地区的稳定，也让缅甸的转变实现了"软着陆"，使其转型基本有序和稳定。

从未来发展看，按东盟方式建设的共同体也会面临"令行"和"规守"的问题。特别是，面对新的发展形势和对外关系格局，东盟需要发挥更强的作用，让地区获得新的发展活力，让地区保持稳定和团结。不过，这些问题只能在发展中逐步找到适宜的方式。

中国与东盟国家是接邻、近邻，陆海相接，应该说有着特殊的关系。但是，新中国成立以后，与东南亚国家的关系发展很不顺畅，多有波折，与有的国家还发生过战争。东盟的成立最初是为了对付共产主义运动在东南亚的扩张，中国是被防备的对象。中国实行改革开放政策以后，调整了对外关系布局，与东南亚一些国家改善了关系。冷战结束以后，中国与印度尼西亚、老挝、越南的关系正常化，这为中国与东盟整体提升关系提供了条件。以此为基础，中国开始推动与东盟的对话与合作，成为东盟的对话伙伴国。① 进入 21 世纪，中国与东盟的关系得到新的发展。鉴于东南亚

① 中国与东盟组织正式发展关系开始于 1991 年，时任中国国务委员和外交部部长的钱其琛主动写信给担任东盟外长会议主席的马来西亚外长巴达维，肯定东盟是一个"充满活力的区域性组织，在亚太地区发挥着越来越重要的作用"，希望与东盟加强合作，建立对话关系。中国的提议得到东盟的支持，自此以后中国应邀作为客人参加东盟外长会议，开展对话。1996 年，钱其琛致信担任东盟部长会议主席的印度尼西亚外交部部长阿拉塔斯，提出希望成为东盟对话伙伴国，是年东盟同意正式把中国接纳为对话国。见外交部亚洲司编《中国—东盟文件集》（1991—2005），世界知识出版社 2005 年版。

地区对中国的地缘重要性，中国对东盟这个整体给予了更多的重视。这也是为什么中国会率先提出与东盟整体构建自由贸易区，第一个签署《东南亚友好合作条约》，第一个与东盟建立战略伙伴关系，第一个向东盟派驻大使。中国开创的这几个"第一"都引起了连锁反应，也为东盟发展对外关系提供了新的环境。①

　　中国与东盟的关系有两层：一层是与成员国的关系，即双边关系，另一层是与东盟的关系，即与东南亚地区整体的关系。这两层关系相互交织，难以分离，但是，也各有定位，各显其能。与成员国的关系是基础，但复杂多样，关系有密有疏，有好有坏，需要分别处理，需要考虑不同的利益、结构、特点，采用不同的方式。比如，过去，与印度尼西亚的关系曾经发生天翻地覆的变化，20 世纪 60 年代，印度尼西亚的反华，两国断绝关系，直到 90 年代才恢复，如今走向正轨；与越南的关系本是紧密关系（与当时的"北越"），后来发生逆转，成为仇敌，兵戎相见，90 年代才实现关系正常化。如今，由于南海争端，两国关系又处于紧张状态；菲律宾的阿基诺政府打头阵向中国挑战，拉美国、日本在南海问题上与中国对抗，使两国关系陷入麻烦；与缅甸的关系也出现变数，由于缅甸国内政治发生转变，与中国的关系环境发生变化，中国成为一些势力争斗的筹码，外部各方势力也借机削弱中国在缅甸的影响，不遗余力制约中国，如此等等，这使中国必须花更大的气力，来处理和发展复杂多变的双边关系。

　　中国与东盟发展关系就不同，主要是体现于区域整体的利益，把东盟作为实现区域局势稳定、推动整体合作的重要平台。1996 年，中国主动提议与东盟开展对话，后被东盟接纳为对话伙伴。2000 年中国主动提议与东盟构建自贸区，开启了"东盟 + 1"自贸区谈判的进程，2002 年中国与东盟签署开展全面经济合作的框架协议，2003 年中国第一个签署东盟制定的友好合作条约，建立战略伙伴关系，发表有关稳定南海局势的《南海行为宣言》，共建南宁博览会……这些举措都是颇具创建性的，推动了中国与东盟关系向积极的方向转变。但是，中国与东盟的关系也有阴影：一是东

---

　　① 有的人认为，中国对东盟的支持对于东盟的发展具有重要的意义。但是，东盟并没有形成一个明晰的对华政策，各成员国的对华政策存在很大的差异性，东盟对此缺乏协调力。见贺圣达《东盟对华政策和中国—东盟关系发展》，《世界经济与政治论坛》2007 年第 1 期，第 9、10 页。

盟国家对中国的担心和畏惧增加，因为中国这个邻居块头太大，发展太快，一些国家对中国如何使用提升的综合实力不放心；二是中国与一些成员国有争端，尤其是海上争端，面对日益增强的中国海空军力量，它们担心中国会动用武力。因此，我们看到，尽管中国与东盟的经济关系发展迅速，中国是东盟的第一大贸易伙伴，但是，东盟对中国的战略疑虑却大大增加。南海问题成为影响东盟对华政策的一个重要因素。我记得，印度尼西亚的国际问题专家优素福·瓦南迪曾对我说，南海争端是影响东盟与中国关系的主要因素。如果南海地区形势持续紧张，中国越来越有本钱变得强硬，处理不好中国会失去东盟。当然，东盟自身也会受到削弱，实际上是两败俱伤。

南海争端升温的背后有着多种因素在起作用。其中，有中国实力上升的因素，因为实力上升，必然使中国提高对捍卫主权和强化利益的诉求，一些事情原来没有能力做，现在有了能力就会去做，比如，加强在南海的军力部署，这必然会引发多重反应。与此同时，东盟相关国家也必然会加强对中国的防备，采取多种措施捍卫自己认定的利益，为此，不惜拉外力增强对抗力。当然，也有外来大国，特别是美国争夺战略主动权，趁火打劫的因素；有日本、印度这样的与中国进行战略博弈的国家乘机介入，趁火打劫的因素。美国搞"重返亚洲"战略，大打南海国际航行自由牌，日本积极拉拢菲律宾、越南，支持它们与中国抗衡。一时间，南海成为热点地区，对中国与东盟的关系造成很大的影响。

美国抓住南海航行自由问题不放，背后的原因是中国有了干预的能力。其实，海上航行自由本不是问题，长期以来，尽管存在南海争端，但并没有发生因为争端而妨碍国际航行安全的问题。中国与东盟签订了《南海行为宣言》，并且就制定南海行为守则进行协商，合作的大气氛没有改变。但是，像菲律宾这样的国家我行我素，不时在一些场合兴风作浪，破坏了商谈与合作的气氛。

与中国这样一个大国为邻，东盟国家对中国的认知是复杂的。我记得我的一位泰国高官朋友一次对我说，中国就像一头大象，我们就在它的身边，我们很小，中国很大。就算大象对我们很友好，但有时也许会不经意碰我们一下，虽然没有恶意，但也会使我们受伤，有时还可能伤势严重。我们不恨大象，因为它无意而为，可我们不得不防啊！细想起来，这话也不是没有道理。对中国提防，这是常态，对此，中国能理解也不易。

我还记得，多年前我陪一位老挝的前高官造访北京红桥市场。他在看了那里的商品后，对我说，这么多物美价廉的东西，只有中国能生产出来，我们怎么能与你们竞争啊！倘若我们向中国全面开放市场，那就没有我们的机会了。我说，企业可以搬到你们那里生产。他说，那还是你们的企业啊，如果都是你们的企业在那里，我们就一无所有了。显然，面对迅速发展的中国，尽管东盟国家可以从中受益，但对来自中国的竞争，他们的担心也不多余。从贸易结构也可以理解他们的这种担心。比如，中国与所有经济欠发达的东盟国家，如老挝、柬埔寨、越南、缅甸，均长期呈现顺差。它们向中国出口初级产品，从中国进口制成品，贸易条件对它们不利。按说，中国作为世界第二大经济体，应该为它们提供出口的市场，让它们从中国赚取顺差，为它们提供有利的贸易条件。然而，由于中国的加工出口模式和对外投资多集中在资源开发领域，使得中国一时难以做到这一点。这无疑会增加东盟一些国家对中国竞争的畏惧。

中国与东盟建立战略伙伴关系十多年，尽管各方面的关系得到很大的发展，但是，战略信任并没有真正建立起来，这里有中国这个大国快速发展的因素，但主要还是"安全困境"所致。东盟信奉大国平衡战略，但在中国实力大幅度提升的背景下，其政策有向"平衡中国"的方向倾斜，特别是那些与中国存在争端的国家更是如此。在争端升温的情况下，如何在双方之间建立战略信任，这的确是个难题。

延伸阅读

中国—东盟关系发展面临的新挑战[①]

中国与东盟自 20 世纪 90 年代初建立对话与合作关系以来，双方的关系取得了快速的发展。回顾以往的历程，总的来说有以下三个特点：一是中国与东盟成员国家的关系正常化，并获得全面改善；二是双方发展起密切与共享的经济利益，不仅互为最重要的贸易伙伴，也发展起了多方面的合作；三是双方的关系逐步建立在机制化的基础上，建立了从高层对话到

---

① 原文载《东南亚纵横》2012 年第 10 期，本书进行了修改补充。

自贸区等各种合作机制。中国与东盟具有特殊的地缘连接关系和利益基础，发展起这样的良好关系，无论对于双方，还是对于地区，都是非常重要的和有意义的。

一 中国—东盟关系的演变

回顾起来，二战以后到中国实行改革开放政策前，由于两个大对抗，即美苏对抗、中苏对抗，中国与东南亚国家的关系被拖入复杂、多变，甚至对抗的状态。改革开放以后，中国调整战略，把主要精力和努力放在发展经济，改善外部环境上。出于对外开放和改善外部环境的需要，中国主动努力改善了与西方国家以及与西方关系密切的一些东南亚国家的关系，先后与新加坡、菲律宾、文莱、泰国这些国家建立正常外交关系，扩大经济交往。冷战结束以后，中国又进一步改善了与苏联关系密切的几个东南亚国家——越南、老挝的关系，还有印度尼西亚、柬埔寨的关系，到20世纪90年代初，与东南亚所有国家的关系基本上得到了全面改善。

在这个过程中，有两个大的因素使中国与东南亚关系的发展出现了重大转变：一个因素是中国本身变了，实施改革开放，实现经济的跨速发展，主动改善与东南亚国家的关系，实现关系的正常化，并以此为基础，拓展双方的政治与经济的交往，逐步发展起了以合作为主轴的关系框架；另一个因素是东南亚内部发生了重大转变，战乱停止，各国之间逐步实现关系正常化，走向了合作之路。

中国的变化主要体现在：其一，积极推动与所有东盟国家的关系正常化，以发展经济为重点，扩大和深化基于共同利益的协商与合作关系；其二，大力支持东盟联合，利用东盟这个整体合作机制，构建合作机制，推动中国—东盟总体关系的稳定与发展。

从东盟方面来说，通过东盟这个区域组织，不断扩大成员，把所有东南亚国家都拉入到东盟框架之内，建成一个统一的东南亚。东盟对外和对内努力的重点转向经济与构造内外稳定与和平的环境，自1990年开始构建自由贸易区，改善东南亚内部发展环境，推动地区的发展。这样，中国与东盟之间的战略与发展重点合拍。中国把东盟作为一个积极的力量，这样的转变对中国与东南亚国家的关系发展起到了很重要的作用。东盟也把中国作为具有特别重要意义的大国，对与中国发展协商和合作关系给予很大的重视。1997年的东南亚金融危机进一步改善了东盟对中国的认识，提升了中国在东盟发展中的地位。面对危机，中国主动承担责任，坚持人民币不贬值，对一些国家提供援助，产生了积极的影响，这提升了中国在东盟发展战略中的地位。过去处于东南亚对外关系核心地位的，一个是美国（战略上的），一个是日本（经济上的），1997 年金融危机以后发生了改变，这为中国与东盟双方之间后来的一系列合作打下了很好的基础。

金融危机发生后，尽管东盟对中国的认识有了积极的变化，但东盟对中国的担心还在，主要是担心中国加入 WTO 以后变得更有吸引力、竞争力，把外资吸引到中国，损害东盟经济的恢复。在此情况下，中国主动提出构建一个长期的稳定的合作关系，即以自贸区为核心的综合合作框架，其核心考虑就是建立稳定的开放合作机制，要让东盟从中国的发展中受益。

构建中国—东盟自贸区是双方关系发展的一个重要转折点。中国主动提出倡议，双方达成共识，责成联合专家组进行研究，专家组提出了具体的可操作建议，得到双方领导人的认同。中国—东盟建自贸区进行了很多创新，提出了具有符合双方实际的新模式。这个新模式有许多亮点，比如从实施"早期收获"计划开始（开放农产品市场，进行农业合作），根据东盟国家内部多样性的特点，实行分步谈判、先易后难、分步落实的方式和渐进式深化的办法，通过定期对执行情况评估、分步提出进一步开放的方案，还有把经济合作与开放置于同等重要地位等。东盟本身有"东盟方式"（ASEAN Way），在合作过程中又创造了"中国—东盟自贸区方式"（CAFTA Way）。这样的方式保证了自贸区谈判和落实比较顺利，面对一个迅速崛起的中国，使东盟国家能够放下心来，感到真能从中受益。

当然，自贸区的建设也并非一帆风顺。比如，2010 年 1 月 1 日自贸区协议要全面落实的时候，还是有一些东盟国家感到担心，印度尼西亚有些部门甚至提出重新谈判，或者延缓落实。面对这样形势，中国方面还是耐心做工作，进行务实的协商，达成了共识。

事实证明，中国—东盟自贸区的建立大大有助于推动双方经济关系的发展。在世界性金融危机和经济危机的影响下，世界市场萎缩，而中国—东盟的贸易投资继续迅速增长。尤其是中国从东盟的进口大幅度增加，使得东盟向中国的出口增长非常之快。这种形势把东盟国家原来的一些担心化解掉了，自贸区协议得到比较好的落实，目前，中国成为东盟最大的市场。从未来发展的前景看，中国与东盟的经济关系还有进一步拓展的巨大潜力。双方曾提出，到 2015 年，要使中国与东盟贸易额达到 5000 亿美元，这样一个数字，肯定会提前实现。当然，双方的经济关系发展不仅限于开放市场，发展贸易和投资，还在诸多领域开展合作，比如，在构建跨区基础设施网络、实现互联互通方面，在金融合作方面，在能力建设方面等，都启动了许多议程或者项目，中国与东盟为此设立了合作基金，中国承诺提供大量的优惠贷款和援助。

中国与东盟关系的另一个里程碑是建立战略伙伴关系。从对话伙伴，到战略伙伴关系，这是一个大的定位转变。战略伙伴关系的核心是互为伙伴，而不是对手，进行合作而不是对抗。中国—东盟构建自贸区极大地改善了中国和东盟的关系。

但是同时我们确实也应认识到，在中国—东盟关系中，"中国威胁论"一直都没有销声匿迹。最早提出、最多提出"中国威胁论"的是一些东南亚的国家。其原因，是惯性思维作怪，担心中国强大了会控制东南亚国家，会动用武力解决争端等。双方深化战略伙伴关系的基础是互信，通过对话协商，有助于减少误解、误判，增加合作，减少分歧，避免对抗。

中国与东盟一些国家之间在南海存在争端，能不能用对话、协商、合作，而不是对抗来解决争端，这是对战略伙伴关系有效性的一个试金石。中国与东盟在南海问题上发表了共同宣言，提出了避免冲突，维持南海稳定的基本原则，尽管宣言不是条约，但是，还是有影响的，是在正确的方向上迈出一步。双方本来商定加快南海行为准则的制定，但是由于菲律宾的搅局，这个进程拖后，今后还是要创造条件，继续在这方面努力。

中国与东盟在推动区域合作方面不仅限于双边，在"10＋3"、东亚峰会等方面，也保持积极的沟通、协商与合作。中国一向支持东盟在推动区域合作方面发挥领导作用。

总的来看，过去 20 年是中国与东盟关系发展的黄金时期，不断深化是其突出的特点。为何能够取得这样的发展呢？最重要的有两条：一是增加互利；二是增进信任。互利的核心是利益共享，双方都可以从这种关系中得到好处，而不是只向一方倾斜；信任的核心是对对方有信心，不担心对方会损害自己的利益。当然，互利不是追求均等，信任也不是没有分歧。

二　如何认识和把握未来

最近，中国与东盟的关系出现了一些新的变化。尤其是 2011 年 11 月召开的东亚系列峰会，由于南海问题热炒，中国与东盟的关系多年来原本很稳定，看起来也很和谐，可是，转眼间就出现了诸多麻烦，这是为什么呢？问题是出在东盟，还是出在中国？更为重要的是，面对新的形势，如何才能把握住中国与东盟关系的大方向？

先看东盟对华关系的演变。在我看来，过去20年，东盟对华关系大致经历从"接纳中国"（不再反华）到"取利中国"（从中国的发展中获益），再到如今的"应对中国"（应对强势中国的挑战）的转变。"接纳中国"使得中国成为东盟的对话伙伴，"取利中国"推动了东盟—中国自贸区的建立，而"应对中国"则促使东盟向拉美国平衡强势中国的战略倾斜。东盟为何把"应对强势中国"作为一个新的战略？从经济上，中国巨大的经济能量所带来的冲击，使一些国家担心，中国掌控它们的资源和经济命脉。因此，原来东盟要求中国扩大在东盟的投资，而投资真的去了，却又表现得非常谨慎，甚至加以限制。特别是，一些与中国在南海地区存在争端的国家，如越南、菲律宾，面对中国日益增强的实力，试图把水搅浑，拉美国、印度、日本等介入，并试图在东盟内部形成统一战线，向中国施加压力。

东盟之变为美国"重返亚洲"提供了战略机遇，于是美国高调介入，声称要捍卫国际航行安全，增加前沿军事部署，改造东亚峰会机制，对受到中国挤压的"弱势国家"提供援助等，而与中国有纠葛的日本、印度也都积极活动，借机拉拢东盟，向中国施压。面对这样的变化，我们如何认识？为何发生在中国与东盟建立自贸区，构建战略伙伴关系，尤其是在经贸关系得到前所未有的深化的背景之下？在经过20年的对话与合作之后，为何东盟一些国家还不信任中国？东盟对华关系的战略变了吗？

在我看来，这是在新形势下东盟一些国家的"战略恐慌"，或者说是"战略博弈"，而不是战略转变。所谓战略博弈，就是在多方的战略竞争中通过随机的战略适度倾斜和长期的战略均衡维护自己的主体地位，因此，东盟有着明显的机会主义利益倾向，并没有放弃它的大国平衡战略，在与中国的关系中，并没有由合作转向对抗。什么是新形势？其中一个重要的变化是中国的实力快速提升。从经济角度看，在总量上，中国与东盟的差距在迅速拉大，2000年，中国的GDP是东盟的1.8倍，2010年是3.65倍，今后差距还会进一步扩大，这样的趋势令一些东盟国家担忧加重。从贸易和投资结构看，尽管中国成为东盟的第一大贸易伙伴，但是，中国出口的主要是制成品，进口的主要是原材料和零部件半成品，而那些零部件半成品主要是来自跨国公司的公司内供应，面向再出口，也就是说，大多数东盟中小企业与中国的市场机会无缘。特别是中国与东盟的欠发达成员，包括越南在内，长期为贸易顺差，这些国家能向中国出口的主要是初级产品，而从中国进口制成品，物美价廉的中国制成品，对当地制造业的生存和发展产生竞争压力。从中国对东盟的投资来看，投资最多的是资源开发行业。再则，中国向东盟一些国家转移生产的主要是中小企业，这样起不到生产网络拓展的功能，反而可能对当地小企业的发展起到替代性的作用（这与日本、韩国、美国的大公司生产网络扩张型投资有着结构性差别），因此，中国的资源投资往往被认为是抢夺当地资源，加工业投资被认为是挤了当地投资的机会。这里，既有实际问题，也有不合理的舆论造势，需要从投资方式和加强沟通上释缓东盟国家的疑虑和担心。

南海问题无疑是影响中国与东盟关系的一个发热点。中国对南海地区的所有岛礁和海域（以九段断续线为界）拥有历史性主权权益，但现实是，东盟相关国家不承认中国对该海域的主权权益，而南沙群岛地区的岛礁也被多个国家占有并进行资源开发。面对中国实力，包括军事实力增强，这方面的分歧和冲突变得激化起来。其实，问题主要不是争端本身，而是东盟一些国家对中国力量提升担忧和战略不信任。南海问题复杂，解决需要时日，危险在于多种因素"掺和"，尤其是在美国借口介入，多方搅局的情况下，局势可能会变得混乱与难控。

不过，从大的方面来看，大多数国家并不希望把这个问题放大。东盟还是力求从整体利益出发，尽力避免让南海问题搅了大局，干扰东盟共同体建设的步伐，破坏与中国的整体关系。从2011年东亚峰会的情况看，东盟还是力图在与中国对话、合作的大框架下进行协商，稳定大局，避免发生冲突。峰会期间，尽管一些国家四处游说，希望东盟能在南海问题上达成对付中国的一致立场，把南海问题作为一个主要议题，但并没有成功。在大局上，应该说，东盟多数国家还是清醒的，即对内要团结，要顾大局，这是推进共同体建设的保证，对外要力保各种力量的平衡，以维护东盟的中心地位。因此，东盟拉美国平衡中国这是事实，但也避免做得过分，也就是说，不能对中国造成敌意，引起大的冲突，破坏与中国的关系。

面对新变局，中国要保持沉稳，要着眼于大局，不能自乱阵脚。我们看到，中国积极做菲律宾、越南的工作，利用菲、越领导人访华的时机，发表联合声明，在双边层次上达成稳定大局的共识，坚守协商、合作、和平解决争端的立场和原则。同时，中国也积极利用与东盟的"10＋1"合作框架，突出整体利益，推进务实合作。在东亚系列峰会期间，回应南海问题，温家宝总理一方面强调当事国之间和平谈判解决争端的原则，另一方面也作出了与东盟加强合作，制定"南海行为准则"的承诺。对东盟，中国明确表示，支持"由东盟主导东亚合作进程"，"乐见东盟实力和影响力不断提升"。特别是，为加深与东盟的务实合作，中国提出了一系列合作新建议，比如，成立中国—东盟互联互通合作委员会，在 2009 年承诺向东盟国家提供的 150 亿美元信贷的基础上，再追加 100 亿美元信贷（其中包括 40 亿美元优惠性质贷款），设立 30 亿元人民币的中国—东盟海上合作基金，推动多层次、全方位的海上合作，启动科技伙伴计划，设立 10 个职业教育培训中心，为东盟国家培训人才，建立中国—东盟救灾物资储备库，设立中国—东盟传统医药交流合作中心，以及制订中国—东盟文化合作行动计划等。这些都是看得见，感觉得到的务实之举，凸显中国与东盟国家深化合作的诚意。

当然，人们也许会对加强经济合作能否有助于改善东盟国家对中国的信任危机，能否缓解南海地区的争端表示怀疑。肯定地说，经济不能解决一切，但是，利益基础是一个黏合剂。尤其是，中国与东盟陆海相连，有着特殊地缘关系和共同的发展利益关注，因此，推动务实合作，深化利益基础，中国要比其他国家更有优势。以互联互通为例，把中国与东盟国家之间的互联互通搞好了，建设起连接中国与东盟国家间的公路、铁路网络，加上自贸区的市场开放法规基础，这样就可以形成一个大的经济发展区，那样，双方的共同利益基础也就更紧固。从未来发展看，中国转变经济发展方式，走内需拉动、绿色可持续的发展之路，也可以为东盟带来新的机遇。

当然，东盟的 10 个国家差别很大，与中国的关系也很不一样。比如说越南，就抓住南海问题挑衅、试探中国；印度尼西亚要重新做东盟的主导，担心中国在东盟有更大的发言权；新加坡作为一个小国，总是标新立异来凸显自己，拉美国做靠山等。但总体来说，东盟作为一个地区组织，对中国还是要把握住对话、协商与合作的大局，我看这个大的方向不会变。

从东盟本身来说，对华政策中有三个重要因素要考虑：第一是地缘因素，东盟与中国连在一起，分不开；第二是实力对比，东盟与中国的实力差距会越来越大；第三个是具体的利益，中国对东盟越来越重要。这几个因素决定了东盟必须把中国放在一个很突出的地位。东盟为了自己的发展，采取了一个平衡大国的战略，这个战略对东盟来说是有其合理性的，也就是不陷入任何一个大国的控制。因此，以美国来平衡中国是其战略诉求之一。但东盟也非常注意不因为拉关系，搞平衡而挑起冲突，损害东盟的根本利益。东盟个别国家出于自己的利益，玩火过度必然会引起其他国家的警惕。可以肯定地说，东盟不会重新回到反华的老路，不会成为美国战略包围中国的一个前沿阵地。

中国对东盟关系要把握住大局。什么是大局？大局就是和平与发展。中国与东盟有着特殊的地缘和发展利益，双方都有必要，而且也有信心让已经发展起来的对话、协商与合作关系保持稳定，进一步深化，不要因为出现了一些问题，就改变战略和政策。一个很好的例子是中国与湄公河相邻国家之间的合作，在 2010 年十几名中国船民遭到东南亚暴徒的残酷杀害之后，中国不是迁怒于对方，而是与相关国家耐心合作，进行深入调查，找出凶手，把他们绳之以法，并借机加强了与缅甸、老挝、泰国的安全通航合作，建立联合巡航机制。

展望未来中国与东盟之间的关系，尽管面临很多新的挑战，但我们没有理由悲观，无论从哪个角度来说，中国与东盟国家之间的关系都是不可替代的。中国不反对东盟发展与其他国家的关系，因为双方的关系是开放的，不是排他的。东盟没有必要担心一个强大的中国，因为中国宣示始终坚持走和平发展的道路。

第 四 章

中国—东盟自贸区构建

导　言

在东亚合作进程中，中国与东盟建立自贸区是最引人注目的。之所以引人注目，一是因为它是第一个"10＋1"自贸区，二是因为进行了许多创新，三是因为规模和潜力巨大。从中国方面来说，通过构建自贸区可以一举两得：一是获得了东盟 10 国的市场，二是拉近了与东盟关系的距离。对于东盟来说，以此获得了进入中国大市场的机会，从中国经济的发展中受益，找到了与中国深化关系的平台。

与东盟构建自贸区有中国加入世贸组织的背景，无论从中国的对外经济战略上，还是从时间点上，都是如此。对中国来说，加入世贸组织是向接受和融入现行世界经济体系迈出的一大步，中国需要获得进入世界市场的入场券，但也必须按照世界市场体系的规则改变自己，与世界市场体系接轨，这是建立市场经济的必由之路。对于世界来说，把这样一个巨型国家（人口和发展潜力）纳入世界体系，对世界多边体系和世界经济的发展具有重大的意义和影响。中国与世界、世界与中国的磨合需要时间，这也就是为什么中国加入世贸组织谈判用了 15 年的时间。

加入世贸组织后，中国发现，世界市场还存在另一种区域安排体系（RTAs），到 2000 年世界已经有形形色色的区域贸易安排数百个。尽管此前中国已经加入了亚太经济合作组织（APEC），但亚太经合组织只是一个官方合作论坛，尽管它积极推动亚太地区的市场开放与合作，制定了到 2020 年实现亚太地区贸易和投资自由化的"茂物目标"，但是，由于它是一个论坛，采取"集体承诺，单边行动"的方式，在落实具体的目标进程上是一种软约束，因此，与通过谈判签订具有法律性协定的区域贸易安排是不同的。

在实际发展中，亚太经合组织的成员并没有因为参加该组织而放弃建立自贸区的努力。美国与加拿大和墨西哥签订了"北美自贸区"（NAF-TA）协定，日本和新加坡签订了包括规则、技术标准、知识产权在内的"紧密经济伙伴关系协定"（Close economic partnership，CEP），东盟继续深化东盟自贸区（AFTA），而中国，截至2000年，中国没有与任何国家谈判过自贸区协定。在此情况下，参与和推动区域贸易安排，自然成为中国加入世界贸易组织之后的一个战略性选择。

中国选择东盟作为第一个区域经济合作伙伴也是理所当然的。第一，东盟是近邻，在中国实施改革开放政策以后，双方的经济关系得到迅速的发展，有了共利的基础，值得进一步加强；第二，东盟经济与中国的经济发展同处发展中水平，市场开放受到的压力小，开局和谈判会比较容易；第三，与东盟建立开放与合作的经济关系具有地缘政治的意义，可以有助于改善与东盟的关系。当然，就中国与外部市场关系的密切程度来说，东盟不及日本与韩国，同时，日本与韩国对中国来说也有重要的地缘政治意义，但是，在当时情况下，中国与韩国、日本谈判自贸区协议，困难很大，因此，应该说，中国选择东盟作为第一个谈判伙伴是理性的和有远谋的。①

尽管东盟不是一个具有实际管理职能的区域组织，但是东盟建有自己的自贸区，拥有开放的区域市场空间。中国与东盟，而不是与10个东南亚国家分别谈判自贸区协定显然是一个明智之举。不过，中国与东盟谈判自贸区协议还是存在不少困难的。一个困难是，东盟经济形势与中国的经济形势存在反差。中国经济一直保持良好的增长态势，加上加入世贸组织让中国增加了活力和对外资流入的吸引力，而东盟国家的经济受到金融危机的严重打击，到2000年仍处于恢复之中。因此，东盟国家普遍对与一个充满增长活力的中国谈判开放市场感到担心。另一个困难是，双方经济规模与竞争力不对称，中国是一个上升的大经济体，而东盟则是由诸多中

---

① 在国内，当时也不是没有不同的看法。我记得在参加政府有关部门的讨论时，有的建议先从日本开始，因为日本与中国的经贸关系紧密，日本市场对中国非常重要。也有的建议从新加坡开始，因为新加坡与很多国家签订了自贸协定，是进入东盟市场的窗口。

小国家组成，其新成员都是欠发达经济体。因此，中国与东盟整体谈判自贸区协定，必须找到东盟成员都可接受的方式。

东盟内部存在巨大的差别，对如何推进开放与合作进程积累了丰富的经验，比如，东盟自贸区的建设采取了循序渐进，"共同而有区别"的开放进程安排（对新成员给予更长的过渡期）。中国与东盟谈判自贸区协定必须考虑到东盟的特点，充分借鉴东盟开放与合作的经验。最重要的是，在存在巨大差别的情况下，要使东盟国家对与中国建立开放与合作的自贸区有信心，使它们真正认可能从中受益。

中国与东盟的自贸区谈判用了很长的时间，从签署框架协议到最后完成投资协定的谈判，用了8年的时间，到2010年1月才开始全面落实，要是算上提出的时间，则长达10年。好在谈判分阶段进行，协议也是签署一部分落实一部分，而不是等全部谈完再签署，搞一份完整的协议（single undertaking）。

中国与东盟构建自贸区不仅对双方来说是大事，对其他国家也产生了巨大的影响。"一石激起千层浪"，中国与东盟的举动促使与东盟经济关系密切的日本、韩国立即采取行动，开始与东盟谈判自贸协定，后来跟进的还有澳大利亚—新西兰（CER）、印度，还有美国以及欧盟都表示出兴趣，于是就导致了东盟分别与中国、日本、① 韩国、澳大利亚—新西兰（CER）以及印度谈判"10＋1"自贸协定。

从现实的效果来观察，自贸区建设的确大大推动了中国与东盟之间的经贸关系，特别是货物贸易的快速增长，功不可没。不过，中国—东盟自贸区的一期协议主要集中在推动货物贸易市场开放上，服务和投资的开放度都比较低。因此，随着双方经济关系的深入发展，打造"升级版"，也就是说大力推动服务与投资领域的开放，促进双方的服务和投资流动，使经济联系的结构不仅得到扩展，而且得到深化是必然之举。特别是，中国经济转型升级，必然产生向东盟地区的产业转移，推展产业链，加强金融的参与。

尽管从中国的角度来说，与东盟率先构建自贸区具有合理性，但是从东亚地区的合作运动来说，它是起到了促进作用，还是分化作用，是从理

---

① 日本先是与东盟中比较发达的成员分别谈判，而后与东盟整体谈判，到2013年整体的谈判还没有谈完。

想到现实的理性选择，还是出于自身利益的优先选择？这些都值得思考。

不过，中国与东盟构建自贸区的一些创造性的方式，为其他地区和世界提供了另一种范式，有些方面，比如"早期收获"方式，成为被普遍认可的一种选择。想当初，中国的一些"另类做法"招致了不少的批评，来自美欧的一些批评认为，中国与东盟的条款不合规范，开放水平太低，算不上是自贸区。现在看来，我们"固执己见"是有道理的，许多做法上的"不规范"，也正是我们所做的创新探索。[①]

第一节　"一拍即合"

2000 年 11 月 25 日，中国与东盟"10 + 1"领导人对话会议在新加坡召开，与会的朱镕基总理向东盟方面提出："中国与东盟经贸合作日益密切，双方有必要进一步相互提供便利，促进商品、技术、资金和信息的畅通。从长远看，中国与东盟国家还可以进一步探讨建立自由贸易关系问题"，提议"双方可在中国—东盟经贸联委会框架下成立中国—东盟经济合作专家组，讨论加强双方经济联系、提供贸易和投资便利，以及其他双方感兴趣的问题"[②]。这个提议得到东盟方面的积极响应，可以说是"一拍即合"。随之，中国—东盟经济合作官方专家组成立，就加强中国与东盟经贸关系立即进行研究，提出政策性报告。中国与东盟同意建立联合专家组就"探讨中国与东盟建立自由贸易关系"进行研究，显然，专家组的主要任务不是论述构建自贸区的可行性，而是把领导人的共识具体化，提出可操作性政策研究报告。有了领导人的大共识，专家们的工作也就比较顺利，研究报告于 2001 年 7 月份就写出来了，先是提交给"10 + 1"经济部长讨论，后提交给领导人决策。

专家组报告的核心建议是，中国与东盟开展全面经济合作，用 10 年的时间建成中国—东盟自贸区。报告指出，中国—东盟自贸区将产生巨大

---

① 从中国的角度来说，这些探索也不是出于"利他主义"的道德遵守，而是基于国情，寻求可以行进的方式。正如有的专家所指出的，中国之所以寻求渐进开放的方式，主要还是因为国内开放的困难，部门协调上的困难。这方面的分析见 Yang Jiang，"China's Pursuit of Free Trade Agreements：Is China Exceptional？" *Review of International Political Economy*，Vol. 17，No. 2，2010，pp. 238 – 250。

② 《朱镕基总理在第四次中国—东盟领导人会晤上的讲话》，www. gx. xinhuanet. com/topic/2006-10/29/content。

的效益，将会大大推动双方的经济合作。①该报告在 2001 年 11 月召开的中国与东盟领导人会议上被接受，以此为基础，双方的政府部门着手拟定落实框架。2002 年 11 月，在第六次中国—东盟领导人对话会议上，双方就签署了关于《中华人民共和国与东南亚国家联盟全面经济合作框架协议》（简称《框架协议》）②。该协议设定的目标很明确，旨在"加强和增进各缔约方之间的经济、贸易和投资合作；促进货物和服务贸易，逐步实现货物和服务贸易自由化，并创造透明、自由和便利的投资机制；为各缔约方之间更紧密的经济合作开辟新领域，制定适当的措施；以及为东盟新成员国更有效地参与经济一体化提供便利，缩小各缔约方发展水平的差距"。《框架协议》是自贸区的法律基础，共 16 个条款，确定了中国—东盟自贸区的基本架构。主要内容包括：（1）自贸区的内容：包括货物贸易、服务贸易、投资和经济合作等，其中货物贸易是自贸区的核心内容，除少数敏感产品外，其他全部产品的关税和贸易限制措施都应逐步取消。（2）谈判时间安排：货物贸易谈判从 2003 年初开始，服务贸易和投资谈判也从 2003 年开始，并应尽快结束。③在经济合作方面，双方商定将以农业、信息通信技术、人力资源开发、投资促进和湄公河流域开发为重点，并逐步向其他领域拓展。（3）自贸区建设的时间框架：双方应从 2005 年起开始降低正常产品的关税，2010 年中国与东盟老成员建成自贸区，2015 年与东盟新成员建成自贸区，届时，中国与东盟的绝大多数产品将实行零关税，取消非关税措施，双方的贸易将实现自由化。（4）"早期收获"计划：为使双方尽快享受到自贸区的好处，双方制订了"早期收获"计划，决定从 2004 年 1 月 1 日起对 500 多种产品（主要是《税则》第一至第八章的农产品）实行降税，到 2006 年这些产品的关税降到零。（5）给予东盟非 WTO 成员以多边最惠国待遇的承诺，由于东盟中越南、老挝、柬埔寨尚未加入 WTO，为了帮助这些国家发展，中国同意给予东盟非 WTO 成员以多边最惠国待遇。（6）有关贸易规则的制定：制定原产地规则，反倾

---

① 关于具体的成效分析，见 Forging closer ASEAN-China economic relations in the 21st century, report submitted by the ASEAN-China expert group on economic cooperation, 2001, http://www. aseansec. org/newdata/asean-chi. pdf/。

② 关于《框架协议》的具体内容，见 http：//gjs. mofcom. gov. cn/aarticle/Nocategory/200212/20021200056452. html。

③ 货物贸易协议于 2004 年 11 月签署，服务贸易协议于 2007 年签署，投资协议于 2009 年底前签署，2010 年 1 月 1 日实施。

销、反补贴、保障措施、争端解决机制等贸易规则，以保证未来中国—东盟自贸区的正常运转。①协议对于构建自贸区的方式、框架、谈判的时间表、内容作出了具体的规定，为进而进行的谈判奠定了基础。先签署框架协议为谈判制定指导原则，为双方开展全面合作提出方向，这是中国与东盟构建自贸区的一个创新之举。在此之前，无论是中国，还是东盟都没有与其他方签署这样的协议，明确构建自贸区。为何双方能够这么快地达成协议呢？主要是双方对利益的认同。

从中国方面来说，在加入 WTO 以后，把参与区域经济合作作为一个重要的战略，选择东盟是经过慎重考虑的，对中国来说最容易起步。鉴于双方的经济发展水平比较相近，这样就使得开展谈判比较容易。中国刚刚加入 WTO，诸多承诺尚待落实，如果与发达经济体谈判自贸区会很困难，会受到巨大的压力，而选择与东盟构建自贸区，在谈判中会更有信心。中国与东盟地缘相接，是天然的经济区，如果构建自贸区，相互开放市场，使生产要素在区内流动，则可以形成新的经济增长动力。中国与东盟加起来人口近 19 亿，大多是发展中国家，有着巨大的发展潜力。同时，经济结构亦有着很强的互补性，开放市场可以实现要素资源的互补。②

再则，中国提出与东盟建立长期经济合作关系，可以得到东盟国家的认可与响应。1997 年由泰国发生的货币危机扩延成金融和经济危机，且横扫整个东盟，使东盟的经济受到严重的打击，金融市场发生恐慌，资金撤离，经济负增长，失业严重，到 2000 年经济仍在恢复之中。东盟需要中国的市场，更需要与中国合作提升市场信心，加快经济恢复。同时，中国在东盟发生金融危机后的表现也取得了东盟国家的信任。在出口大幅度下降的情况下，中国坚持人民币不贬值，这有助于东盟国家增加出口，有助于东盟国家的金融市场形势改善与货币回流。与此同时，中国向泰国、马来西亚、印度尼西亚均提供了资金援助，助其应对危机。中国被东盟国家看成是一个负责任的国家。

---

① 详细《框架协议》文本，见 http：//fta. mofcom. gov. cn/dongmeng/dm_ kuangjiaxieyi. shtml。

② 有些东盟的专家对东盟与中国的经济互补性并不认同，他们认为，两者的竞争性大于互补性，担心中国经济进一步提升将会对东盟形成挑战。见 John Wong, Sarah Chan, "China-ASEAN Free Trade Agreement：Shaping Future Economic Relations", *Asia Survey*, Vol. 43, No. 3, 2004, pp. 511 –512。

当然，中国与东盟构建自贸区，开展经济合作，也有着综合战略的考虑。自 1992 年中国与东盟开展对话以后，双方的关系有了显著的改善，中国成为东盟的对话伙伴国，1997 年双方确立了面向 21 世纪的和平与繁荣伙伴关系。但是，进入 21 世纪后，面对新的形势，中国希望与东盟建立层次更高的合作关系，使双方的关系更具有战略高度。以经济促政治，这是中国对外关系的一个惯常做法。中国与东盟成员之间的关系复杂，有着历史的阴影，因此，需要从战略高度来定位和推动，为此，需要提升中国与东盟关系水平。后来的事实证明，这样的战略思考是对的，也得到了东盟的理解和支持。在经济合作框架签订以后第二年（2003 年），中国就与东盟签署了战略伙伴关系协议。

中国与东盟构建自贸区，进展迅速，从提出到签署框架协议仅仅用了不到两年的时间。框架文件为自贸区的谈判制定了方法、内容、原则，提供了开展谈判的法律支持。这是一项全新的工作，在此之前，没有一个国家把东盟作为一个整体来对待，进行自贸区谈判。把东盟作为一个整体，一是体现了中国把东盟作为一个具有战略重要性的地区来对待，要构建一个大地缘区域开放市场；二是能够简化谈判程序，使中国避免与 10 个东盟成员国家一一进行谈判。事实证明这样的定位是明智的，也是很有效的。

进一步回顾和总结中国与东盟构建自贸区，有些问题还值得进一步思考。首先是中国—东盟自贸区与东亚区域合作的关系。1999 年，东亚"10＋3"领导人发表了关于《东亚合作联合声明》，决心推动"10＋3"在多领域的合作。事实上，当时大家对合作的目标和方式尚没有清晰的认识。只是到了东亚展望小组提出报告，建议把建设东亚共同体作为区域合作的长期目标，才有了比较明确的定位。

当时，尽管中国政府对于参与和推动东亚的区域合作兴致很高，但对于构建区域共同体并不太热心。其原因也可以理解，一则，中国与东亚地区国家的关系比较复杂，中国坚持独特的政治体制，还有台湾问题，最担心外部干预，坚持自主性是其对外政策立足点；二则，中国刚刚加入了世界贸易组织，完成了进入世界市场的第一步，作为一个依赖出口加工拉动经济增长的经济，政府主要考虑如何扩大对外部市场的准入，学习别人的经验，参与和推动自贸区建造。因此，中国主动提议与东盟构建自贸区主要还是基于本国战略的考虑，并没有对其如何影响东亚的区域合作进行过多的考虑。

中国—东盟自贸区引领了东亚地区"10 + 1"自贸区运动，对东亚的区域合作提供了正能量，还是负能量？对此，做简单的回答似乎没有意义。原因是，东亚区域合作进程是一个探求发展的过程。从自贸区的构建来看，把东亚自贸区作为构建的起点也不现实。东盟没有能力这样做，其他国家也有多样的考虑。从后来东亚自贸区规划、研究和推进的情况看，也许多个"10 + 1"自贸区的构建是一种通往大区自贸区构建的准备。至少从中国的情况看是如此，有了构建与东盟自贸区的经验，中国在以后的自贸区谈判中就更有经验，更为自信了。

第二节　寻求创新的方式

中国与东盟 10 个国家构建自贸区，而且是把东盟 10 国作为一个谈判整体，这需要创造性，也就是说要找到适合自己的方式。其一，让中国与东盟所有的成员都能接受，并且给予支持，不使谈判进程中断，或者久拖不决；其二，必须考虑到中国是一个发展中经济体，同时东盟成员的发展水平、利益关注重点有很大的差别，为此要有差别性的开放安排，要有见实效的经济合作内容。当然，尽管自贸区的建设要创新，要体现灵活与包容性，但中国与东盟多数成员都是 WTO 成员，自贸区建设要符合 WTO 多边体系的基本原则。这样，中国与东盟关于自贸区的谈判进程注定要想出许多新的点子来。从中国方面来说，首要的是考虑自身的承受能力，先易后难，分步谈判，而逐步推进和实施符合中国的国情。从东盟方面来说，其自身有东盟自贸区和与之相联系的诸多安排，与中国构建自贸区要与东盟自贸区接轨，包括市场开放的结构方式等。中国对东盟自贸区的渐进和差别安排的方式是认可的，因为这也符合中国的想法。因此，在一些大的原则上，中国与东盟双方有着很多的共识，这使得框架安排和谈判进程相对比较容易。①

《框架协议》文件为构建具有中国—东盟特色的自贸区提供了指导原则，其中，最为突出的当属"早期收获"计划（Early Harvest Program）。

---

① 其实，比较容易的还是货物贸易，服务和投资领域的谈判并不轻松，因为双方在服务和投资市场的开放上都处于比较低的水平。

所谓"早期收获"，就是指先行进行的市场开放安排，或者说是在进行市场全面开放谈判之前，先选出一些先行开放的领域，这些领域对东盟欠发达成员的参与能力与获益给予特别考虑。"早期收获"计划也称为中国—东盟自贸区在货物贸易领域的快速轨道，于2004年1月1日启动，涵盖的产品范围主要是《海关税则》第一章到第八章的产品，涉及500多项农业、渔业产品。[①]不过，由于东盟成员经济差别大，还是要考虑差别对待。比如，在商谈中，一些东盟成员提出，将《海关税则》前八章的全部产品按"早期收获模式"削减和取消关税有一定困难。为体现对这些国家的照顾，双方商定，这部分有困难的产品可以作为"早期收获"计划的"例外产品"，不必参加先期降税，柬埔寨、老挝、菲律宾和越南提出了部分例外产品，有些东盟国家税则前八章中的产品与中国的贸易较少，或者贸易利益不完全平衡。为解决这一问题，中国与这些国家分别进行双边磋商，将一些前八章之外的产品也列为"早期收获"产品，称为"特定产品"。印度尼西亚、马来西亚和泰国分别提出了咖啡、棕榈仁油、椰子油、肥皂、无烟煤、焦炭等特定产品。特定产品的优惠关税只在中国与提出特定产品的东盟成员之间相互适用，而中国与其他东盟成员之间仍适用 WTO最惠国税率。[②]可以看出，"早期收获"计划既考虑到东盟整体，又充分照顾不同成员的利益。这样的早期安排，对于东盟能作为一个整体参与谈判有着重要的意义。[③]"早期收获"计划为发展中经济体参与自贸区构建提供了一个有借鉴意义的范式，后来几乎成为一种被普遍认可的谈判方式，不仅在一些其他自贸区协议谈判中得到引用，也被 WTO 作为一种突破多哈

---

①　各成员参与的产品范围不同，中国593项，文莱597项，柬埔寨539项，印度尼西亚595项，老挝406项，马来西亚599项，缅甸579项，菲律宾214项，新加坡602项，泰国581项，越南547项，到2010年底全部实现零关税。具体内容参见《中国—东盟自贸区试验田：早期收获计划》，http：//www. mofcom. gov. cn/aarticle/Nocategory/200507/20050700180151. html。

②　中国—东盟"早期收获"计划产品范围见 http：//www. cafta. org. cn/show. php? contentid = 63993。

③　当然，在实际落实过程中，情况是复杂的。比如，广西、云南果农受到来自东盟国家同类产品的竞争，泰国农民受到来自中国廉价大蒜、生姜等进口的冲击。面对这样的冲击，当地农民有些缺乏应对能力，遭受损失，有些则在当地政府的支持下，进行调整，引进新品种，或者进行替代种植。当然，市场开放总是会带来各种各样的冲击，既要看到具体冲击，又要看到综合效益。这方面的分析见廖少廉《从"早期收获"看中国—东盟自贸区双赢》，《东南学术》2004年增刊，第247—249页。更全面的分析见 Zhang Yunling, *Economic and Social impact of liberalization：a study on early harvest program under China-ASEAN FTA*, Social Science Academic Press, 2009。

回合僵局的有效方式。这是当时大家所没有想到的。①

自贸区构建采取先易后难，分步谈判的方式，即先谈货物贸易开放，再谈服务贸易开放，最后谈投资开放。同时，在开放安排上，也采取渐进和有差别的方式。渐进性主要体现在市场开放不一次性到位，而是分步谈判，渐次深化，在初始开放协议达成后，对落实协议的情况进行评估，在此基础上谈判新的开放安排，这样，自贸区的建设就成为一个不断深化的过程。之前，大多数的自贸区谈判都采取一揽子谈判的方式，即谈判成一个一次到位的整体协议，像《北美自贸协定》（NAFTA）就是一次到位，协议文本数千页，面面俱到，从签订协议开始就是一个高度开放的市场。

对于中国与东盟来说，要完成一揽子的谈判协议困难很大，有可能在一些节点上陷入谈判困局而使整个谈判进程停滞，在其他的自贸协定谈判中，这样的案例不少。东盟本身自贸区的建设也是采取分步走的，分步谈判让东盟拥有灵活性。因此，中国—东盟自贸区的谈判充分借鉴了东盟自贸区建设的经验。如果从2002年签署框架协议开始算起，双方用了8年的时间完成全部谈判。2003年完成"早期收获"计划，2004年完成货物贸易协议谈判，2007年完成服务贸易谈判，2009年完成投资协议谈判，自2010年1月1日，自贸区的建设进入全面落实的阶段。有人说，中国—东盟自贸区自2010年1月1日建成，其实不是建成，而是完成了第一期的全部框架谈判，开始了全面的建设。

2005年7月《货物贸易协议》正式进入了实施阶段，协议规定，至2010年，除敏感产品外，中国与老东盟成员国的93%货物实行零关税政策，平均关税降到0.1%以下，而对其他国家的平均关税为9.8%，至2015年，与新东盟成员国全部实施零关税，至2018年，中国与东盟所有成员国货物贸易实行零关税。2007年7月，《服务贸易协议》开始实施。各国以减让表的形式列出各自在服务部门的具体开放承诺（正面清单），各国在其各自WTO《服务贸易总协定》承诺基础上，作出的更高水平的开放承诺。中国具体承诺的主要内容：主要涵盖建筑、环保、运输、体育和商务服务（包括计算机、管理咨询、市场调研等）5个服务部门的26个

---

① 当然，对于"早期收获"安排方式，也不是能被普遍接受。比如，中国建议在RCEP谈判中应考虑"早期收获"安排，该提议难以得到大多数参与方，特别是像日本、澳大利亚这样的发达经济体的支持。

分部门，具体包括：进一步开放部分服务领域，允许设立独资企业，放宽
设立公司的股比限制及允许享受国民待遇等。这是第一批市场准入承诺的
减让表。2011 年 11 月 18 日中国与东盟签署了《关于实施中国—东盟自贸
区〈服务贸易协议〉第二批具体承诺的议定书》，议定书在各国完成国内
法律审批程序后，于 2012 年 1 月 1 日起正式生效。中国的第二批具体承诺
根据加入世界贸易组织（WTO）承诺，对商业服务、电信、建筑、分销、
金融、旅游、交通等部门的承诺内容进行了更新和调整。同时，第二批具
体承诺还进一步开放了公路客运、职业培训、娱乐文化和体育服务等服务
部门。与此同时，东盟各国的第二批具体承诺涵盖的部门也明显增加，不
仅在其 WTO 承诺基础上作出更高水平的开放，许多国家的承诺还超出了
WTO 新一轮谈判出价水平。①《投资协议》从 2010 年 1 月开始实施，它包
括 27 条，分别为定义、目标、适用范围、国民待遇、最惠国待遇、投资
待遇、征收、损失补偿、转移和利润汇回、国际收支平衡保障措施、代
位、缔约方间争端解决、缔约方和投资者之间争端解决、利益拒绝、一般
例外、安全例外、其他义务、透明度、投资促进、投资便利、机构安排、
与其他协议关系、审议、修改、保存、生效等。其中，国民待遇条款规定
各方在其境内，在投资管理、经营、运营、维护、使用、销售和清算等方
面，应当给予另一方投资者及其投资不低于其在同等条件下给予其本国投
资者及其投资的待遇；最惠国待遇条款规定各方在投资方面应当给予其他
方投资者不低于其在同等条件下给予任何其他缔约方或第三国投资者的待
遇。这两个核心条款在确保给予双方投资者公平、公正的非歧视待遇方面
起到关键作用。此外，投资待遇、透明度、投资促进与便利和争端解决等
条款为改善双方投资环境、提高外资政策透明度、促进投资便利化、提高
投资争端解决公平与效率以及加强投资保护等方面提供了有效的法律保
障。这样，《投资协议》通过双方相互给予投资者国民待遇、最惠国待遇
和投资公平公正待遇、提高投资相关法律法规的透明度、减少相互投资中
的不合理限制和管制等，为中国与东盟扩大投资创造一个开放、便利、透

---

① 《中国和东盟签署自贸区〈服务贸易协议〉》，http：//news. xinhuanet. com/world/2007-
01/14/content_ 5604891. htm；中国与东盟签署《关于实施中国—东盟自贸区〈服务贸易协议〉
第二批具体承诺的议定书》，http：//www. mofcom. gov. cn/aarticle/ae/ai/201111/
20111107839431. html。

明、公平，并提供充分法律保护的投资环境。①

从协议的内容和实施来看，自贸区协议不仅分步谈判，分步实施，还充分考虑到东盟成员国之间的差别，给予欠发达的新成员更多的过渡期和自我选择性。这样的差别待遇不仅对谈判进程很重要，而且也使落实变得比较容易。②

推进广泛的经济合作是中国—东盟自贸区建设的一大特点。2002 年签订的经济合作框架协议提出了加强合作的五个优先领域：农业、信息及通信技术、人力资源开发、投资，以及湄公河盆地的开发。协议同时也承诺，把合作扩展到更多的领域，包括银行、金融、旅游、工业合作、交通、电信、知识产权、中小企业、环境、生物技术、渔业、林业及林业产品、矿业、能源及次区域开发等，承诺采取有效措施，推动和便利货物贸易、服务贸易及投资，比如，标准及一致化评定，技术性贸易壁垒和非关税措施，海关合作，提高中小企业竞争力，促进电子商务、能力建设、技术转让。协议特别强调实施能力建设计划以及实行技术援助，特别是针对东盟新成员国，以调整它们的经济结构，扩大它们与中国的贸易与投资等。③中国与东盟为开展经济合作建立了多个合作机制和平台。其中主要有：中国—东盟联合合作委员会、中国—东盟经委联委会、中国—东盟科技合作委员会、中国—东盟商务理事会等。这些合作机制和平台都不是摆设，在双方加强沟通协商，提出合作议程，落实合作规划中起到重要的作用。

值得提及的是，中国与东盟合作在广西南宁举办的博览会。博览会作为中国与东盟合作的重要内容，自 2003 年开始举办，经过多年的努力，已经成为加强双方经贸关系，发展与世界其他国家关系的重要平台。它的定位是"以促进中国—东盟自由贸易区建设，共享合作与发展机遇为宗旨，以双向互利为原则，以自由贸易区内的经贸合作为重点，面向全球开

---

① 《商务部官员就中国—东盟自贸区〈投资协议〉答问》，http：//www. chinanews. com/cj/cj-gncj/news/2009/08-15/1819891. shtml。

② 当然，落实也会遇到困难，比如印度尼西亚在全面启动落实时提出存在困难，一些缺乏竞争力的部门要求缓行。中国对此给予了考虑，与印度尼西亚方面进行了协商。

③ 《中华人民共和国与东南亚国家联盟全面经济合作框架协议》（中译文），http：//gjs. mofcom. gov. cn/aarticle/Nocategory/200212/20021200056452. html。

放"①，由双方合作共建，中国负责举办，为双方的经济合作和全面关系发展服务，为东盟提供展示窗口。②

为了拓宽与东盟的经济合作领域，丰富自贸区建设的内容，中国还主动提议和采取措施，比如，提议建立中国—东盟投资基金，对东盟的基础设施和重要的发展项目进行投资，主动参与东盟提出的互联互通计划，构建中国—东盟互联互通网络等。显然，就像双方签署的《框架协议》名称所定位的，双方是开展全面经济合作，自贸区只是这个综合框架的一个组成部分。

总的来看，中国与东盟自贸区建设所采取的方式主要体现为：整体谈判与分阶段谈判相结合；统筹安排与照顾差别相结合；开放市场与拓宽合作相结合。当然，这样的方式也有局限性，其中主要是"舍难求易"，把难度比较大的避开，或者拖后，像服务贸易、投资领域的开放程度都比较低。

2010 年完成的中国—东盟自贸区框架还是一个初级版的结构，重点还是在推动货物贸易市场的开放上。这一点应该说是成功的，因为双方的贸易得到迅速发展，由 2002 年的 800 亿美元增到 2013 年的 4000 多亿美元，中国成为东盟的第一大贸易伙伴，东盟成为中国的第三大贸易伙伴。

当然，也不能把所有的增长都算在自贸区上。2002 年以后，中国经济一直维持两位数的高增长，对外贸易超高速增长。东盟国家的经济在经历了金融危机后的调整后也进入增长的快车道。经济的高增长本身推动了中国与东盟经贸关系。根据调查，中国—东盟自贸区被中国企业在出口中利用的比例只有 20% 左右，被泰国企业利用的比例只有 10% 左右，也就是说它们的多数贸易活动并不与自贸区安排相联系。③不过，即便进出口交易没有利用关税减让的优惠，也不能说增长的经贸关系与自贸区构建无关，因为自贸区构建的过程也产生"引力效应"，也就是说，自贸区建设对企业产生吸引力，使它们进行试探，或者制定进入东盟市场/中国市场的

---

① 见"中国—东盟博览会"，http：//baike. baidu. com/view/560740. htm？fr = aladdin #1_ 7。

② 有的学者认为，有效共建机制是中国—东盟博览会成功的一个重要保证。东盟前秘书长王景荣认为，东盟与中国合作举办博览会是双方加强合作"开拓性的第一步"。参见范丽萍《建构主义视域下的中国—东盟博览会》，《广西师范大学学报》（哲学社会科学版）2011 年第 5 期，第115、117 页。

③ Masahiro Kawai and Ganeshan Wignaraja, Asia's Free Trade Agreements—How is Business Responding？ADB Institute, 2011, p. 113、207.

战略。

总体来看，中国与东盟之间的市场开放程度还是比较低的，投资领域、服务领域，涉及边界内的诸多法规、政策以及其他限制还是很多的。因此，需要打造升级版，不断提升开放与合作的水平。2013 年在中国—东盟领导人对话会议上，中国领导人提出要打造中国—东盟自贸区升级版的建议。[1]显然，中国—东盟自贸区建设和经济合作是一个动态发展和不断深化的进程。

第三节　超越自贸区的探索

中国与东盟国家地缘相接，陆地海洋连成一个地缘区域，这是双方关系的特殊性，也是便利性。从经济发展的角度来分析，具有在开放条件下构建一个大经济区的优势。[2]当然，地缘连接仅仅是一个基本条件，要建立一个大的地缘经济区还需许多其他条件，同时，构建经济区的方式也有多样。

欧洲创建了独具特色的区域合作模式，即从煤钢联盟开始，逐步提升合作的层次，沿袭关税同盟—共同市场—经济共同体—共同体—联盟的路径，最后达到高水平的欧洲联合，实现统一大市场，包括单一货币和共同的货币政策。欧洲方式以区域联合的高度政治共识为基础，以清晰的区域合作目标为动力，以超国家的法律体系构建为支撑，这是其他地区所没有的，也许是根本做不到的。

东盟国家地缘连接，实现区域和平发展的愿望强烈，在一定程度上说，东盟有开展区域合作的政治共识基础，也有分步推进合作目标的动力。但是，东盟显然缺乏欧洲那样的强烈政治共识，也没有那样清晰的最终目标，因此，东盟合作难以沿袭欧洲的定式推进，只能另辟蹊径，创建自己的方式。

---

① 李克强总理还提出到 2020 年使中国与东盟的贸易达到 10000 亿美元，中国向东盟的投资达到 1000 亿美元的目标。见《李克强在第 16 次中国—东盟领导人会议上的讲话》，http://finance. people. com. cn/n/2013/1010/c1004-23144383. html。

② 有的学者认为，中国与东盟深化合作，构建新的发展环境，应该在中国—东盟自贸区和东盟经济共同体的基础上构建经济区，构建互联互通网络，实现区内的商品、服务、投资和人员的便利流动。见陆建人《当前中国—东盟合作面临的新挑战与对策》，《广西大学学报》（哲学社会科学版）2013 年第 4 期，第 4 页。

美国、加拿大和墨西哥三国地缘连接，但缺乏推进像欧洲那样的区域联合的政治意愿，而是以市场开放为基础，实现区域经济开放的规模效益。因此，北美自贸区像是其开展合作的"终极目标"，即以高标准自贸区构建为基础，实现以地缘为特征的经济链接和产业分工，实现分工合作下的"共赢"①。

中国与东盟之间既不同于欧盟，也不同于北美。与欧盟相比，中国与东盟之间缺乏构建高度区域联合的政治意愿基础，与北美相比，中国尽管是经济增长的中心，但是并不是产业分工的核心。在此情况下，如何构建中国—东盟经济区呢？我们还是先从经济角度看中国与东盟经济关系的结构和特征。

从经济链接上，中国与东盟共处东亚区域生产网络。在这个生产网络中，中国与东盟的企业均是分工价值链的参与方，且主要是价值链中的中低端的参与方，因此，中国与东盟之间的生产网络联系以水平分工为主，而主导分工链的主要是日本、美国、韩国、欧盟以及中国台湾地区的企业，这使得中国与东盟之间的贸易更多地体现在价值链中的供应链联系（不仅是零部件，而且能源、材料也多与此有关）。在此情况下，从生产网络的角度，市场开放的要求主要是降低分工产品（零部件）的流转费用，提高生产分工的效率，为此，降低或者消除关税是第一选择，但是，降低费用、提高效率需要多个方面的优化，比如，服务领域的开放，投资领域的开放，交通设施的改善和通关的便利，以及相关人员的流动方便等，这些方面正是打造自贸区升级版的主要内容。从未来发展看，随着中国经济结构的升级，对外投资的增加，中国企业构建产业链能力的提高，中国与东盟国家之间的经济联系会深化，结构也会发生变化，其中，中国企业投资所牵引的产业链和网络构造将会发挥更大的作用。这样的发展无疑会对构建升级版的自贸区提出新的要求。②

就东盟内部各成员经济发展水平而言，成员间的差别巨大，各国间的

---

① 北美自贸区建立的是以美国为轴心的区域性生产分工与网络，加拿大和墨西哥通过参与分工进入生产网络。见张蕴岭主编《世界区域化的发展与模式》，世界知识出版社2004年版，第94页。

② 推动产业链升级的重要措施是深化中国—东盟自贸区框架下的投资和服务开放，实施新规则，考虑实行"负面清单"和"准入前国民待遇原则"，以促进中国升级产业向东盟地区的转移。这方面的分析，还可以见梁颖《打造中国—东盟自贸区升级版的路径与策略》，《亚太经济》2014年第1期，第103—106页。

互联互通不畅，对大多数国家来说，改善发展的环境，包括改善基础设施网络建设，能源、电力网络的建设等，是重中之重。在东盟自贸区始建20年之后，东盟提出了互联互通规划，这是一个新的认识，也是一个新的举措。互联互通包括基础设施网络建设，法规的接轨与协调和人员的流动便利，核心的设计是大幅度改善东盟地区内部的发展环境。[①]

中国与东盟之间的基础设施连接仍处在很低的水平，没有高速公路，已建成的高等级公路也有限，没有高铁，现行的铁路线路老旧，规制也不统一，空中航线主要连接几个发达的大城市，水路航运只有一条隔断的湄公河，海路航运只是在一些大的港口之间有联系，没有建立起港口合作网络。在此情况下，要深化中国与东盟之间的经济关系，最基本的是改善经济链接的基础环境，因此，实现中国与东盟之间的互联互通应该是提升双方合作水平的重点。互联互通"软件建设"，即法规协调统一，人员便利流动尤为重要，实际的限制与障碍很多，需要花大气力进行清理、规范和重构。

中国直接与东盟陆地连接的是云南（缅甸、老挝、越南）、广西（越南），双方沿边地区的总体经济发展水平都不高，都有通过开放合作促进经济发展的需求。因此，中国与东盟之间的开放与合作，一是大关系框架，即中国与东盟10国的整体关系，不仅涉及经济，而且也涉及政治、安全与文化；二是次区域框架，即地理接壤的中国省份与东盟相关成员之间的关系，形成接壤地区的特殊经济联系。像云南，作为代表中国的地区参与大湄公河次区域的合作机制，这个机制联系着多个东盟成员，有着自身的开放与合作项目和安排。像广西，就提出了泛北部湾次区域合作计划，推进与东盟相关国家的陆地和海上合作。

接壤地区的次区域合作，一方面受惠于中国与东盟合作大框架的安排，另一方面又可以推进特殊的安排，比如，边境开放性的互市，沿边经济合作区（多种便利化安排）等。这些是大开放框架难以照顾到的。当然，接壤地区的开放涉及诸多方面的问题，不仅仅是经济，还有政治、安全（走私、毒品、人

---

① 2010年10月东盟提出《东盟互联互通总体规划》，制订了到2015年的实施计划。显然，该规划是东盟2015年建成经济共同体的重要组成部分。如果没有东盟成员国间的互联互通网络，东盟经济共同体就是没有基础支持的"空中楼阁"。这方面的分析还见王勤、李南《东盟互联互通战略及其实施成效》，《亚太经济》2014年第2期，第115—119页。

口等)。鉴于此,跨境开放合作的管理问题需要做更多的工作。[①]

在中国与东盟的经济关系中,中国经济的分量越来越大,中国经济对东盟经济发展的重要性进一步提升。1997 年中国经济总量(GDP)仅为东盟经济总量的 1.7 倍,2013 年为东盟的近 4 倍。未来,差距还会进一步拉大。因此,中国无疑会成为东盟越来越大的市场,也就是说,对东盟经济发展的重要性越来越大。

鉴于东盟与中国有着地缘连接,东盟地区将为中国经济提供拓展空间,开放程度提升的东盟市场(经济共同体)为中国企业构建产业链提供最近的地缘机遇,而同时,借助中国经济拓展提供的机会(包括进一步加强的经济合作,中国提供更多的援助支持),那些欠发达的东盟成员也会获得新的发展机会。这样,也就可以扭转中国与东盟自贸区构造第一阶段所出现的"反常",即欠发达东盟国家与中国经济关系越紧密,贸易逆差也就越大,贸易不平衡成为制约欠发达东盟成员与中国进一步发展关系的羁绊。

显然,中国与东盟之间所构建的是一种"复合型开放合作发展关系"。自贸区为双方的经济交往提供了一个大区域性市场开放框架,即通过减少和消除交易障碍,促进要素资源的相互流动,推动经济的增长。但是,通过开放减少要素资源流动的障碍并不能完全解决发展的基础瓶颈障碍,如基础设施网,人力资源的能力建设等。特别是那些欠发达国家,边缘地区,如不采取特别的措施,它们不仅不会从市场开放中受益,反而可能会因要素资源流走而进一步被边缘化。鉴于此,构建中国与东盟之间的综合开放经济区,即制定开放与合作综合规划,在市场开放的基础上,把合作的重点放在改善经济发展的基础环境和条件上,从而构建一个基于开放与合作的大地缘经济区,这样,无论是中国还是东盟,都可以从中获得更大

---

① 关于跨境经济合作区,现存多种形式。大范围的比如"大湄公河次区域合作",涉及中国、泰国、缅甸、老挝、柬埔寨和越南 6 个国家,1992 年开始启动,建立了领导人会议、部长会议、高官会议,合作的领域很多,取得了显著成效。小范围的如中越河口—老街跨境合作区,中老磨憨—莫丁跨境合作区,中缅瑞丽—木姐跨境合作区,在合作区内实行更为开放与便利的安排,推动跨境商品、投资和人员流动。中国的地方政府提议建立独立的跨境开放区,实行两国一区的管理方式。由于涉及两国的法律,涉及一区的超国家管理等复杂的问题,迄今没有成为现实。就此问题,我曾参加过多次调研,对"两国一区"模式基本持否定态度。我提出"两国两区,相互开放,合作发展"的建议。关于跨境经济合作区涉及的法律等诸多问题的分析,参见曾彦、曾令良《跨境经济合作区的特征与法律和机制保障》,《时代法学》2012 年第 5 期。

的好处。

事实上，东盟的经济共同体就是一个基于东盟的开放经济区。按照设计，东盟经济共同体的目标和功能是建设一个高度开放、法规协调一致、人员可以方便流动的大生产基地（single production base）。中国与东盟构建的开放发展经济区，尽最大可能地吸收东盟经济共同体的经验。不过，它并不是东盟经济共同体的扩大。

中国与东盟的自贸区水平需要继续提升，打造自贸区升级版就是进一步加大开放力度。中国—东盟自贸区升级版的目标是什么呢？是以所谓"新一代"的自贸区为蓝本么？

新一代自贸区主要是指美国领导的"跨太平洋伙伴关系协定"（TPP）的模式。其主要特征是：货物贸易领域完全开放（保留少数敏感产品）；服务领域开放按照负面清单原则，保留尽可能少的保护领域；投资领域按照准入前国民待遇原则，为投资的选择提供开放市场空间；还有大量涉及经济体制和经济政策的诸多"边界内的问题"[①]。

东盟 10 国之间经济发展水平、管理水平差异很大，即使建成东盟共同体，也是会保持各国的经济体制和管理政策的差别，难以构建单一的区域经济体系。中国与东盟的差异更大，也难以在体系与结构上取得一致，难以按照 TPP 的模式搞升级版。因此，推动自贸区的升级一是要渐进，考虑到差别；二是要有利于实现共同的发展，使后进的国家得到加快发展、缩小差距的机会，重点是减少或者消除那些影响要素流动（商品、服务、投资）的基本障碍，减少或者消除政策上的歧视性安排和限制。当然，开放的水平也是水涨船高，原则也是不断被修改的，一些被认可的高标准原则也会被逐步加以采纳。以服务开放为例，原来的开放度比较低，第二期的开放安排也只增加了一些部门，开放度仍然比较低，新的升级版自贸区可以考虑按照负面清单原则，即各自列出暂时不能开放的领域，其余均自动对外开放；[②]在投资方面，也可以考虑实施新的原则，即准入前国民待遇

---

① 出于参加 TPP 的成员之间差别很大，像欠发达的越南也加入，对农产品市场严格保护的日本参加，最终的谈判结果可能不会像美国开始设计的那样高标准，也可能会根据差别提供落实的差别过渡期安排，同时，TPP 并不替代已有的双边自贸区协议，市场的开放还会存在结构性差别。深入的分析参见 Christopher M. Dent, "Paths Ahead for East Asia and Asia-Pacific Regionalism", *International Affairs*, Vol. 89, No. 4, 2013, pp. 963 – 985。

② 考虑到服务领域开放的难度和复杂度，即便是负面清单，也可以在开始让不开放领域的单子长一些，以后可以根据发展的情况进一步减少非开放领域的项目。

原则，对决定进行投资的中国（向东盟投资）或者东盟（向中国投资）公司提供本国公司投资的待遇，这样，就可以避免对投资进行耗费时间的准入前审查。

如前所述，在中国与东盟之间仅有开放是不够的。正如东盟本身的一体化进程所表明的，真正阻碍内部要素流动的是基础设施落后，交通和通关法规不一致，人员流动不通畅。为此，东盟提出了互联互通计划。推动互联互通，既包括改善基础设施，构建基础设施网（公路、铁路、水路、航空），也包括签订便利交通的协议和便利人员流动的措施。[①]互联互通被认为是东盟深化经济一体化和建设经济共同体的新的里程碑。

其实，中国与东盟国家之间的互联互通对于双方未来经济区的构建起到至关重要的作用。中国与东盟地区地缘连接，但是通道很少，基础设施建设的水平很低，海上通道缺乏港口网络建设。陆上的通道，在中国一侧，公路主干道和高速公路网络基本建成，但是通往东盟国家的道路只有一条昆曼公路，且与其他的公路没有连接网络，通往越南、缅甸的高速公路均在规划中，中泰高铁线路的建设也提上日程。然而，即使现在开始建设，也需要很多年才可以建成。

在东盟国家方面，公路的建设遇到资金的瓶颈。铁路网络更为落后，目前只有一条通往越南的铁路，规格尚未统一，其他的铁路线网建设正在规划之中。空中交通也只是通往一些大城市，通往中等城市的航线很少。特别是欠发达的国家，交通基础设施普遍落后，改善交通是发展经济的基本条件。[②]

东盟多数国家临海，港口的互联互通具有重要地位，应该加快构建港口网络体系，实现港口的互联互通，包括航线的链接，港口物流网络的构建，港口物流便利化安排等。中国提出构建"21世纪海上丝绸之路"，与东盟的海上交通互联互通应该是推进的重点。

陆上交通网络以构建公路网络和铁路网络为重点，首先应该与东盟组成合作委员会，制订中国—东盟公路、铁路网络建设规划和实施计划，就

---

①　2010年第17届东盟首脑会议通过了"东盟互联互通总体规划"，包括700多项行动议程，涉及交通运输、信息与通信技术、能源；便利贸易、投资与服务的相互承认机制、运输协议、跨境流程，以及能力建设项目，促进教育、文化、旅游业发展等。

②　李晨阳：《中国发展与东盟互联互通面临的挑战与前景》，《思想战线》2012年第1期，第7页。

公路和铁路网络的规划达成共识，与东盟的规划链接，双方合作建设公路和铁路干线网络，东盟成员各自建设支线网络，争取在 2020 年基本建成。干线网络要连接主要大城市和主要的港口。①

中国与东盟国家之间已经有不少合作机制，如广西提出的与越南的"两廊一圈"②，中国—东盟之间的泛北部湾次区域合作机制，③大湄公河次区域合作机制等。为了支持基础设施的建设，中国于 2011 年提出设立中国—东盟合作基金，规模为 200 亿美元，其中主要用于支持基础设施建设。2013 年，中国进一步提出设立亚洲基础设施投资银行，主要是为了支持基础设施的建设。基础设施的建设需要政治上的共识和决心，更需要融资的支持。亚洲基础设施投资银行的设立有助于开拓融资的多渠道，比如，在国际市场上筹资，发行债券等，这样可以加快建设的速度，不然，单靠中国提供资金不行，靠东盟成员国更不行。

大湄公河次区域合作机制是 20 世纪 90 年代初由亚洲开发银行推动发展起来的，合作注重以项目为主导，确定了交通、能源、电信、环境、农业、人力资源开发、旅游、贸易便利化与投资九大重点领域。其突出的成效包括，规划和建设基础设施网络，实施交通便利化措施，开通湄公河航运通道，构建次区域框架下的通信、电力网络等，这些都有助于改善该地区的综合发展环境。④大湄公河次区域合作的发展表明，改善发展的环境是相关国家最需要的，也是最容易达成共识的。与自贸区协议不同，这样的合作是开放的，不具有排他性，可以吸收其他国家的广泛参与。

2013 年，中国与印度共同倡议启动"中印缅孟经济走廊"计划，其中缅甸具有特别重要的地理位置。构建经济走廊，最重要的是基础设施建设，由中国的云南通往缅甸，再到印度和孟加拉的公路以及铁路网络尚未

---

① 建设进程应该是开放的，欢迎其他国家参加，同时，仅靠政府也不行，应该推动 PPP 方式，即发展政府与社会的合作机制，吸引社会资金（包括中国—东盟以外的资源）参与。

② "两廊"指的是"昆明—老街—河内—海防—广宁"和"南宁—谅山—河内—海防—广宁"经济走廊，"一圈"指的是环北部湾经济圈，2004 年中越两国达成协议。

③ 泛北部湾次区域合作由广西于 2006 年提出，旨在构建包括越南、菲律宾、马来西亚、新加坡、印度尼西亚、文莱等国家的大区域合作机制，得到中国政府和相关国家的支持，连续多年召开论坛会议，不过由于议题太泛，缺乏具体落实机制，进展并不理想。

④ 2011 年 12 月中国发布《中国参与大湄公河次区域经济合作国家报告》，对合作的机制，合作的进展和中国的参与进行了比较详尽的阐述。见 www. gov. cn/jrzg/2011-12/17/content_2022602. htm。

连接，如果连接起来，就可以使中国的大西南直接通向印度洋。也可以为相关国家的地区提供新的发展机会。

中国与东盟之间以发展合作为基本定位，通过推动开放，开展多种形式的合作，推动次区域的发展，对欠发达国家提供援助，把拉动中国西南部地区的发展作为重点，这样，才可以走出一条适合中国与东盟特殊关系的独特道路，形成以发展为依托的命运相连接的共同经济区。

回顾与思考

在加入 WTO 以后，中国的下一个对外战略就是参与和推动区域的合作。当时，东亚的"10 + 1"和"10 + 3"对话与合作的机制已经建立起来，东亚展望小组关于构建东亚共同体的报告也得到"10 + 3"领导人的首肯。因此，中国自然把参与和推动区域经济合作的重点放在东亚地区。

把东盟作为中国构建自贸区的首选也是经过反复讨论的，意见也不是都一致。作为学者，我建议政府首先与东盟谈判自贸区，并且应该把东盟作为一个整体来对待。我持这种看法的依据，其中地缘政治经济因素当然是一个综合的考虑，但最重要的还是考虑可行性与潜在利益。所谓可行性，一是本身的能力，即中国刚刚加入 WTO，短期进一步开放市场的能力有限；二是对方的接受度，即对方愿意与中国开启谈判，并且认定可以从中受益。所谓潜在利益，显然是指一个联合起来，建立了自由贸易区的东盟具有拓展市场的巨大潜力。至于把东盟作为一个整体对待，我的考虑是：其一，东盟在推动东亚"10 + 3"对话合作中一直作为一个整体，有整体的基础，并且已经建立起了整体东盟的自贸区框架；其二，东盟 10 国差别很大，如果与各个成员分别谈判困难很大。同时，东盟对中国来说，具有地缘的整体性，即是一个联合起来的接邻地区。深感庆幸的是，我的这些看法与政府的决策意向一致。

作为落实中国与东盟领导人共识的实际步骤，在 2001 年初双方成立了官方的合作工作组，工作组下专门设立研究报告专家组，这个专家组由来自中国和东盟 10 国的专家参加，我参与了专家组的工作。

中国与东盟 10 国的专家一起进行联合政策性研究，提出共同的报告，这是一件具有开创性的工作。该研究报告需要集中论证三个方面的问题：一是为何要开展经济合作；二是合作的主要内容；三是合作的收益和推进方式。专家组采取了分工与合作相结合的工作方式，中方负责前两个部分，东盟方面负责第三个问题，由东盟秘书处负责协调。

关于为何要开展合作，道理上说清楚，特别能让东盟国家相信能够从中受益，这看似一个简单的问题，实际上并不容易。因为当时东盟的经济在遭受1997年金融危机之后仍处在艰难的恢复之中。他们担心，中国加入WTO会增强对外资的吸引力，资金会从东盟市场撤离，或者不向东盟国家流入而转向中国。我负责这一部分的起草，我提出的一个主要立论是，如果中国与东盟合作，相互开放市场，就会打造一个开放的经济空间，外来投资就不会要么选择中国而放弃东盟市场，或者要么选择东盟而放弃中国市场，在一个开放的大市场空间里，投资可以根据比较优势和区域产业链接进行布局。这样的立论得到了专家组的认可，并且用模型给出了各国受益的数据。数据显示，每一个国家都可以从中得到好处，而后来的事实也证明，中国与东盟市场之间以开放为基础的生产分工是促进双方贸易增长的一个重要机制。

关于如何开展合作，这是一个新问题。以前的模式有很多，有欧盟式的高度一体化模式，我们学不来；有北美式的深度开放与一揽子安排模式，我们做不到；有拉美式的，协议是有，但落实不到位，效果不好。显然，中国与东盟需要自己的模式。这一部分的写作主要由来自商务部国际贸易研究院的专家负责。初稿建议，推进中国与东盟的全面经济合作，核心的部分是构建中国—东盟自贸区。自贸区要有自己的特色，把市场开放与经济合作结合起来，把统一框架与差别安排结合起来。自贸区的建设既要着眼于长远，又要立足于现实。开放从见效快的领域开始，把市场开放与开展合作结合起来的原则得到了东盟中经济上欠发达的柬埔寨、老挝、缅甸和越南（CLMV）的理解和支持。

关于合作的效益，有现成的CGE模型，把数字录入，得出结果即可；关于构建方式，既然要寻求新的模式，在方式上自然也要创新。

不过，在如何构建上，大家还真是进行了反复的讨论，费了一番工夫。首先是如何在构建自贸区中充分考虑东盟成员国的差别，因为各国都有不同的利益关注。我们采取了总报告与国别分报告相结合的办法，即要求每一个成员国分别提交各自的关于参与自贸区构建的立场、开放领域与特别利益关注的报告，在总报告中尽可能体现各国的重要关注，如果不能列入，则作为附件加以体现。尽管如此，总报告并不是国别分报告的拼盘，而是能体现构建自贸区的统合框架与整体利益。关于自贸区的建设，专家组建议，自贸区分 10 年建成，采取分步谈判、先易后难的方式，对欠发达的东盟新成员给予市场开放的宽限期，把开展经济合作放在与市场开放一样重要的地位。

我负责总报告文本的修改。采取的方法是"民主集中制"，即充分听取各位专家的意见，一旦有来自东盟的专家提出不同看法，就马上让东盟秘书处出面进行协调，先在东盟 10 国之间取得一致意见，找出双方专家都可以接受的词语。这样的方法使得专家组的报告文本定稿进行得比较顺利。

联合专家组在 3 个多月内就完成了可行性报告，在 2001 年 7 月提交给东盟—中国合作的高官会议，9 月提交给部长会议，年底提交给领导人会议，并得到中国与东盟领导人的首肯。这为 2002 年双方签订框架文件奠定了基础。

中国与东盟构建自贸区的研究用了这么短的时间，双方领导人这么快取得共识令很多人吃惊。我记得，在 2001 年底，当联合专家组的报告得到中国与东盟领导人的首肯，双方就建立自贸区和开展全面经济合作达成共识的消息公布之后，我的办公室来了好几位日本记者。他们的问题主要是：中国与东盟是怎样这么快达成共识的？中国为什么要在东盟排斥日本？他们提出的后一个问题也令我吃惊。关于中国与东盟为何这么快就能达成共识的问题，似乎不难回答。我说，这么快达成共识，主要是因为双方有共利的基础，能找到为双方接受的方式，双方达成共识只是开始，不是结束，谈判能否顺利进行还要靠智慧与耐心。对于排斥日本的问题，我原来并没有想到日本对此这么敏感。我的回答是，中国首选与东盟构建自贸区并没有考虑排斥日本，而是基于自身利益和可行性的选择。当然，既然是中国与东盟构建自贸区走在前头，也有对日本带来竞争的因素。其实，日本人之所以对中国与东盟构建自贸区这么敏感，主要是因为日本在东盟有着巨大的利益，日本企业在东盟有巨量的投资。特别是，20 世纪80 年代中后期，日元升值迫使日资企业大量向东南亚转移生产，东盟成为日本最为重视的市场。而当时中国与东盟的经济关系远不如日本，贸易量不大，投资还是从东盟向中国净流入。但是，中国的经济已经显示出巨大的发展潜力。日本担心中国与东盟构建自贸区会排挤日本，抢走其在东盟的生意，进而让中国在东盟超过日本占据主导地位。据我的一位日本朋友告诉我，当时在任的日本首相小泉对此非常生气，他在参加完东盟系列会议回国时，在机场就对有关官员大发脾气，责问他们为何让中国抢了先机。[①] 在我看来，正是日本的这种心病，为后来东亚合作的进程留下羁绊，把"阻止中国主导"作为一项"指导原则"。这是我们当时没有想到的。

参与中国与东盟自贸区的规划，作为一个学者是我难得的机遇，自己的一些思想被认可，转换成政策，也是一件幸事。从参与的过程中，我也学到很多东西，由此激发了我对区域合作的更多思考和研究，对推进中国参与区域合作变得更为热心。

为了扩大与东盟的合作，构建新的合作平台，2003 年中国提议与东盟共同举办中国—东盟博览会，该倡议得到东盟方面的积极响应，我被聘为博览会高级顾问。在 5 名高级顾问中，我是唯一的一位学者，其他都是前部级政府高官。之前，我对博览会知之甚少，这迫使我花不少工夫学习。与那些离职的高官们"凭经验"说话不同，作为学者，我是通过学习、研究和认真思考提出建议的。说实话，中国与东盟合办博览会并不容易。作为举办地的南宁，当时还是一个不发达的"小城市"，无论是基础设施，还是人才都很欠缺。东盟方面能够提供的具体投入不多，主要的思路和计划都靠中方完成。

既然是与东盟合作举办，举办地又设在中国的南宁，博览会要能很好地体现出"合作共利"原则，也就是说，要使东盟方面感觉到可以从中获益。为此，博览会在设计上要特别对东盟中欠发达成员提供参与上的方便。我提出，博览会应该成为中国与东盟合作向世界展示自己的开放平台，立足南宁，面向世界，商贸为主，多样展示，广泛合作，要以合作共建、共同受益为宗旨，以南宁博览会为中心，随着发展，要发展扩及东盟国家的博览会合作网络。我的许多意见都被采纳。

如今，经过 10 年的努力，博览会已经成为一个名片，在博览会下建立起了十多个论坛机制。南宁是最直接的受益者，从一个边塞中小城市，发展成一个充满现代气息的中等城市，成为拉动广西发展的发动机，成为连接中国与东盟的一个枢纽。不过，令我担心的是，迄今南宁博览会还没有建立起开放性区域平台，在东盟国家没有分支或者合作性的活动。

广西尝到在南宁办博览会的甜头，此后提出了不少新的倡议，许多倡

---

① 只是个人口传，没有见到公开的报道，因此，仅作参考。

议得到中央政府的支持，比如"泛北部湾合作"①，"一轴两翼"（南宁—新加坡大通道与经济走廊，连接云南、广东）② 等等，这些我都参与了研究以及联合专家组的工作。不过，这些"以我为主"的倡议大都难以得到东盟所有成员的认同，实际效果有限。

其实，在中国与东盟的经济合作中，尽管双方的贸易得到很大的发展，总量增长迅速，中国成为东盟的第一大出口市场，但是总体的经济关系仍然以贸易交换为主，链接并不太深。中国的市场结构是出口导向性的，竞争优势来自引进的外资加工出口。中国与东盟国家的经济链接主要有两个架构：一个是与中国加工出口有关的供应链，主要是零部件，而这些供应商大多是在东南亚投资的外来公司。另一个是与中国的资源和能源需求有关的供应链，主要是由东盟的资源型国家向中国出口资源和能源初级产品。这样的构架产生两个突出的不平衡：一是受益最多的是在中国和在东盟投资的跨国公司。它们充分利用自贸区开放市场的有利条件，拓展经营，扩大生产网络，而当地本土中小企业与中国的联系少，且受到中国出口的挤压。二是那些欠发达的国家对中国出口能源、原料初级产品，从中国进口大量的制成品，进口往往大于出口，呈现贸易逆差，不平衡长期积累。在中国—东盟自贸区谈判落实的前十多年里，中国的经济处于初期起飞阶段，利用各种优惠政策吸收外来投资，因此，对外的投资，特别是制造业产业投资很少。这样，中国对许多国家来说是一个市场竞争者，而不是一个机会提供者。像印度尼西亚这样的国家，制造业正在起飞，感到向中国开放市场会被"退工业化"，即竞争性的制造业会在中国的竞争下萎缩与破产，只能成为向中国出口初级原材料产品的国家。鉴于此，印度尼西亚提出对产业进行保护的要求，对初级原料产品出口进行限制措施。

显然，要使中国与东盟国家的经济关系深化，中国需要调整与东盟的贸易结构，扩大向东盟的投资，打造以中国—东盟开放区域为平台的产业链，这不仅包括把过时的产业转移到东盟国家生产，也应该包括在新兴产业以及研发领域的拓展，这样才可以把东盟作为一个开放的经济区来谋

---

① 泛北部湾经济合作区的设计是，将环北部湾经济合作（中国—越南）延伸，涵盖中国、越南、马来西亚、新加坡、印度尼西亚、菲律宾和文莱等有关国家。自 2007 年起每年在南宁召开泛北部湾经济合作论坛会议，推动包括交通设施在内的多领域合作。

② 由广西提出，一轴是指从南宁到新加坡经济走廊，它以铁路、高速公路和高等级的公路为载体，把 6 个国家连在一起；两翼是指，大湄公河次区域合作区和泛北部湾经济合作区。

划，才可以使东盟在与中国的扩大联系中也能提升自己的制造业水平和研发能力。

尽管东盟拥有近 6 亿人口，但是多数成员是发展中国家，内部市场容量有限，经济增长的拉动主要靠外部需求。因此，中国对东盟发展的重要性，一是体现在中国作为一个巨大的需求市场，消费东盟国家的产品，特别是制造业产品；二是通过扩大投资，包括在基础设施建设方面的投资，拓展综合合作空间，助力东盟国家，特别是欠发达国家的经济发展。在中国经济发展的第二阶段，即拉动消费内需，扩大对外投资，构建区域和全球的生产链，能够更好地得到体现。

中国与东盟建设自贸区走过了十多个年头，在这个过程中，最重要的变化是什么？在我看来，是打开了市场空间，推动了双方经济机制的接轨。不过，在现实中，双方大量的经济交往活动并不涵盖在自贸区提供的法规框架之内。以货物贸易为例，利用自贸区安排进行的贸易比例仅占大约 1/5。辛辛苦苦谈来的自贸区利用率这么低，原因何在呢？其中有诸多原因，比如利用上的不方便和成本较高（要获得原产地证书），企业对自贸区安排的了解少（协议太复杂，搞不懂）等，这些似乎都可以进一步改进。①

然而，思考最多的还是自贸区构建与经济发展本身。如今，构建自贸区已经成为一个大潮流。我无疑是这个潮流的助推者。关于区域合作，有诸多的理论，其中，比较有影响的是维纳的贸易创造和贸易转向理论。这个理论当时主要是用于解释关税同盟的作用，说明在一定范围内开放市场，可以促进区内的贸易增长，也可以使区内的收入提高，进而增加购买力。如今，论及自贸区的效能也都以此为根据。然而在实践中，开放市场产生的效益会遇到受益不均衡的问题，即较为发达的经济和欠发达的经济受益不同，中心与边缘地区收益不同，跨国公司与本地公司收益不同等。比如开放市场环境有利于生产分工的合理分布，由此带来的贸易增长可能只是那些加入产业链的外资企业。我记得一次与菲律宾前总统阿罗约谈关于中菲经贸关系，我说，从统计数据看，菲律宾与中国的贸易连年呈顺差，从与中国的扩大的经贸关系中得到好处。不想，她说，贸易的顺差主

---

① 这方面的分析见由我参与调查的书，其中关于中国的部分由我负责，Masahiro Kawai and Geneshan Wignaraja edited, *Asia's Free Trade Agreements: How Business Responding?* ADBI, 2011, Tokyo。

要是与在菲律宾投资的外国跨国公司有关，本地中小企业受到从中国进口增长的影响很大，很多都破产了，因为它们无力与中国的廉价产品竞争。显然，我们的分析如果只着眼于大数据、大趋势，还不行，必须深入分析细化的结构才可以深刻地认识事情的本质，找到问题所在。

还有，开放的市场空间也会促进"劣币效应"，即如果只注重对经济增长的拉动作用，那些低成本、高污染的产业就会进一步扩大，甚至把成本较高的好产业击垮。在现实中，中国成为"世界加工厂"，同时也成为最大的废气、毒气排放国，导致雾霾常态化，污水横流，东亚地区的生产网络扩大也有着类似的问题。因此，构建自贸区，仅仅推动市场开放还不够，还应该增加可持续发展的内容，增加企业的社会责任条款。因此，新一代自贸区的构建应该考虑的问题更多、更深才行。

延伸阅读

中国参与区域经济开放与合作①

中国实施改革开放政策后的第一步战略是融入现行的世界经济体系，因为这有助于中国利用世界市场和资源（包括资本和自然资源）加快发展自己。之前，中国已经是国际货币基金组织和世界银行的成员，但是，对利用世界市场最重要的国际组织——关税与贸易总协定（GATT）/世界贸易组织（WTO），中国却被排除在外。为此，加入世贸组织，就成为中国实施第一步战略的一个关键之举。经过 15 年的艰难历程，入世谈判最终于 2000 年完成，自 2001 年起，中国成为世贸组织的正式成员，从而基本上取得了利用开放的世界市场的入门证。

然而，世贸组织的最惠国待遇，即非歧视原则并不适用于各种各样的区域贸易安排，也就是说，这个入门券对进入区域优惠市场安排无效。事实上，自 20 世纪 60 年代开始，尤其是 80 年代以后，区域性贸易安排

---

① 本文发表于 2012 年，载王洛林主编《加入 WTO 十年后的中国》，中国发展出版社 2012 年版。本文内容涉及中国全面的参与进程分析，许多问题将在后面的有关章节中进行更为深入的分析。放在这里作为延伸阅读，也许可以使读者对中国的区域参与战略与实践先有一个综合的了解。

（RTA）迅速发展，截至 20 世纪末，在世贸组织登记的各种区域贸易安排就有 200 多个。这也就是说，一方面，世界市场通过多个多边谈判回合取得了总体开放的大格局，但是，另一方面，世界市场也被各种区域安排所分割。鉴于世界市场存在总体开放（全球化、多边、以 WTO 为代表）与区域开放（区域化、双边或区域、以 RTA 为代表）的双层结构，因此，在取得世贸组织入门券之后，参与区域贸易安排就成了中国的第二步战略。①

另外，由世贸组织推动的市场开放范围是有限的，开始主要集中于商品（制造业）市场，重点在发达国家之间，而后扩大到更多的发展中经济体，开放的范围扩展到服务业。然而，广域的和深层的开放遇到越来越多的阻力，致使多哈回合谈判陷入长时间的停滞。区域性安排具有全球多边进程不可替代的优势：一是参与范围小，比较容易达成谈判协议；二是可以作更为灵活、更为拓展的开放与合作安排，如经济合作，政策协调，标准统一等；三是区域合作往往具有地缘政治含义，因此，可以实现多重目标。这也是为何在多边进程停滞不前的情况下，区域贸易安排可以迅速扩展的一个重要原因。

当中国完成加入世贸组织谈判时，各种区域贸易安排已经得到了很大的发展，在欧洲、北美洲、拉丁美洲、大洋洲，以及非洲，都发展起了许多不同程度、不同样式的区域经济安排。在亚洲，尤其是在具有经济活力的东亚，只有东盟率先建立了自贸区（AFTA），不过，在 1997 年亚洲金融危机发生后，由东盟牵头，东亚开启了合作进程，提出了构建东亚自贸区（EAFTA）和建立东亚共同体的倡议。在亚太地区，起主导作用的是亚太经合组织（APEC），它制定了推动该地区市场开放的目标（茂物目标），但实际进程并不顺利。

作为一个亚太和东亚地区的国家，中国参与了亚太经合组织和东亚合作机制，与欧洲、美洲、大洋洲、非洲的任何区域安排都无缘。无论是经济关系的重心，还是从地缘意义上来考虑，东亚都是中国实现区域参与和构造战略的重点和优先选择，因此，中国的第一个战略性选择，是在积极参与东亚合作机制的基础上，推动构建中国—东盟自贸区（CAFTA）。中国与东盟构建自贸区不仅实现了推动市场开放、加强经济合作的目标，而

---

① 张蕴岭、周小兵主编：《东亚合作的进程与前景》，世界知识出版社 2003 年版，第 16 页。

且也为改善和加强与东盟国家的政治关系奠定了基础，促使双方达成了战略伙伴关系。①

中国—东盟自贸区的创建为中国推动区域经济安排增强了信心，也使中国看到积极参与和推动区域合作的好处，因此，中国在推动东亚地区经济合作上变得更为主动和积极。这表现在，中国主动提出牵头东亚自贸区（EAFTA）的可行性研究，积极推动东亚货币金融合作进程（"清迈倡议"合作框架以及其深化），推动中日韩三国合作机制的建立等。当然，中国的这种自信和主动也来自于其经济发展本身的需要，即为拓展和深化对外经济关系构建区域空间，因此，中国参与和推动的区域合作具有比一般自贸区（FTA）更为宽广的领域，更为丰富的内容。

不过，中国积极参与和推动的东亚区域合作进程也并不顺畅，遇到了许多障碍，这既有经济上的原因，也有地缘政治上的原因，既有外部的原因，也有自身内部的原因。这表现在，东亚自贸区的建设停步不前，东亚区域合作的制度化建设出现竞争性博弈，呈现多重框架相互牵制的局面。

当然，中国的区域参与并不仅仅局限在"近地缘"范围，而是一种全球利益与可行的灵活选择。中国与亚洲其他地区、大洋洲、拉丁美洲、中东、非洲的国家签署或者正在谈判双边或次区的自贸区协定，采取多种形式加强与外部地区的经济合作。尽管如此，由于复杂的原因，在与自己的主要贸易伙伴构建自贸区上，中国没有取得进展，比如，美、欧、日等发达国家，近邻主要市场韩国，大的发展中国家，如印度，巴西，还有俄罗斯等，均对与中国建立自贸区反应不积极，或者消极。

中国作为一个发展中的大国，从发展利益上，参与和推动全球市场开放是至关重要的，加入世贸组织只是第一步，在这方面还要做更多的工作，发挥更大的作用，但是，参与和推动区域经济安排与合作具有特殊的、不可替代的意义，因此，尽管困难不少，今后还是值得更加努力，而要做到这些，中国应该以更加开放的姿态参与和推动区域贸易安排。

一　对中国参与区域合作的回顾

中国参与区域合作是从参加亚太经合组织（APEC）开始的。几经周

---

① Zhang Yunling, *China and Asia Regionalism*, World Science, Singapore, 2010, pp. 101 – 102; 宫占奎、孟夏、刘晨阳等：《中国与东盟经济一体化》，中国对外经济贸易出版社 2003 年版，第 13 页。

折，才在 1991 年成为正式成员，而此时，申请加入世贸组织的谈判仍然在艰难地进行之中。由于亚太经合组织是一个区域协商与合作机制，推动市场开放的措施主要靠成员的单边行动，因此，中国感到比较舒适（comfortable），可以利用这个组织自主地安排市场开放进程，凸显中国改革开放的决心。①在亚太经合组织中，中国成为一个积极的参与者和推动者。无论在落实自主开放，还是在推动经济技术合作方面，中国都做出了积极的贡献。然而，出于亚太经合组织本身的机制缺陷，尽管该组织在推动成员经济体间的协商与对话方面起到积极的作用，但其通过"茂物目标"（Bogor Goal）来推动亚太地区市场开放，进展并不顺利。②尽管如此，亚太经合组织的存在和发展仍然具有不可替代的重要意义，中国是亚太地区的一个重要成员，这个地区对中国的经济发展、对外关系都有着重要的含义，从领导人会议、部长会议，到企业界的对话，亚太经合组织为中国紧密联系亚太地区提供了一个重要的平台。因此，中国需要继续积极参与该组织的活动，与其他成员一起，在行进中寻求进一步发展的方式和道路。

起始于东南亚国家的 1997 年亚洲金融危机使亚太地区的区域合作方向和结构发生了重要的变化。在危机面前，亚太经合组织无所作为，受危机影响最严重的东盟国家推动了东亚地区的合作，邀请中日韩对话，推动合作应对危机，构建东亚地区的合作机制。1997 年底，"东盟＋中、日、韩"（10＋3）的对话机制诞生，中国成为积极的参与者。由于中国经济受金融危机的直接影响较小，经济继续保持增长，因此，通过保持人民币汇率稳定，向受危机冲击的国家提供资金援助等，主动承担起了积极应对危机、支持东盟国家经济恢复的责任。中国这种负责任的表现，为其积极参与东亚地区合作和推动合作进程深化增添了信心，也为其在地区提高了信誉度。

在"10＋3"合作机制启动的次年，即 1998 年，中国就提出在合作机制下设立央行与财政部副手会议的建议，旨在推动务实合作，应对危机。

---

① 比如，1996 年、1997 年，中国作为对亚太经济和组织行动议程的承诺，两次主动宣布降税，分别由 35.9% 降到 23%，由 23% 降到 17%，并承诺进一步降低。见张蕴岭主编《开放竞争与发展》，经济管理出版社 1998 年版，第 22 页。

② 按照"茂物目标"，发达经济体于 2010 年，发展中经济体于 2020 年完成市场开放的目标。2010 年，发达经济体并没有履行承诺，此目标不了了之。2011 年，美国牵头进行 TPP（跨太平洋伙伴关系协定）谈判，只邀请亚太经合组织的部分成员参加。

1999 年，东亚领导人发表合作声明，决心深化东亚区域合作，责成建立由各国专家组成的"东亚展望小组"（EAVG），中国表示大力支持，并且派专家参与起草展望报告，对于专家小组提出的关于建立东亚共同体的报告，中国政府表示了积极的支持，并且推动落实报告提出的政策性建议。[①] 2004 年，当"10＋3"领导人决定对建立东亚自贸区进行可行性研究时，中国领导人主动提议，由中国的专家牵头，邀请 13 个国家的专家共同研究。[②]中国之所以主动提议牵头，在于推动构建东亚开放的大市场，为中国经济的发展提供更大的市场空间。中国的这种主动性也来自构建中国—东盟自贸区的信心。

在参与和推动区域合作方面，真正取得突破的是构建中国—东盟自贸区。2000 年，就在完成加入世贸组织谈判之时，中国主动提议，与东盟国家构建自贸区。这个提议得到东盟国家的积极响应，因为东盟认为，其经济正在恢复，与一个经济上迅速发展的中国构建自贸区，有助于其经济发展，并且从长期看，可以分享中国经济不断发展所带来的机遇。[③]

与大多数都是发展中国家的东盟 10 国建立自贸区并不是一件容易的事情，最关键的是要建立信心，实现互利共赢，同时也要找到双方都可以接受的方式。中国—东盟自贸区的建设进行了三个创新：一是把东盟 10 个国家作为一个整体来谈判，同时，充分考虑到成员国之间的差别，实行一致行动、分步落实（不同的时间表）的不同安排；二是分类谈判，先易后难，依序货物贸易—服务贸易—投资，边谈判边落实；三是实施"早期收获"计划，旨在使东盟国家可以早一点尝到构建自贸区的甜头（从开放农产品开始，实行不对等的让步）。从 2002 年算起，谈判用了 8 年的时间，到 2010 年 1 月 1 日开始全面落实。中国—东盟自贸区被称为世界最大的自贸区，从人口规模上来说的确如此，未来发展的潜力也是非常巨大的。现实的发展表明，自贸区的建设大大促进了双方经济关系的发展，不

---

① 我本人代表中国参加了展望小组的活动，中国的积极贡献得到各方的赞许。See Zhang Yunling, *China and Asian Regionalism*, World Science, 2010, Singapore, p. 66.

② 13 个国家的专家都参与了专家组的工作，2006 年，专家组提出研究报告，建议加快建立"10＋3"东亚自贸区，这个专家组由我主持，此后，韩国又牵头进行了第二期研究，于 2008 年提出研究报告。

③ "ASEAN's Role and Interests in the Formation of East Asian Economic Regionalism", in Zhang Yunling Edited, *Emerging East Asian Regionalism: Trend and Response*, World Affairs Press, 2005, pp. 56 – 57.

仅是贸易，还有综合的经济关系，如投资、基础设施建设，以及政治关系的发展等。

中国—东盟自贸区的建设推动了其他多个"10＋1"（日本、韩国、澳新、印度）自贸区的问世，这个发展被称为"竞争性的开放"（competitive liberalization）进程。然而，这种发展也使得东亚市场被各个互不衔接的自贸区协议分割，导致所谓的"面条碗效应"（noodle bowl effect 或称为"意大利面条碗效应"，spaghetti bowl effect）。为此，在东亚区域合作机制下，大家一直试图努力推进市场的一体化整合，即把分散的自贸区整合为一个统一的大市场。然而，由于多个方面的原因，整合的努力一直没有取得显著成效。[1]

在东亚市场整合遇到困难的情况下，中国又转而积极推动中日韩三国的合作。自2008年开始，三国启动了单独的合作进程，每年召开领导人会议、部长会议，同时还设立了合作秘书处，决定加快自贸区的建设进程。[2]当然，考虑到三国之间的经济结构差别，还有政治关系的脆弱性，合作进程不会一帆风顺，自贸区的谈判也会非常艰难。尽管如此，鉴于中日韩三国在东亚地区的分量，推动三国的合作具有重要的意义。从中国方面来说，这可以构建一个更加平衡的市场结构，同时也会对整个东亚地区的合作进程起到积极的推动作用。[3]

与自贸区的建设进程不同，东亚地区的货币金融合作从一开始就以"10＋3"为基本框架。尽管2003年的"清迈倡议"是从构建双边货币互换开始的，但逐步发展和深化，在双边货币互换机制的基础上，发展起了相互连接的区域互助机制，再进一步发展到规模达1200亿美元的货币储备库（这个规模还会增大），建立了宏观经济办公室（对东亚地区的经济发展进行研究，对经济的运行进行观察，并提出建议）等。尽管1997年中国对日本提出的关于建立亚洲货币基金的倡议没有给予支持，但是，中国在参与和推动以"清迈倡议"为基础的区域货币金融合作上做出了积极

---

① 比如，中国牵头进行东亚自贸区（13个成员）可行性研究，日本提出以东亚峰会（16个成员）为基础构建"东亚紧密经济伙伴关系"（CEPEA），东盟出于建设自己的共同体的考虑，对推进整个东亚地区的市场整合缺乏热情。

② 中日韩领导人决定，官方牵头的三国自贸区联合研究于2011年底完成，2012年启动自贸区谈判。

③ Yoon Hyung Kim, Changjie Lee, Strengthening Economic Cooperation in Northeast Asia, KIEP, 2004, p. 4；《亚太地区发展报告》，社会科学文献出版社2011年版，第121页。

的努力，与包括日本在内的东亚国家一起积极推动东亚地区货币金融合作进程。

货币金融合作之所以在区域框架构建上取得显著的进展，一是亚洲金融危机的影响，即大家认识到，必须通过"同舟共济"防止新的金融危机扩散蔓延；二是货币金融的整合具有内在的必要性，即必须利用集体的力量，集聚尽可能大的资本，才能在一旦出现危机时发挥稳定器的作用。中国作为世界最大的外汇储备国拥有参与和推动区域货币与金融合作的优势，通过推动建立区域货币金融合作机制，发展地区的资本市场，不仅对中国的发展本身，同时也为中国的资本开辟新的市场空间提供机遇。

回顾中国参与亚太和东亚合作的进程，我们可以看到，一方面，中国通过积极参与和推动区域的合作机制，扩大其经济对外扩展与融入空间；另一方面，区域合作也为中国提供了发挥作用的新平台。与加入世界贸易组织相比，在参与和推动区域合作中，中国拥有更大的主动性和影响力。尽管作为一个迅速发展的大国，中国的利益诉求是全球的，但是，区域，尤其是近邻地缘区域，毕竟具有特殊的意义，其意义远超出经济利益。从这个意义上说，中国积极参与和推动区域经济合作，既是利益上的驱动，又是战略上的选择。①

与此同时，中国也主动理顺与香港地区、澳门地区以及台湾地区的经贸关系，先后与港、澳签订了《紧密经济伙伴协定》（CEPA），与台湾地区签订了《海峡两岸经济合作框架协议》（ECFA），力图构建一个开放的和紧密联系的"中华经济区"。不过，由于两岸关系的复杂性，ECFA只能从低点开始，实行渐进和有选择的开放与一体化措施。

当然，正如其他国家一样，中国的自贸区构建并不仅仅限于亚太和东亚地区，而是在世界范围寻求合适的伙伴开展谈判。在东亚地区以外，与中国已经签订协议的有南亚的巴基斯坦，大洋洲的新西兰，拉美的智利、秘鲁、哥达黎斯加，欧洲的瑞士；正在谈判的有大洋洲的澳大利亚，中东的海湾合作委员会（GCC），欧洲的冰岛、挪威等，还有一些正在进行可行性研究，如与韩国、印度、南非等，有的可能进展快些，有的可能难度很大。事实上，中国与世界其他地区的国家构建自贸区的努力并不顺利，

---

① See Zhang Yunling, *China and Asian Regionalism*, World Science, 2010, Singapore, pp. 22 - 23.

除了几个小国外，与较大的国家，尤其是欧、美、日等发达国家，都没有取得进展。

如何看待中国参与区域经济开放与合作的努力，如何认识中国在参与和推动方面所遇到的困难，这需要做一些深度的分析和思考。

二　对区域合作发展与中国参与的思考

在当今世界，区域化的发展方兴未艾。世贸组织条款允许其成员参与区域贸易安排，因此，区域贸易安排是世界贸易体系的一个重要的组成部分。与世贸组织的非歧视性原则不同的是，区域性自贸区具有歧视性，即任何市场开放的安排只适用于参与成员，这样导致两个结果：一是非成员进入市场受到不平等待遇，在竞争中处于不利的地位；二是世界市场被不同的区域安排分割，因此，即便加入了多边世贸组织的全球性开放体系，仍然不能完全顺畅地进入那些存在区域贸易安排的市场。对各国来说，不能不把参与和推动有自己参加的区域贸易安排协定作为一项现实的和战略性的选择。

从这个意义上说，中国积极参与和推动区域经济合作是为了扩展市场准入，即使中国产品能够更好地进入世界市场。尤其考虑到中国是一个大量利用外资发展加工出口产业的后发经济体，开拓外部市场对于拉动经济增长具有特别重要的意义。

但是，区域合作的范畴远远超出市场准入，可以在自贸区框架下进行广泛的合作，涉及从基础设施建设、规制整合到人员流动的互联互通（connectivity）、能力建设，以及政治合作。中国是一个区域大国，与众多的邻国有着广袤的地缘连接，区域合作为打造区域经济区，构建和平、合作、发展的区域环境提供平台。因此，在参与推动区域合作上，中国应该进行更多的投入，作为一个发展中的大国，为地区提供更多有利于和平发展的公共产品。

（一）构建中国—东盟经济区

中国之所以把东盟作为其参与和推动区域贸易安排的首要目标，从经济意义上说，大体有两个重要考虑：一是东盟 10 国大多是发展中国家，与中国的经济发展水平相近，有着相似的经济结构和市场开放环境，因此，谈判容易达成共识。事实正是如此，在谈判方式上，如从"早期收获"开始，把货物贸易、服务贸易和投资分开谈判，实施差别待遇，按照东盟国家的经济发展水平分步实施，渐进深化等，双方取得了共识；二是东盟国家是中国的近邻，有着地缘经济区的优势，可以以开放市场为基础发展全面的合作，从长远看，可以构建一个开放的、紧密连接的大经济区，考虑到巨大的人口规模和地域空间，构建这样的经济区无论是对中国，还是对东盟都具有重要的意义。

如果从构建一个开放的经济区来考虑，重要的不仅是开放市场，同时还有其他很多方面的事情要做，比如，积极推进东盟国家提出的互联互通战略（实现基础设施，规制和人员的"无缝连接"）；加强对欠发达的东盟成员提供援助，缩小发展差距，增强市场开放和开展经济合作的互信度；通过宏观经济政策协调与合作，实现经济的稳定发展，促进结构的提升，加快发展方式的转变等。特别是，如今世界经济的发展正在发生重要的转变，今后的大趋势是经济增长和实力的重心向新兴国家经济市场转移，发达国家市场作为新兴经济体经济增长主要外部动力的结构发生逆转。也就是说，新兴经济体以往那种主要靠发达国家需求持续增长拉动出口增长和整个经济增长的方式不再行得通，必须主要靠发展中经济体本身创造新的内需动力，在此情况下，深化区域经济合作对于创造新的"内需"动力具有新的含义。

作为发展中国家，无论是中国，还是东盟，都具有巨大的发展潜力，关键是如何把潜力因素调动出来，而深化区域合作对于发挥潜力要素具有重要的意义。从这个意义上说，中国—东盟完成自贸区谈判并开始落实，才是双方构建地缘经济区的一个开始。从目前情况看，中国—东盟之间的贸易得到比较迅速的发展，其主要原因还不是构建自贸区的结果，而是中国经济持续高增长对东盟产品（主要是资源产品和零部件产品）需求增长的结果。[1]因此，中国—东盟自贸区建设的潜力还有待进一步的释放。因此，为要构建紧密链接的经济区域，中国应该在推动双向市场实质性开放（超越关税），提升互联互通水平（现代化基础设施建设，以及与此相关的交通管理、通关便利、运输安全等），提升欠发达国家的能力建设等方面，更为积极，更为进取，并为此提供更多的投入。

---

[1] 从市场调查的数据看，中国方面，公司利用自贸区协议与东盟开展贸易的比例并不高，低于 20% 。见 Masahiro Kawai & Ganeshan Wignaraja, *Asia's Free Trade Agreements—How is Business Responding?* ADB, ADBI, 2011, p. 81、117、118。

（二）多向努力的区域整合

从市场准入的角度来说，自贸区的规模越大越好，也就是说，参与的国家越多越好，但是，从实际的谈判进程来说，规模越大，参加的国家越多，也就越困难。同时，在大多数情况下，自贸区构建需要强有力的政治认同和支持，如果国家间的政治关系存在矛盾，就会使进程搁浅。就像亚太经合组织推动的亚太地区自由贸易与投资目标，采取自主自愿的单边行动方式，难以实现设定的目标，而要进行亚太经合组织框架下的自贸区谈判，这么多成员，很难进行。

属于亚太经合组织的四个开放程度高的小国（新加坡、文莱、新西兰、智利）率先行动，通过谈判建立了高标准的自贸区。美国抢过了这个接力棒，牵头搞"跨太平洋伙伴关系协定"（TPP）谈判，邀请属于亚太经合组织的部分成员参加（第一批 9 个国家，包括原来的四个小国，美国、澳大利亚、秘鲁、马来西亚以及越南），日本于 2011 年 11 月宣布参加协商，可能还会有别的国家宣布加入。美国宣称，决心谈成一个高标准的、能适应新世纪发展需要的自贸区协定。美国政府态度坚决，因为这样可以夺回亚太地区推动市场开放的领导权，并且可以推行自己的标准。[①]

不过，考虑到参加成员之间的巨大差异，要谈成一个高标准的协定并非易事。如果要把它作为实现亚太地区贸易和投资自由化的目标模式，可能更为困难。中国没有被邀请参加"跨太平洋伙伴关系协定"的第一批谈判，中国自己也没有提出申请。这里，有美国方面的原因，即美国迄今不承认中国的市场经济地位，也有中国自身的原因，即参与谈判一个高水平的自贸区协议还存在现实的困难。不过，中国担心，不参加 TPP 谈判，被排斥在亚太市场开放的进程之外，尤其不能参与未来区域经济关系的制度构造，会对自己产生负面的影响，即在与这些参与成员的经济交往中，受到歧视性待遇，处于不利的竞争地位。

然而，现实地说，即便中国提出申请参与 TPP 谈判，美国也不会同意，因为这还涉及美国的国内政治问题，即承认中国的市场经济地位。既然如此，中国所应采取的战略，一方面，要静观其变，及时了解 TPP 谈判所涉及的各方面问题，从未来发展看，亚太地区的经济一体化统合不可能

---

① 美国贸易代表柯克（Run Kirk）强调，美国通过领导 TPP 谈判，输出自己的标准。见《财经》2011 年 6 月 6 日采访柯克稿。

排除中国；另一方面，在其他方面多做出积极的努力，尤其是在东亚、上合组织等方面，有所作为。

建立统合的东亚地区自贸区有着经济上的内在需求，因为这个地区形成了以生产专业化分工为基础的地区生产网络（Regional Production Network，RPN），需要开放的一体化市场环境与规制协调，而分散的、标准不一的次区域或者双边自贸协定则会产生"面条碗效应"，从而为地区生产网络中的交易流转设置新的障碍，增加企业的运营成本。调查显示，企业界强烈要求消除这些障碍，实现整合的地区开放市场。①这是为何"东亚展望小组"在其报告中把建立东亚自贸区（EAFTA）作为建立东亚共同体的最重要机制之一，其中最重要的因素，就是在东亚合作机制下，各国一直为推动建设东亚自贸区而积极努力的利益动机。但是，如前所述，由于"政治战略"上的分歧，产生了不同的倡议版本，这样的努力陷入停滞。②

由此看来，在东亚地区一体化的制度性（institutional）一体化整合上，尽管经济上的合理性基础存在，但还需要有强有力的政治认同和支持，而要形成这样的政治认同和支持，并不是一件很容易的事情。以往，东亚地区形成紧密联系的生产网络主要靠三个机制：一是开放的多边市场开放环境，使区域内和区域外形成一个相互连接与相容的市场框架；二是区内经济体采取积极的开放发展战略和政策，制定了一系列"友好的"（friendly）的促进投资和贸易交换的政策，这为投资和生产分工在区内集聚创造了有利的环境；三是这个地区的经济发展形成阶梯型结构，产生投资和产业转移的梯度转移环境，这为技术的扩散和生产的扩大提供了不断扩展的市场。如今，尽管这些机制仍然在起作用，但是要在东亚地区进行制度性整合，发展一个统一的市场机制框架，不仅需要经济利益的认同，也需要政治意愿的认同。其实，在这两个方面，都还存在着认同缺位，还需要做出更大的努力。

（三）中国的深度参与和作用

中国实施改革开放政策之后，靠政府提供的优惠政策、丰富而低成本

① Masahiro Kawai & Ganeshan Wignaraja，p. 13.
② 2011 年 9 月，中日抛弃歧见，共同倡议推动东亚地区的自贸区建设进程，为此建议成立三个专家组，就推动东亚自贸区（EAFTA）或者"东亚紧密经济伙伴"（CEPEA）进行务实的可行性研究，但这个倡议并没有得到东盟的积极响应，因为东盟担心这会损害其"核心地位"，坚持东盟主导的"10＋"方式，即非东盟成员国灵活参与和渐进推进的方式。

的劳动力供给，吸引了大量的外来投资和产业转移，成为重要的加工出口基地，从而成为亚太，尤其是东亚地区生产网络的重要链接点。因此，中国对地区经济开放与合作的参与和推动，不仅是自身经济发展的需要，也是地区生产网络运行的需要。正因为如此，中国成为一个越来越积极和主动的地区经济开放与合作的参与者、推动者。也许正是这种凸显的积极性，引起一些国家对中国这个迅速崛起大国意图的猜疑，担心中国的主导和控制。这是东亚区域合作的一个软肋，即由于复杂的历史与现实原因，一些国家之间缺乏足够的政治信任。[①]

从全球双边自贸协定的选择来看，中国面临两个方面的限制：一是由于中国是一个靠低成本起飞的制造业大国，许多发展中国家对于与中国谈判对等市场开放的自贸协定不感兴趣，因为它们往往担心向中国开放市场会导致"退工业化"，即本国的制造业会在中国产品的竞争面前垮掉；二是主要的发达国家拒绝承认中国的市场经济地位，因而不与中国谈判自贸协定。当然，其中最主要因素是，它们不谈自贸协定，就可以保持一些优势，比如在向中国出口高技术产品方面不受到限制，可以避免向中国进一步开放带有保护性质的产品市场（这会受到巨大的社会压力）。同时，与中国贸易的失衡（统计上的贸易逆差），则可以使它们拥有对来自中国的出口进行各种限制（反倾销）。因此，尽管中国做出了巨大的努力，在构建亚洲以外的自贸区方面，进展不够顺利。

当然，中国本身也有一些制约的因素，其中最主要的是经济发展水平和经济结构失衡的制约。经济发展水平制约的主要表现是，对于市场深度开放的承受力较弱，规制与发达国家一致性的承接力欠缺，因此，出于开拓市场的考虑，政府往往表现出很大的积极性，然而，在具体的谈判中，对部门开放的承诺往往又表现得非常谨慎，一些部门都表现出强烈的保护诉求，致使一些谈判被迫中断。从政策法规方面来说，尽管在加入世贸组织过程中进行了清理，更新了一大批符合世界贸易组织规则的新法规，但是，作为一个发展中国家，在很多方面都难以达到与发达国家一致的要求，尤其是，新的自贸协定不仅仅是推动市场开放，而且在知识产权、劳

---

① Ellen L. Frost, *Asia's New Regionalism*, Lynne Rienner Publisher, 2008, p. 147；上海社会科学院世界经济与政治研究院：《后危机时代世界秩序的重构》，时代出版社 2011 年版，第 196—197 页。

工标准、环境标准，以及规制、政策一致等方面提出很高的要求。①在这方面，中国还有较长的路要走。当然，这不是说要等到中国自己完全发达起来之后才具备与发达国家进行谈判的条件。事实上，正像加入世贸组织为加快中国经济体制改革步伐提供了巨大的压力和推动力一样，自贸区协定的谈判也是促进中国加快改革与体制提升的外部推动力，今后这样的推动力仍然需要，并且具有特殊的意义。

三 对未来发展趋势的展望

区域合作保持很强的发展势头，尤其是在全球化发展受到越来越多的质疑和反全球化运动兴起的情况下，开展区域合作，成为各国的一个重要选择。其实，回顾区域化加速发展的背景，其中一个原因就是多边进程受阻，即多哈回合停滞不前，区域合作作为一种替代战略得到很快的发展。②现在看来，要使多哈回合取得原来设想的结果，是很困难的，而开启新的议程需要时日，在此情况下，区域经济开放与合作会获得新的推动力。

从亚太地区的形势来看，亚太经合组织仍然会保持其对话、合作的特征，尤其是在宏观经济对话、推动国际治理、稳定经济形势、推行便利化等方面，会进一步得到发展，因此，中国继续参与并支持亚太经合组织的发展仍然是一个重要的选择。

在亚太地区，中美之间经济关系的稳定并在合作的前提下进行调整，是至关重要的。除了双边互动之外，亚太经合组织也提供了一个重要的平台，中美关系的走向也涉及这个地区其他成员的利益，中国也应该进一步利用这个平台，提出制约美国新保护主义发展、推动亚太地区开放大局的倡议，并积极争取得到其他成员的支持，由此，要使亚太经合组织在维护和推动亚太地区市场开放上发挥更为凸显的作用。不过，亚太经合组织在推动亚太地区自贸区建设上可能难以发挥主导性作用，美国引领的"跨太平洋伙伴关系协定"谈判将会成为主导形式。尽管随着越来越多的国家加入谈判，进程会变得比较缓慢，但是，美国不会让整个进程半途而废。面对这种形势，中国一方面要密切关注谈判形势的发展，要求这个进程在亚

---

① 就像 TPP，谈判内容包括劳工标准、知识产权、环境标准，以及中小企业等。

② See Zhang Yunling Edited, *Emerging East Asian Regionalism: Trend and Response*, World Affairs Press, 2005, pp. 16 – 18; Kazuko Mori and Kenichiro Hirano, *A New East Asia: Toward a Regional Community*, Waseda University, Tokyo, 2007, pp. 13、16.

太经合组织框架下保持透明，同时，也要为未来加入这个协定做好准备，毕竟这是把中美，以及一大批亚太经济体连接在一个开放的大市场框架之下的主要途径。从未来发展的趋势看，没有中国参加的亚太自贸区安排，其意义就大打折扣，因此，亚太地区其他国家也有着吸纳中国参加的利益动机，而中国的参与也会对亚太地区自贸区的建设发挥重要的影响。当然，在这样大的，且处在巨大转变中的区域构建自贸区，是一件很难的事情，这也就是为什么亚太经合组织领导人鼓励多种努力、多个路径发展的原因。[①]从更长一些的时间看（10—15 年），在经济总量上，中国将与美国相当，因此，中国要为未来的区域构造做准备。从发展的角度看，一个高水平的亚太区域一体化安排对拓展中国在该地区的经济发展空间是有好处的，中国现在不参加 TPP，将来也会以适当的方式（按照中国参与规则制定的方式）加入，同时，中国在没有参加 TPP 之前，还可以在亚太经合组织框架下推动其他方面的经济安排（如新经济领域发展的合作、亚太地区的互联互通等）。

从东亚地区来看，尽管整合区域合作机制的努力还会持续，但目前区域合作的多平台格局还会持续一个时期。[②]在此期间，各国至少会保持积极参与的兴趣，同时也会寻求突破合作深化瓶颈的路径，积极推进构建各种以功能性合作（functional）为特征的机制，以为未来的大区域制度化整合提供支撑平台。

东盟仍然处在东亚合作的一个核心位置，这也是它要力求保持的。说它处在核心位置，大体有两种重要的含义：一是东盟是东亚地区最早建立的区域合作组织，它设定的目标是在 2015 年建成东盟共同体，而东盟共同体的建设将为东盟国家参与和推动东亚地区的整合提供制度支持和方式选择；二是 10 个东盟国家的积极参与和推动是东亚合作走向深化的基础。因此，支持东盟实现建立共同体的目标，仍然是东亚合作走向深化的关键。考虑到东盟对中国的特殊地缘重要性，中国做出更为务实的努力，支持东盟共同体的建设，对中国，对东盟，对地区的发展都是有利的。同时，这也会有利于进一步增加东盟国家对中国的信任，有利于改善双方关

---

① See "The Yokohama Vision-Bogor and Beyond, The 18th APEC economic leaders" Meeting, Japan, pp. 13 - 14, November 2010.

② 魏玲：《东亚地区化：困惑与前景》，《外交评论》2010 年第 6 期，第 27 卷，第 43 页。

系的政治环境，推动双方关系的全面发展。如前所述，中国对东盟的经济合作战略，应该是以深化自贸区为基础，突出构建一体化经济区的建设，在基础设施、规制协同、人员交往、新经济产业发展，以及构建新型经济发展模式等领域的合作方面取得实质性的发展。

东亚区域合作的制度构建合理的和可行的路径是以"10＋3"为基础和先导，在这个基础上逐步扩大，逐步深化。比如，自贸区建设，先从"10＋3"开始要比从"10＋6"开始容易。但是，由于认识上的不一致，先从"10＋3"开始的路径基本被堵死，看来今后也难以以此为基础先行推进。2011年9月中日联合提案成立三个专家组，为进行东亚自贸区的建设提供了一个灵活的路径选择，即无论是从"10＋3"，还是从"10＋6"开始，都是可以考虑的。但是，事实上，要是一下子在差别巨大的16个经济体之间开展自贸区协议谈判，那会是很困难的。不过，美国推动TPP，一些东盟成员参加了TPP，这样，如果东盟不在推动东亚区域整合方面有所作为，一则东盟有被分裂的危险，二则东盟会被排挤出中心位置，因此，东盟感受到了积极推动东亚自贸区的新压力。东盟学习美国领导TPP的方式，由其设计东亚自贸区框架，邀请其他东亚国家参加，对于"10＋"的结构不作限制，即非东盟成员采取灵活参加的方式，尽管美国与俄罗斯参加了东亚峰会，原来的"10＋6"架构已经改变，但是它们开始参加"10＋"FTA的谈判现实性不大，因此，最可行的是中日韩三国先参加，或者澳新印也一起参加，中国对此应该持开放态度。当然，谈这样大的自贸区困难很大，要靠东盟的强有力领导，东盟能否发挥这种领导力还有待观察。①

另一个途径当然是中日韩三国的自贸区建设可以取得较快的进展。如果进程顺利，2012年三国将就自贸区开始谈判。也许宣布开始谈判并不太难，难的是使谈判进程取得实质性进展，并且不因出现困难而中断。如果三国能够在2015年完成基本的谈判，那么，三国自贸区的建设就会在推动东亚自贸区建设方面发挥重要的助推器作用，因为，2015年是东盟共同体宣布建成的时间，在此基础上，就可以顺势而行，往前推进整个东亚地区的大自贸区建设进程了。当然，这是一个理想化的目标设计，如何构

① 2012年东盟启动了"地区综合经济伙伴关系"（RCEP）议程，以"东盟＋6"（中日韩、澳新印）的方式进行，得到其他6个国家的一致支持，正式的谈判于2013年开始。——作者补注。

建，或者能否实现，还要取决于许多因素。同时，中日韩三国的合作超出构建自贸区，非常重要的一个方面是建立了领导人与多个部长会议机制，在推进多领域合作方面不断增进共识和推动新的进程。[①] 从中国方面来说，既然这样的发展是非常有利的，那就应该做出最积极的努力，全力加以推动。

东亚地区货币金融方面的合作已经取得了显著的进展，下一步的努力应该放在以下几个方面：一是把承诺建立的外汇储备库资金落实，向一个具有实际资本的区域合作基金过渡，以在防止金融危机再发、支持各国经济发展上发挥积极的作用；二是在建立宏观经济办公室的基础上，进一步加强区域经济合作机制的建设，使其能够在提供宏观经济观测、预警和协调、汇率稳定、推动区域经济治理等方面发挥积极的作用；三是以区域合作基金的建立为基础，推动区域资本市场的较快发展，为这个地区的外汇储备资金回流、成员经济发展融资等提供新的机制。[②] 目前的货币金融合作从"10+3"开始，在取得实质性发展的基础上，可以扩大到其他参与东亚合作机制的国家。中国是东亚区域货币金融合作的积极推动者，作为一个有着巨大外汇储备和人民币走向国际化的国家，进一步发挥其积极的引领作用至关重要，中国应该在这方面有更大的作为。

上述趋势表明，东亚合作的制度化建设可能会沿袭多路径、多层次的方式发展，因此，中国的参与和推进也应该采取灵活、积极和务实的策略。

另外，一个值得深入思考的问题是，在中国对外开放与参与战略中，如何定位区域与多边战略。以上的分析表明，尽管参与和推动区域开放与合作对中国来说非常重要，无论是在亚太、东亚，还是在全球范围，中国都有必要做出更积极的努力，但是，在今后的一个时期，出于多方面的原因，中国的区域自贸区的新进展可能会非常有限，这受两方面因素影响，一是中国经济结构的特点、本身的开放能力；二是外部的环境，尤其是发达国家对与中国谈判自贸协定的意愿。这样，中国今后一个时期靠参与和推动区域合作实现扩大市场准入，拓展更大的贸易与投资空间，是难以实

---

① 张蕴岭、沈铭辉主编：《东亚、亚太区域合作模式以利益博弈》，经济管理出版社 2010 年版，第 24—25 页。

② Yoon Hyung Kim & Yunjong Wang, Regional Financial Arrangements in East Asia, KIEP, 2001 p. 3；Zhang Yunling, *China and Asian Regionalism*, World Science, 2010, Singapore, pp. 128 – 130.

现目标的。面对这样的形势，中国的可行选择，一是巩固和深化已经谈判成功的自贸区协议，尤其是在中国—东盟自贸区的全面建设上，应该给予更大的投入；二是把推动多边贸易进程取得进展作为一个重点，发挥更为积极的、有影响的作用。

中国是一个大国，主要是靠参与全球体系、利用世界市场和世界资源取得迅速发展的。因此，随着本身的发展，中国应该成为一个更为积极的多边体制参与和推动者。在如今和今后的发展中，世界经济的发展面临四个大的挑战：一是世界经济的发展面临综合性危机，需要进行全球治理，发展中国家，尤其是包括中国在内的新兴经济体的参与有着重要的意义；二是世界经济的动力和结构发生重大转变，新的增长动力不再是来自发达国家的需求，而是来自新兴经济体的经济增长，世界经济的重心向新兴国家，尤其是向亚洲转移，这样的转变要求新兴经济体，尤其是亚洲国家，其中主要是中国，必须进行结构性调整，发展支持自身发展的内动力；三是由于世界经济结构的转变，推动全球市场开放的动力减弱，保护主义压力上升，在此情况下，新兴经济体，其中包括中国必须竭力保护世界市场的开放，用自身的行动推动世界市场的进一步开放；四是世界发展面临来自全球气候变化，以及其他新的挑战，世界，其中包括新兴经济体，必须转变发展方式，探求新的可持续的发展道路。

这几个方面的变化表明，中国的未来发展面临着新的外部环境，中国参与全球治理，推动世界市场的开放，下气力进行发展方式的转变，这些都关系到中国未来发展的重大利益，也要求中国负起更大的全球责任。从这个意义上说，未来，中国应该实行参与和推动区域化与参与和推动全球化相平衡的战略。①

---

① 张蕴岭：《政治战略以区域为重点，经济发展靠全球市场》，《国际经济评论》2011 年第 5 期，第 29 页。

第 五 章

通往东亚自贸区之路

导 言

在东亚展望小组提出的关于构建东亚共同体的报告中，以"10＋3"为基础的东亚自贸区是东亚共同体构建的主要支柱之一。中国与东盟于2002 年签署《全面经济合作框架协议》，决定率先建立"10＋1"自贸区。此举带动其他的"10＋1"自贸区进程跟进，日本、韩国、澳大利亚、新西兰等也积极推动与东盟建立自贸区。由于各国都怕因为不参与构建而受到损失，从而推动了一种"竞争性的开放"（competitive liberalization）。这种分散的和排他性的自贸区构建在东亚地区产生两种结果：其一，分散的自贸区构建打乱了东亚地区以往以市场机制为主导的生产网络运行机制。尽管每一个自贸区都有推动市场开放的功能，但互相排斥的多层自贸区安排会产生"意大利面条碗效应"①，增加了企业利用上的困难，拖延交易的流程和提高运营成本。其二，"竞争性的开放"所引发的多向、多样自贸区构建打乱了在东亚整体地区合作框架下构建统一的开放大市场框架的计划，使得东亚区域合作的合力受到削弱。

在此情况下，要求在东亚"10＋3"合作机制下推动统一的东亚自贸区的需要和意愿增强。因此，2004 年的"10＋3"经济部长会议提议就建设统一的东亚自贸区进行可行性研究。在 2004 年底的东亚"10＋3"领导

---

① "意大利面条碗"（Spaghetti bowl）是指多个不同的双边自由贸易协定和区域贸易协定制定出不同的优惠待遇和"原产地规则"，这些不同的规则就像碗里的意大利面条一样都绞成一团。这就使得企业难以理清，更难利用，由此增大了交易的成本。这个理论最初是由经济学家巴格瓦提（Bhagwati）提出的。

人会议上，中国国务院总理温家宝承诺，"中方愿牵头启动东亚自由贸易区可行性学术研究"。[①]

由东盟10国和中日韩3国专家组成的联合研究专家组于2005年初成立，并于当年4月在北京举行专家组第一次会议，开启了联合研究进程，专家组经过一年多的努力，于2006年中旬完成研究报告。这份报告在当年的9月提交给"10＋3"经济部长会议讨论。本来，这次经济部长会议是要审议并通过这份报告，决定开始推进东亚自贸区谈判进程的。但是，在会议中，日本突然提出不同意建立以"10＋3"为基础的自贸区，而是建议建立以东亚峰会16国为基础的"东亚紧密经济伙伴关系"（Close Economic Partnership for East Asia，CEPEA）。尽管与会部长们对日本的提议存在分歧，但还是认可日本牵头成立由16个国家参加的可行性研究专家组，对建立"东亚紧密经济伙伴关系"的可行性进行研究。

这样，由中国牵头提交的关于建立东亚自贸区的可行性研究报告就被搁置起来。由日本牵头的可行性研究报告于2008年提交给东亚峰会经济部长会议，鉴于对构建"东亚紧密经济伙伴关系"存有不同意见，这份报告并没有被立即采纳。

2008年，由韩国牵头，召集东盟10国和中日韩的专家就以"10＋3"为基础的东亚自贸区进行第二阶段的可行性研究，该可行性报告于2009年提交给"10＋3"经济部长会议。这份报告对建立东亚自贸区的进程提出了更为具体和可操作性强的建议，比如，如果一下子开展"10＋3"自贸区谈判有困难，可以先从整合3个"10＋1"自贸协定的原产地规定开始，从签署便利化协议开始等。

面对不同的意见，特别是中日韩分别牵头研究提出的不同方案，就只有靠东盟的综合协调作用了。东盟成立了工作组，对建立东亚自贸区的问题进行研究，打算在研究协商的基础上提出实施的方案。但是，工作组的工作并没有取得积极的进展。究其原因，当然有方案不同、难以做决定的因素，但根本的原因还是东盟本身并没有准备好推动东亚自贸区建设的进程，因为它的主要精力当时放在自己的共同体建设进程上。至于东亚自贸区的建设，拖一拖对其有好处。

---

① 见温家宝总理在第八次东盟与中日韩领导人会议上的讲话，http：//www. fmprc. gov. cn/mfa_ chn/gjhdq_ 603914/gjhdqzz_ 609676/lhg_ 610182/zyjh_ 610192/t172444. shtml。

但是，外部形势的突然变化为东亚推进自贸区建设提供了推动力。美国于 2009 年决定参加并领导"跨太平洋伙伴关系协定"（TPP）的谈判，要构建高标准的"新一代"自贸区。美国的这项决策显然有应对东亚区域合作的战略考虑。①在此情况下，中日两国联合提出了一份倡议，建议尽快推动东亚自贸区的建设进程，这份倡议为东盟制定行动议程开了绿灯，也正与东盟的考虑合拍。②

在此情况下，2011 年东盟考虑制订"地区综合经济伙伴关系"（Regional Comprehensive Economic Partnership, RCEP）计划，成员为东盟各国加中国、日本、韩国、印度、澳大利亚和新西兰 16 个国家。这也就是说，由中韩牵头研究的以"10 + 3"为基础的东亚自贸区方案被否定。2012 年，东盟正式把这个方案推出，立即得到其他 6 个国家的支持。这样，构建东亚自贸区的行动议程终于正式开启。③

东亚构建大区域自贸区有着内在的利益基础，这就是以市场为基础的地区生产网络。从经济效益上讲，构建统一的区域性自贸区有助于方便生产网络内的经济活动，降低交易成本。然而，实际的构建进程却是一波三折。究其原因主要还是受地缘政治因素的影响。

首先是东盟本身的利益和意愿。东盟以自己为中心构建了多个"10 + 1"自贸区，这样的架构对东盟有利，可以维护其主动性和自贸区构建的中心地位，加之其把主要的努力方向首先放在建设自己的共同体上，因

---

① TPP 被认为是奥巴马"亚洲再平衡"战略的基石。美国企图用不包括中国的 TPP 来平衡中国在东亚一体化中的作用。见 Wenchi Yu, "TPP Talks Show Promise for U. S. Strategy-with or without China", The Diplomat, 2013, Aug. 02, http://thediplomat. com/2013/08/tpp-talks-show-promise-for-us-asia-strategy-with-or-without-china/；还见 Zhonghe Mu, TPP's Impact and China's Strategy in Response, Working paper 490, Stanford Center for International Development, 2014, p. 10, http://scid. stanford. edu/publicationsprofile/2729。

② 由于属于东盟成员的马来西亚、越南参加 TPP 谈判，这样，加上 TPP 原来的老成员新加坡和文莱，东盟有四个国家参加了 TPP，面对这样的局面，东盟切实感到加速推进东亚自贸区进程的压力和紧迫性。

③ 2011 年 2 月 26 日，在内比都举行的第十八次东盟经济部长会议上，东盟就如何与 6 个已经达成自贸协议的经济伙伴国（中国、日本、韩国、印度和澳大利亚与新西兰）谈判一个综合性的自由贸易协议达成共识，制定了推动"地区综合经济伙伴关系"（RCEP）的草案，在 2011 年的东盟峰会上，东盟十国领导人正式批准了 RCEP。2012 年 8 月召开的东盟与中国、日本、韩国、印度、澳大利亚和新西兰的经济部长会议同意 RCEP 方案，在年底召开的领导人会议上正式得到确认。

此，它对推动统一的地区自贸区框架没有紧迫性。[①] 如果不是中日在 2010 年共同提出倡议，如果没有美国领导的 TPP 带来的压力，东盟也不会着急推进 RCEP。

其次是中日在构建东亚区域框架上的分歧。实际上，日本本来对中国牵头推动东亚自贸区建设有成见，更担心中国会主导"10＋3"的合作进程，因此，作为对应性战略，日本积极推动不同的合作框架，邀请在地理上不属于东亚的印度、澳大利亚和新西兰参加，并且主动牵头组成联合研究专家组，提出不同于"10＋3"联合研究专家组报告的版本。

从效益的角度来说，构建 16 个国家参与的大自贸区当然要比 13 个国家的意义更大。不过，就谈判来说，参与的国家越多，成员国之间的差别越大，谈判也就越困难。不管怎么说，RCEP 的谈判已经开启，原来确定的时间表是到 2015 年底完成谈判。这样一个大的自贸区，要在这么短的时间内完成谈判进程，难度不小，因此，也要在框架和方式上进行创新。不要像 TPP 那样，预先设定一个很高的标准，结果谈起来发现，要成功，就需要有灵活性，不然，谈判进程就会中断，甚至拉得很长。

2008 年国际金融危机发生之后，东亚地区的经济进入一个结构性调整期，其中，拓展本地区经济发展的潜力，改善发展的内部条件和环境，走均衡与可持续发展的道路成为调整的主要方向。东亚自贸区的建设无疑会为这种调整创造新的环境。这也许是推动东亚自贸区进程的一个内在动力。

第一节　东亚自贸区构想

区域化是世界经济发展的一个大趋势。二战后，区域化起始于欧洲的联合运动。从欧洲的煤钢联营，到欧洲的经济共同体，再到统一大市场和超国家的欧盟，合作不仅促进了欧洲经济的发展，而且造就了欧洲的和平。尽管大家明白，其他地区难以照抄欧洲联合的模式，但欧洲合作、和平与发展的经验还是可以借鉴的。

当然，不同地区、不同形式的区域合作有着不同的动机和开展方式，

---

　　① 东盟担心，如果过早推动东亚大区的自贸区进程就会丧失其中心地位，东盟因此利用中日在构建东亚自贸区上的分歧拖延时间。这方面的分析见张蕴岭《对东亚合作发展的再认识》，《当代亚太》2008 年第 6 期，第 12 页，还见《东亚区域合作的新趋势》，《当代亚太》2009 年第 4 期，第 9 页。

也不都是受到欧洲经验的启示。特别是区域经济合作，更有着它们特殊的动因和背景。到 21 世纪初，世界上区域经济合作的各式安排获得很大的发展，签订自贸区（FTA）协议成为各国对外开放的一项重要战略，由此，经济区域化成为全球化背景下的一个重要特征。[①]

从市场开放的角度来分析，多边体系下的安排，即通过 GATT/WTO 框架是最好的，因为多边体系执行无歧视原则，即任何安排都向成员全部开放，在 WTO 框架之下设立了贸易争端机制，以便实现贸易政策的透明和公平。二战以后，世界市场的开放主要得益于：其一，GATT/WTO 多边体系下推动多轮谈判回合；其二，越来越多的国家加入多边体系，成为 GATT/WTO 的成员。但是，由于参与多边体系的国家数目多、差别大，也使得推动新的谈判进程变得越来越困难，就像多哈回合，2001 年 11 月启动，由于涉及领域和议题多，特别是涉及敏感的农业开放问题，原定 2005 年初结束，结果一拖再拖，多边进程无进展被认为是区域性安排泛起的一个重要原因。

当然，区域性的自贸区之所以兴盛，并不仅仅是因为多边谈判进程停滞，它有自己的特殊功能，可以提供多边体系不能，或者暂时不能提供的效能。论证区域性安排提供利益的理论颇多，早期有影响的理论，如维纳（Jacob Viner）关于建立关税同盟可以产生贸易创造与贸易转向效应的著作，该理论为在一定区域范围内开放市场可以促进区内贸易增长和推动经济发展提供了根据。[②]巴拉萨（Bela Balassa）为区域经济一体化的制度构建提供了比较完整的框架，提出区域经济一体化可以从低层次发展到高层次。[③]蒙代尔提出了在区域内实现货币一体化的理论，被称为"欧元之父"，

---

①　关于区域贸易优惠安排对多边贸易体系的影响，一向是一个热门讨论话题，各种观点不尽相同。克里斯娜（Pravin Krishna）的研究表明，尽管区域优惠安排会影响多边贸易体系的发展，但是由于可以产生有利于区内的效应，还是得到各国政府的支持。同时，区域安排所涉及的领域，所推动的合作比多边体系要多。见 Pravin Krishna，"Regionalism and Multilateralism: a Political Economy Approach"，*The quarterly Journal of Economics*，1998，Vol. 113，No. 1，pp. 244 – 245。

②　Jacob Viner，*The Customs Union Issues*，New York and London: Carnegie Endowment for International Peace and Stevens & Sons，1950.

③　巴拉萨提出，区域经济的制度构建可以从低层次的自贸区、关税同盟到共同市场、共同体和经济同盟，经济同盟则可以包括贸易、投资、货币、经济政策与经济管理的高层次一体化。Bela Balassa，*The theory of economic integration*，Illinois，Richard D. Irwin Inc.，1961.

即为欧洲实行单一货币制度提供了理论支撑。①还有像巴格瓦提（Jagdish Bhagwati）则提出多重区域自贸区协定应不同的规则会产生"意大利面条碗效应"，从而提高交易成本，对经济增长产生不利的影响。②

在很多情况下，现实的发展是由多种因素综合推动的，既有经济利益的影响，也有政治的考虑。自贸区的发展采取了越来越多样化的形式，被赋予越来越多的功能和实现多重的目标。像中国—东盟自贸区特别强调对欠发达国家的照顾（更长的宽限期），突出经济合作的内容，并且通过构建自贸区推动双方政治的合作，构建战略伙伴关系。而由美国领导的被称为"面向21世纪自贸区"的TPP，则以"完全开放"和解决"边界内的问题"为基本特征。所谓完全开放，就是遵照"负面清单"和"准入前国民待遇"原则，按照最少保护、同等对待的原则开放市场，所谓"边界内的问题"包括内容广泛，既涉及政策，也涉及经济体制。③

东亚要构建区域性的自贸区是地区经济发展的需要，其基础是各国市场开放所编织的区域经济联系网络。二战以后，先是日本经济获得复兴，成为东亚地区经济发展的领头雁，后来越来越多东亚经济体实施开放发展战略，像"四小龙"（韩国、新加坡和中国的香港、台湾地区）通过实施开放发展政策，大力吸引外来投资（韩国除外）和发展加工出口工业，实现了经济的快速发展，接着，东南亚的马来西亚、泰国、菲律宾、印度尼西亚也相继学习四小龙的开放发展经验，吸引投资向这些国家的转移和生产分工布局。

在一个时期内，东亚形成了以市场开放为导向的"雁行模式"，即日本作为领头雁，四小龙、东南亚国家跟随其后，通过投资转移和产业扩散拉动，产生阶梯型的产业传递与链接。中国实施改革开放发展战略，也加入到东亚地区的投资转移和产业分工的区域框架，然而，由于中国的特殊优势，比如丰富且廉价的劳动力供给、巨大的市场规模空间和优惠的政府政策等，中国逐步发展成为巨大的加工出口中心，从而使得地区的投资转移和产业分工发生变化，形成区域性的生产网络。在这个网络中，产品的

① Robert A. Mundell, "A Theory of Optimum Currency Areas", *American Economic Review* 51, 1961.

② Jagdish Bhagwati, *The Dangerous Drift to Preferential Trade Agreement*, co-edited with Anne O Krueger, AEI Press, 1995.

③ 所谓"边界内的问题"所涉及的谈判议题主要有：农业、劳工、环境、政府采购、投资、知识产权保护、服务贸易、原产地标准、保障措施、技术性壁垒（TBT）、卫生和植物卫生措施（SPS）、透明度，以及国有企业等。

不同工序在多个市场分解，这样东亚地区就形成了以市场机制为主导的一体化链接。当时，由于各国开放的政策是根据自身的需要进行安排的，区域市场的开放结构是不稳定的、不协调的和不深刻的，缺乏统一或者协调的区域制度化建设。

东盟是利用区域合作机制推动区域市场开放的制度化建设的先驱。在东盟区域合作框架下建立了东盟自贸区（AFTA）。①在东盟与中国建立自贸区以后，又先后与日本、韩国、澳大利亚、新西兰、印度建立了自贸区，形成以东盟为中心的放射型多个"10＋1"自贸区框架。尽管这些局部的区域性开放安排有助于提升东亚地区的市场开放性，但是多层、多向和多样的开放安排与规则对地区的生产网络造成新的障碍。根据调查，企业对这样的多规则感到不适应，使得自贸区的效果大打折扣。②建立东亚地区层面上的自贸区，统和分散的自贸区符合地区经济一体化，特别是地区生产网络的要求。③

在"东亚展望小组"的报告里，建立东亚自贸区被作为实现东亚地区经济一体化的主要机制。2004年"10＋3"经济部长会议决定成立东亚自贸区可行性研究联合专家组，在年底召开的领导人会议对这个决定给予了支持。2004年之所以要启动关于东亚自贸区的研究，大体有两个主要的因素：一是反映东亚合作进程的进展，此时决定推动的还有关于"东亚峰会"（EAS）的机制，在领导人的声明里，甚至已经表明第一届会议要于2005年在马来西亚首都吉隆坡召开；④二是当时几个"10＋1"的自贸区进程已经开启，特别是中国—东盟自贸区进展显著，政治家和企业界都希望推动东亚地区整体的自贸区建设，使地区的市场不被分散的自贸区

---

① 东盟自由贸易区建设原计划从1993年1月1日起，用15年的时间建成，主要机制是实施《共同有效优惠关税计划》（CEPT），通过分阶段实施，1994年决定将自由贸易区建成的时间从原定的15年缩短为10年，即在2003年1月1日前使东盟内部贸易关税降低到5％以下，对4个新成员实行宽限期（越南到2006年，老挝、柬埔寨和缅甸到2008年）。1998年10月东盟决定在2010年建成"东盟投资区"。1998年东盟首脑会议一致通过，将原东盟6国自由贸易区启动的时间提前一年，即到2002年1月1日。1999年东盟首脑会议决定6国实现零关税的时间提前至2010年，而新成员提前到2015年。

② 关于调查结果，参见 Masahiro Kawai and Ganeshan Wignaraja edited, Asia's Free Trade Agreements-How is Business Responding? ADB Institute, Edward Elgar, 2011。

③ 这里是统和分散的自贸区协定，而不是合并，因为即便建立大的自贸区，原来的自贸区协定还存在，只是企业可以利用大协定所提供的方便。

④ Strengthening ASEAN＋3 Cooperation, Chairman's statement of the 8th ASEAN＋3 Summit, Vientiane, Nov. 29, 2004. http://www. asean. org/news/item/chairman-s-statement-of-the-8th-asean-3-summit-vientiane-29-november-2004.

分隔。

　　但是，东亚构建开放的市场链接是以各自的利益选择和自我定义为基础，而构建统一的自贸区就不同，既要以共同的利益为基础，又要接受共同的规则。东亚合作的历史很短，区域共识弱，这使得东亚自贸区的建设困难重重。进一步来分析，主要有三个方面的制约因素：

　　其一，地区内各国发展的差别很大，既有发达的日本、新加坡，也有最不发达的老挝、缅甸、柬埔寨，还有新兴的马来西亚、泰国，以及快速发展且规模巨大的中国。如何照顾各方不同的利益，如何在开放安排上体现差别等，都是要顾及和能够获得一致同意的。

　　其二，东盟的利益考虑和战略布局。东盟作为 10 个国家的联合体在推动东亚合作进程中起着关键的作用，东盟不愿意干的事情就难以推动。应该说，当时东盟推动东亚自贸区建设的动力并不足，因为东盟内部的一体化进程还存在诸多困难，需要进一步推进，增加东盟作为一个整体的凝聚力和吸引力，构建东亚范围的自贸区无疑会削弱其内部的凝聚力，因为各国可以因从更大的开放市场中得到好处，而不重视东盟。正是这个原因，东盟在很长一段时间对推动东亚自贸区表现得犹豫不决。①

　　其三，中日之间对推动东亚合作的地缘战略有分歧，中国坚定地支持把 "10 + 3" 作为东亚合作的主渠道，构建东亚自贸区也应该以 "10 + 3" 为基础，自贸区以市场准入，即货物贸易市场开放为重点，先易后难。而日本则认为，东亚合作不受地理限制，应该邀请其他国家参加，自贸区不仅是市场开放，还应包括规则，诸如知识产权、标准等问题在内，搞紧密经济伙伴关系（close economic partnership，CEP）。

　　事实上，中日之间分歧的背后有着复杂的因素，既有利益考虑，也有战略考虑。②中国之所以更赞成以 "10 + 3" 为基础，在我看来，主要还是考虑地缘因素，在中国人的认知里，东亚就是一个地缘范畴，东北亚加东南亚。

---

　　①　东盟的合作显然不仅包括经济，也包括政治、安全、社会文化领域，目标是一个联合的共同体，这在《东盟宪章》中得到了充分的体现。因此，东盟对保持其在区域合作中的"中心地位"（centrality）十分在意。东盟要接受一个更大的自贸区，就要先看自身共同体的建设情况。见张蕴岭《东盟合作需要创新》，《国际经济评论》2010 年第 1 期，第 35 页。

　　②　这方面的分析参见张蕴岭、周小兵主编《东亚合作的进程与前景》，世界知识出版社 2003 年版，第 10—13 页。

对日本来说，他们更看重的是"空间"范畴。[①]特别是，在许多日本人眼里，中国之所以主张东亚合作以"10＋3"为基础，是因为中国力图确立自己的主导地位。[②]这样的认定反映在日本政府的政策上，就成为中日的战略之争了。中日之间的这种认知差别必然对东亚合作的进程产生很大影响。

东亚自贸区的建设首要的利益是经济发展，一个开放合作的一体化东亚当然对大家都有好处，但是，区域合作往往离不开政治，各国都会有自己的政治和安全考虑，因此，无论在构建方式上，还是在合作的内容上，都会有不同力量之间的博弈。比如，在东亚自贸区的构建上，东盟坚守以自己为核心的原则，防止扩大区域合作进程被大国主导；中国则更注重通过合作推动地缘政治经济整合，改善自己所处的地缘环境；日本强调产业链构造，更愿意扩大东亚的地缘性来稀释中国的主导性。显然，要使区域合作的进程获得动力，就必须找到"最大公约数"，也就是各方可以接受的基本共识，同时也需要一种可以推动进程启动的适宜环境。

第二节　中日的角力

由中国牵头的东亚自贸区可行性研究的联合专家组报告于 2006 年 7 月完成。这是第一份关于东亚自贸区的设计，由于这项研究是根据"10＋3"经济部长会议和领导人会议的决定进行的，专家们由各政府推荐，来自东盟和中日韩三国，因此，它不同于一般的学术研究，而是具有很强的官方背景，是为开展谈判做预案的。

研究报告给出的建立东亚自贸区的理由主要是：自贸区是一个世界发展的潮流，世界多边贸易谈判进程缓慢；东亚地区自贸区得到了快速的发展，有了以"10＋3"为基础的区域合作机制；构建东亚自贸区是东亚合作进程的一个重要组成部分，构建东亚自贸区带来的利益大于任何其他双边和次区域的自贸区安排，是东亚国家应对全球化和区域化发展的选择；东亚自贸区可以消除区内对贸易和投资的障碍，有助于区域生产网络的发展，促进区内贸易和投资；东亚自贸区可克服地区多重和相互交叉的双边

---

① 比如，日本当年提出的"大东亚"就包括很宽的范畴。还有，涉及东亚共同的建设，日本前首相小泉从来不谈地缘范围，前首相鸠山在谈及东亚共同体的时候曾表示，包括美国在内。

② 关于这个方面的分析见王玉强《历史视角下日本学界对东亚共同体的审视》，《东北亚论坛》2013 年第 2 期，第 38—42 页。

和次区域的自贸协定安排导致的规则、标准、程序等方面的障碍；建立统一的东亚自贸区有助于减少地区的政治与军事冲突，提升地区的认同意识，增进互信，从而有助于实现地区的和平、稳定与进步，同时也有助于在国际场合体现东亚的声音等。

报告也开列了建立东亚自贸区带来的利益：自贸区既可以产生静态效益，也可以产生动态效益，从模型分析得出的数据看，可以使地区 GDP 增加 1.2%，产生 1040 亿美元的经济福利，特别是对于东盟，可以使 GDP 增加 3.6%，远大于中日韩三国；自贸区可以利用一个开放的一体化东亚市场实现公司生产的规模布局和规模效益，通过开放竞争促进新技术、新产品的出现，从而为消费者提供利益；开放的区域市场有助于促进投资，特别是投资向相欠发达国家的转移，从而有利于推动欠发达国家经济的增长等。

关于东亚自贸区的模式和推进方式，报告提出了几个原则：首先是全面开放的原则，不仅包括货物贸易，而且也要包括服务贸易和投资，在开放上可以开列敏感产品清单，但是应该保持在最低的水平和最短的保护期。其次，自贸区建设应该包括能力建设，应该明确缩小发展差距的措施；东亚自贸区不是封闭的，应该有助于提升区内的一体化水平和促进与世界其他地区的交流，遵行"开放的区域主义"。关于自贸区协定谈判的内容，报告提出了 14 项，包括货物贸易、海关程序、贸易的技术障碍、原产地规则、服务贸易、劳动力流动、投资、竞争政策、知识产权、政府采购、便利化措施、争端机制、经济合作以及对话的机制。应该说，这个单子包含的内容还是很广泛的。关于建设东亚自贸区的路线图，报告提出，一种路径是，鉴于东盟与中日韩三国都在谈判 FTA，可以以三个"10＋1"FTA 为基础，但是简单地合并三个自贸区并不是一件容易的事情，也很难把它们所有的内容都包括进去；另一种路径是以东盟自贸区（AFTA）和中日韩自贸区（CJKFTA）为基础，但是，中日韩自贸区谈判的进程会非常艰难，具有不确定性；第三种路径是以"10＋3"合作机制为基础启动独立的东亚自贸区谈判，这需要 13 国领导人的政治决心，报告建议，第三种路径更为适合。报告建议，2007 年宣布启动东亚自贸区进程，2007 年成立谈判工作组开始商榷，2009 年开始正式谈判，2011 年完成谈判，2016 年基本建成东亚自贸区（东盟欠发达成员到 2020 年）。报告还建议，东亚自贸区先以东盟加中日韩为基础开始谈判，将来可以对东亚峰会其他成员开放。①

　　这份报告是 13 个国家 20 多位专家辛勤工作一年多的成果，关于建立东亚自贸区的各方面的问题基本上都考虑到了，应该说是一份政策性很强的报告。但是，由于日本提出了不同的意见，主动牵头组成新的专家组进行新的研究，使得这份报告被束之高阁，建立东亚自贸区的进程被推迟。

　　鉴于第一份报告的建议没有被采纳，韩国提议由其牵头进行有关东亚自贸区可行性的第二期研究。韩国邀请了来自 13 个国家的专家参加，组成联合专家组，这项工作也得到了"10 + 3"经济部长会议和领导人会议的支持。这项研究于 2007 年开始，于 2009 年中旬完成。该报告提出了关于推进东亚自贸区的新建议。该报告提出的主要建议包括：东亚自贸区从整合三个"10 + 1"自贸区开始，作为务实的一步，先制定统一的原产地规定，对在东盟自贸区和三个"10 + 1"自贸区区中的减税承诺进行协调和统一；东亚自贸区的建设应该于 2009 年开启，先建立两个工作组，一是统一的原产地工作组，二是海关税则及有关涉及海关问题方面的问题工作组，正式谈判应该于 2012 年开始。与第一份报告不同，这份报告建议先从领域开始，先解决企业最关注的统一原产地规定和解决不同自贸区关税水平和税则、通关不同的问题。尽管东盟为此建立了工作组，但是工作组并没有提出可行性的报告交由"10 + 3"经济部长会议和领导人会议讨论。②

　　由日本牵头的关于构建"东亚紧密经济伙伴关系"（CEPEA）的联合研究报告于 2008 年 6 月完成，并先后提交给东亚峰会的经济部长和领导人会议审议。这份报告非常全面地分析了东亚经济发展的形势，指出了东亚峰会框架下加强合作的必要性。报告对 CEPEA 的定位是，构建一个广泛的经济合作框架，主要推进东亚峰会框架下的经济合作、贸易投资便利化与贸易投资开放；开展合作的重点领域应包括环境、能源、物流等；整合分散的自贸区构建东亚峰会框架下的大自贸区，建立企业参与的机制等。该报告建议，东亚峰会领导人应做出决定，尽快开始构建 CEPEA 的

---

　　①　具体内容见 Towards an East Asia FTA：Modality and Road Map, July 22, 2006, http：//www. thaifta. com/trade/aec/eafta_ report. pdf。

　　②　关于第二份研究报告的内容见 Desirable and feasible option for an East Asia FTA, EAFTA Phase II study report, June 7, 2009, http：//www. thaifta. com/ThaiFTA/Portals/0/eafta_ phase2. pdf。

进程，提出开展谈判的时间表，责成专家组就有关的问题，如，如何整合现有的自贸区，如何减少发展差距，如何确立合作的具体领域进行进一步的研究。①东亚峰会领导人会议的声明里对这份报告给予了肯定，但是，并没有做出推进 CEPEA 进程的决定，报告被搁置一边。

有关 CEPEA 的第二份研究报告于 2009 年 7 月完成。该报告提出的背景是 2008 年发生了由美国次贷危机引发的全球金融危机，来自发达国家的需求大幅度降低，因此强调东亚要通过加强区域合作，特别是金融合作，通过加强区域经济合作提升内需。报告对第一份报告定位的三个重点领域进行了进一步的梳理，提出在经济合作领域要重点放在促进经济增长、缩小发展差距、人力资源合作、技术转移特别是信息技术的转移、加强交通基础设施、能源和农村发展等领域的合作。在便利化领域，重点推进原产地规则的协调，制定原产地的统一标准等。在市场开放领域，重点是把分散的"10 + 1"自贸区整合为东亚峰会框架下的自贸区（FTA）或者经济伙伴协定（EPA），促进开放投资、服务，以及人员的流动。报告还对推进 CEPEA 的制度化建设提出了建议，如建立落实评估机制，成立三大领域的专家组等。报告建议，东亚峰会领导人应该尽早开启构建 CEPEA 的进程。②尽管东亚峰会领导人会议在 2009 年的声明里对专家组的研究给予了肯定，但是，仍然没有对启动 CEPEA 进程做出决定。

对比 EAFTA 专家组的报告和 CEPEA 专家组的报告，可以看出，它们的根本不同还是东亚经济一体化的合作进程是在"10 + 3"框架下推进，还是在东亚峰会（16 国）的框架下推进。中国和韩国领衔的报告力推以"10 + 3"为基础，而日本领衔的报告力主以东亚峰会 16 国为基础。尽管两份报告的名称不同，但内容无大差别，都包括市场开放（liberalization）、便利化（facilitation）和经济合作（economic cooperation），都倡导建立自贸区（FTA），只不过前者以自贸区为载体，后者以伙伴关系框架为载体，二者都把统一原产地规定（ROO）放在重要地位，因为多重 FTA 的多标准原产地规定给区内生产网络的产业供应链造成新的障碍。二者都提议尽早

---

① 具体内容见 Report of the track two study group on Comprehensive Economic Partnership in East Asia（CEPEA），http：//www. thaifta. com/ThaiFTA/Portals/0/cepea_ report. pdf。

② 关于 CEPEA 第二阶段研究报告见 Phase II report of the track two study group on comprehensive economic partnership in East Asia（CEPEA），http：//www. dfat. gov. au/asean/eas/cepea-phase-2-report. pdf。

开启建设进程，因为无论是从东亚地区的发展还是从世界发展的趋势，都需要尽快建设东亚范围的市场开放与合作制度，特别是需要解决分散的多重自贸区协定导致的区域市场分割。

启动东亚自贸区或者"东亚紧密经济伙伴关系"进程都需要东盟来打开阀门。如前所说，东盟在两个方案面前迟迟不拿出意见，主要是因为本身正在建设共同体，即首先要让东盟共同体建设取得实质性的成效，成为不可逆转的进程，不被其他的构建所破解。东盟不着急，其他角色着急也没有用。从后来的发展可以看出，东盟还是更愿意选择日本牵头提出的方案。①

当时，中国为何积极出面牵头组织有关东亚自贸区的可行性研究呢？有人说，如果是让日本牵头可能就不会发生后来的争议。对于中国为何牵头，作为专家组组长，我的体会主要还是受到中国—东盟自贸区建设的激励。中国—东盟自贸区的启动不仅使中国找到在加入 WTO 后参与和推进区域合作的战略方向，也使中国增强了参与和推动区域合作的信心。其实，从市场开放的能力来说，中国并不拥有优势，但中国的确希望通过牵头东亚自贸区可行性的研究来获得区域经济合作的主动权和话语权，或者说，在很大程度上是希望争取主动权，使东亚地区的开放与合作进程更适合中国的能力。以往，在世界和区域的机制构建中，中国都只是一个滞后的参与者，应该说，这是中国继主动构建中国—东盟自贸区之后，要摆脱被动参与的局面，争取主动性和话语权的另一次尝试。日本人坚持认为，中国是在获取对东亚地区事务的主导权。其实，中国还主导不了，只是希望摆脱被动，求得主动。不想，这样的举动招致日本的疑虑，认为是与其争夺主导权，导致一场在外人看来的"主导权"之争。随着中国的综合实力上升，中日之间的力量对比向中国进一步倾斜，两国之争可能还会增多。这无疑会在构建区域合作机制中更多地显露出来。本来，我曾认为，借鉴欧洲法德和解的经验，把中日两国放在一个区域合作框架里，就可以拉近距离，增进和解，推动合作。看来，要做到这一点很难。

---

① 其实，既然有了东亚峰会框架，有了东盟与印度、澳新的自贸区协定，东盟自然会选择 16 国的框架，而不是 13 国的框架。见张蕴岭《东亚合作需要新思路》，《中国经济周刊》2010 年 1 月 5 日，http：//news. sina. com. cn/c/sd/2010-01-05/102619402031. shtml。

第三节　柳暗花明

世间的事情有时候就这样，看似没有希望的时候，机会却来了。2011 年，东盟突然决定认真考虑推动东亚自贸区进程，态度由消极变得积极起来。

促使发生这种变化的，一是美国领导 TPP 谈判进程。在东盟成员中，有四个国家加入 TPP（原来的新加坡、文莱，加上越南和马来西亚），未来还可能有新的成员参加（如菲律宾、泰国）。这样下去，东盟就被分裂了，这与东盟捆在一起构建区外市场环境的努力背道而驰，而且也会对东盟经济共同体的建设造成很大的冲击。二是中日韩开始考虑启动自贸区谈判，2010 年宣布进行由官方牵头的政策性研究，拟于 2012 年开启谈判进程，此举打破了以东盟为轴心的区域经济一体化构造架构。在此情况下，东盟无法在推动东亚自贸区进程上"按兵不动"，于是，2011 年的东盟领导人会议就推动东亚自贸区进程达成共识，推出以 16 个国家为基础的"地区综合经济伙伴关系"（RCEP）计划。鉴于推动区域开放市场符合各方的利益，因此，东盟的倡议立即得到其他 6 国的支持，这是东亚自贸区构建进程启动以来所形成的一个难得的共识。

RCEP 方案有三个突出的特点：一是由东盟主导进程，以便维护东盟在区域经济一体化中的"中心地位"（centrality）；二是提供一个宽泛的内容框架，把开放与合作尽可能地融合在一起，以符合东亚发展差别大的特点；三是以 5 个"10＋1"FTA 为载体，尽可能加以整合。RCEP 的推出意味着，东亚经济一体化的框架不再以"10＋3"为基础，而是以"10＋6"为基础。这样的框架自有它的道理，一是因为东盟已经与 6 个国家签署了"10＋1"FTA，难以割舍部分伙伴；二是因为日本不接受以"10＋3"为基础的方案，而中国对以"10＋3"或者"10＋6"表现出了灵活性（我代表中国参与了 CEPEA 的研究，并且与日本在 2010 年共同提出倡议）。显然，推动以"10＋6"为基础的方案要比以"10＋3"为基础的方案更容易被大家接受。①

---

① 有意思的是，RCEP 推出后，国内政界、学术界、企业界均对其持积极的支持态度，例数其对中国带来的好处。这里自然与中国被排除在 TPP 进程之外有关，RCEP 被认为是一种务实的，且具有战略意义的选择。参见袁波、王蕊《对我国当前推进 RCEP 的几点思考》，《国际贸易》2014 年第 1 期，第 53—56 页。

事实上，RCEP 以"10＋6"为基础也符合中国的利益。因为，创建一个大的区域开放框架，要比一个小的开放框架更有利，尤其是中国与澳大利亚的 FTA 谈判陷于停滞，与印度双边谈判 FTA 几无可能，通过 RCEP 的谈判让中国进入这样一个大的区域经济一体化市场，这是求之不得的。

RCEP 的进程受到 TPP 进程的压力，也是个好事情，一是形成谈判的外部压力，使得 RCEP 必须取得成功；二是可以学习借鉴，比如，学习 TPP 谈判的方法，提出领域清单，进行集体协商谈判，逐个突破，分步化解难点等。尽管如此，RCEP 不能简单地学习 TPP 的模式和路径，如果是这样，那就会失败，也失去了 RCEP 的意义。

TPP 的吸引力在于美国的开放大市场，加入 TPP 意味着取得了进入美国大市场的入场券。像越南、马来西亚都是盯着美国市场准入这块大蛋糕的。还有，TPP 是以推动高度市场开放为基准的，而 RCEP 则不同，其功能主要是体现在推动东亚生产网络的调整、升级和扩容（印度加入），是以改善东亚地区的经济发展环境为基准的，因此，RCEP 在市场开放安排上应该比 TPP 更灵活，更能体现改善地区综合发展环境、加强发展合作的基础（比如互联互通建设的扩展和落实），这是 TPP 所不具备的。RCEP 如果能够体现上述特点，就能够具有吸引力，进程也就具备内在能动力。在 RCEP 进程正式启动后，要在方案模式和内容上达成共识，把"高方案"意见（澳大利亚、新西兰）和"低方案"意见（东盟新成员、印度）融合在一起，形成务实的"中方案"共识。

把 RCEP 作为东亚实现经济一体化路径的现实选择需要两个力量共同发力：一是东盟的规划和领导力，通过与其他参与伙伴协商，提出并不断调整谈判议题和议程，使进程不中断；[1]二是中日韩作为中坚力量推动进程，一方面使中日韩自贸区进程取得进展，形成对 RCEP 的压力和冲击力，另一方面进行有效协调，取得共识，提出进取性的方案，特别是中日要能够协调才行（中日关系紧张无疑不利于中日进行协调）。[2]

---

[1]　对东盟的领导力持怀疑的人不少，主要原因是其内部差别大，整合比较困难，东盟本身不是一个管理机构，而是一个协调机构。参见郑学党、庄芮《RCEP 的动因、内容、挑战及中国对策》，《东南亚研究》2014 年第 1 期，第 23 页。

[2]　一些意见认为，理想的进程是中日韩三国的自贸区谈判走在 RCEP 前面，这样中日韩自贸区可以为 RCEP 提供模板，中日韩可以作为 RCEP 进程的推动者。不过，实际上，中日韩自贸区谈判的进程甚至更慢。参见李春顶《中日韩自贸区的航船难达彼岸》，《中国经贸》2013 年第 3 期，第 84—85 页。

RCEP 是由东盟来进行推动和协调的。但是，一揽子构建由 16 个国家参加的大自贸区，此前没有先例，在谈判进程中，各方会尽力讨价还价。日本、澳大利亚、新西兰作为发达经济体，更为重视标准、规则、知识产权，还可能会提出 TPP 中涉及的一些"边界内"的问题。比较令人担心的是印度，其参与是一个变数，东盟—印度伙伴关系协议开放程度低，印度对市场开放的承受力低，因此，它很可能会提出较多的例外要求。①各方对中国的期盼很高，但是，中国国内正处于发展方式转变的困难期，做过高的承诺也面临国内的巨大压力。还有东盟中的欠发达经济体，必须给予开放上的灵活安排，并对其能力建设给予更大的支持。

为了确保 RCEP 的谈判成功，16 个国家就其目标、领域和遵循的原则发布了指导文件。文件对 RCEP 的定位是：现代的、综合的、高质量的和互惠的；包括的主要领域是货物贸易、服务贸易、投资、经济技术合作、知识产权、竞争政策、争端机制和其他问题；遵循的原则是与 WTO 原则保持一致，高于现有的"10 + 1"FTA 水平，要能促进成员之间贸易和投资，体现安排上的灵活性，不替代现有的"10 + 1"和双边的 FTA，各类涉及领域同步谈判，对欠发达成员参与谈判提供能力建设帮助，保持开放性，吸收其他愿意参加的国家加入谈判。②尽管如此，要在 16 个差别巨大的国家间谈判，且能够在预定的时间表内（2015 年 12 月底）完成，是需要做出巨大努力的。

由东盟与东亚研究院（ERIA）牵头组织的有关 RCEP 的圆桌会议的专家们对如何推进 RCEP 谈判进程提出了具体的建议，要点包括：分阶段实施；不同领域实施不同的开放时间表，比如，2015 年货物贸易开放，2020 年服务投资，2025 年实施人员流动、竞争政策、知识产权等领域的开放；RCEP 建设与东盟共同体的建设相联系；加强经济合作，

---

① 参与 RCEP 对印度来说有着非常重要的意义，因为它是让印度融入东亚、进入东亚大市场的平台。但是，印度面临的挑战很多，在东盟—印度的自贸区协议中，降税的水平较低。还有非贸易因素，如环境等，与中国谈判的难度很大。见 Rahul Mishra, RCEP: *Challenges and* Opportunities for India, EU-Asia Center, 2013, July 24, http://www. eu-asiacentre. eu/pub_ details. php? pub_ id = 113。

② 具体见 Guiding Principles and Objectives for Negotiating the Regional Comprehensive Economic Partnership, http://www. meti. go. jp/press/2012/11/20121120003/20121120003-4. pdf。

特别是互联互通的合作。①

　　RCEP 谈判的第一次会议于 2013 年 5 月 10 日召开，会议发布的公告显示，16 国就进行 RCEP 谈判的基本原则达成共识，尽管困难很多，但是只要方法对，就可以找到各方都可以接受的方案。在谈判中，东盟要减少 RCEP 会削弱"东盟中心地位"的担心，同时，要克服政治关系干扰。②

　　创造性推进 RCEP 的谈判，让 RCEP 的构建与东盟经济共同体的框架接轨，把经济合作的重点放在互联互通，这是 RCEP 有别于其他自贸区构建的基本特征。如果说 TPP"新一代"自贸区的主要目标是通过推动市场深度开放，来提升交易效率的话，那么 RCEP 的主要目标则是通过推动市场全面开放与深度合作，来构建东亚地区开放与合作发展的新环境。

回顾与思考

　　对于东亚自贸区的进程我是熟悉的，不光是从学术研究角度，而且也是从政策性研究的角度。我先后主持了"10 + 3"东亚自贸区可行性研究，参加了韩国牵头的东亚自贸区可行性第二期研究；参加了 CEPEA 两期研究；筹组了有关 RCEP 的专家圆桌会议，以及为政府撰写关于参与 RCEP 的政策性报告……可以说，在国内，或者在东亚地区，很难找出一个人，像我这样全程参与。

　　2004 年根据"10 + 3"经济部长和领导人会议的决定，由中国牵头各国政府推荐专家，成立了东亚自贸区可行性联合专家组，我被任命为专家组组长，主持联合研究。来自 13 个国家的专家们都有一种使命感。我们没有专门的研究经费，大家也没有任何报酬，负责起草报告各个部分的专家都是自愿承担任务的。应该说，直到 2005 年底，这项工作进行得非常顺利，报告的草案基本完成，大家就涉及的主要问题达成了共识。但是，

---

　　① 具体内容见 Expert Roundtable for Regional Comprehensive Economic Partnership（RCEP）— Recommendations on the Approaches to be Adopted in the Negotiations of RCEP and its Implementation, www. eria. org。

　　② 专家担心，如果东盟过分强调自己的中心地位，会削弱其领导力，如果不能克服政治关系的制约，如中日关系、中国与东盟一些国家的关系，在谈判遇到困难的时候会把困难政治化。见王玉主《RCEP 倡议与东盟中心地位》，《国际问题研究》2013 年 5 月号，第 56—57 页；王君《RCEP 的构建及中国的应对策略研究》，《东南亚纵横》2013 年第 4 期，第 5—6 页。

风云突变，2006 年 4 月，日本代表突然改变态度。他们说，因为日本官方的立场已经变化，不支持以"10＋3"为基础的东亚自贸区构建，因为有了 16 个国家参加的东亚峰会，因此，东亚自贸区也应该吸纳印度、澳大利亚和新西兰参加。

日本代表的意见没有被采纳，大家认为，既然专家组的研究受命于"10＋3"领导人，还是要坚持自贸区构建的"10＋3"基础。为了让日本的专家们好向政府交代，在报告的内容里增添了东亚自贸区的谈判进程保持开放，可以在过程中接纳东亚峰会其他国家加入谈判。最后，日本的专家勉强同意在向经济部长会议提交的报告上签了字，反复声明仅代表个人的意见。

日本改变态度有多个原因，其中，中日关系因日本首相坚持参拜靖国神社而恶化，显然破坏了中日之间合作的气氛，也促使日本另辟东亚合作的途径，以削弱中国的影响力。当然，美国也可能是一个因素。美国对没有参加东亚的一体化进程深表担心，肯定是在后面做了工作。后来的发展也表明，由印度、澳大利亚和新西兰参与的东亚峰会得到美国的肯定，美国后来申请成为了东亚峰会的成员。

根据安排，我代表东亚自贸区可行性研究联合专家组向 2006 年 7 月在吉隆坡召开的"10＋3"经济部长会议汇报我们的报告要点。原来预想，我们的报告会得到经济部长们的肯定，因为研究是受"10＋3"领导人的委托，来自各国的专家都是政府推荐的，尽管专家组的研究工作独立进行，但是报告的主要建议都通过专家们向各自的政府部门进行了通报，并征求了官员们的意见。

没有想到的是，当我汇报完之后，日本的通产相接着宣读了一份预先准备好的发言，提出日本政府不同意联合专家组的报告建议，而是提议以"东盟＋6"即东盟 10 国加中日韩和印度、澳新 16 个国家为基础，构建"东亚紧密经济伙伴关系"（CEPEA）。对于日本的这个发言，其他与会部长们没有思想准备。会上，部长们对此进行了激烈的讨论，意见很不一致，多数国家持否定态度。但是，日本坚持，东盟的几个成员，像新加坡也加以附和。结果，日本的意见被写进了部长会议的声明里。日本舆论认为，日本的提议得到认可。日本政府借机成立关于推进 CEPEA 的联合研究专家组。

2006 年 12 月第一届东亚峰会召开。这个峰会与原来东亚展望小组建议峰会是不同的，吸纳了印度、澳大利亚和新西兰三国参加。这样，日本坚持以 16 个国家为基础构建"东亚紧密经济伙伴关系"的意见就似乎有了机制上的支持。

日本牵头的联合研究也邀请中国参加。我被政府有关部门推荐为代表参与研究。说老实话，这使我感到很尴尬。因为我主持了"10＋3"东亚自贸区联合研究，现在又让我去参加一个与其相抗衡的方案的研究，我该如何发挥作用呢？我猜想，这可能是有关部门让我在里面做"孙悟空"，坚持住以"10＋3"为基础构建东亚自贸区的立场。然而，一旦进入这个集体研究团体，作为中国的代表，我必须顾全大局，做建设性的工作，而不是做"破坏性的工作"，因为只有这样，才可以赢得大家对中国的尊重（毕竟我是中国的唯一代表）。

在研究过程中，我发现，大多数国家对构建 16 个国家的自贸区信心不足。不过，大家也认为，从长远看，加强 16 个国家之间的合作，构建大的区域开放市场是有意义的。因此，CEPEA 专家组的第一份报告把经济合作放在首位，其次为便利化和自由化。不过，日本牵头的目的很清楚，不管在报告中纳入多少不同的观点和建议，有一点是明确的，这就是构建以 16 个国家为基础的自贸区。东亚自贸区联合研究搞了两期，日本牵头的 CEPEA 联合研究也搞了两期，显然是有对着干的味道。

日本牵头的报告提交给东亚峰会部长会议和领导人会议讨论，但是，是否能通过需要东盟方面的首肯。面对不同的建议版本，原本就对推动扩大的自贸区不太着急的东盟也就可以顺水推舟，拖延进程。东盟方面的人士反复告诉我，由于中日观点不一致，东盟难以推动，这也是事实，但对构建东亚自贸区的进程拖一拖也甚合东盟之意，因为东盟需要首先推动本身共同体的建设。

其实，从区域合作的利益角度来说，之所以开始坚持"10＋3"框架为主渠道，主要因为它是东亚合作的开启框架，是东亚展望小组所建议的建设东亚共同体的主渠道，而且，东盟与中国、日本、韩国的三个"10＋1"自贸区框架成型，比较容易进一步整合。特别是，对中国的地缘认知来说，只有"10＋3"才是"东亚"。

然而，有了东亚峰会合作框架，东亚合作的架构就发生了变化。尽管中国和东盟一直坚持在"10＋3"领导人的声明里写明"10＋3"是东亚合作的主渠道，东亚峰会是支持主渠道的合作机制，但是，在中日之间存在战略竞争、美国参加东亚峰会的情况下，"10＋3"对话与合作机制的作用难以成为主渠道。其实，自贸区的主要意义在于推动市场开放，如果可以推动16个国家参加的CEPEA，就没有必要非要坚持以"10＋3"为基础构建东亚自贸区。记得一位参与CEPEA研究的印度专家问我：中国为什么不支持印度参与东亚经济合作，而非要坚持以"10＋3"为基础呢？我的新西兰朋友也提出类似的问题。说老实话，我觉得很难说出令他们信服的理由，只能说从"10＋3"开始更容易这样的搪塞之语。

为此，我通过调研报告，公开发表文章提出，中国应该在构建东亚自贸区上采取更为灵活的立场，应该欢迎印度以及澳、新参与东亚经济开放与合作机制。①当时，有的官员还告诉我一定要坚持住"10＋3"的底线，我说原来的底线已经破了，要与时俱进，适时调整，不然，中国会感到孤立无援，也会得罪澳、新和印度。

面对新的形势，中国调整了自己的参与策略，采取了务实的立场。2010年，中日关系改善，两国联合提出推进东亚自贸区建设的倡议，加上TPP进程的影响，东盟才下了推动东亚自贸区进程的决心。既然中国不再坚持以"10＋3"为基础，东盟理所当然地选择以"10＋6"为基础。事实上，RCEP更多地考虑了CEPEA报告的观点。当然，所不同的是，东盟坚持在谈判中"以东盟为中心"，在架构和设计上保持东盟为一方，与其他6个国家进行谈判，看起来，这是延伸了东盟的"10＋"战略。

东盟要让RCEP维持"10＋"这样的架构，这对认识东亚合作的特征和路径很有意义。RCEP与东亚展望小组提出的要建立的东亚自贸区出发点已有很大的不同。在东亚展望小组关于建设东亚自贸区的设计里，核心是东亚共同体的建设，但是，RCEP已经明显没有了东亚共同体建设的影子。

回顾东亚自贸区可行性研究专家组的工作，我还记得大家是如何抱着一腔热情投入工作的。没有研究经费，没有任何报酬，几位分工起草人都提前提交文稿供讨论。召开最后一次专家组会议，政府有关部门的经费不到位，我只好自行筹措资金，坚持把任务完成。专家们对构建东亚自贸区的心气很高，提出要"高标准"、"一揽子方案"（不像中国—东盟自贸区那样，先货物贸易，后服务和投资开放分步进行），使经济合作有内容、有可操作性等。大家对于后来日本反目，让该报告束之高阁倍感惋惜，毕竟大家付出了辛苦的劳动，又对构建东亚自贸区有着急切的期盼。

---

① 见张蕴岭《对东亚合作发展的再认识》，《当代亚太》2008年第1期。

日本牵头进行关于 CEPEA 可行研究并非受东亚峰会部长会议或者领导人会议的委托，而是自告奋勇为之。出于对东亚合作"团结"的考虑，包括中国在内，其他 15 个国家的政府都指派了专家参加，因此也是一个联合的研究队伍。在研究过程中，日本人显得很低调，表现出一副尽可能听取大家意见的姿态。比如，我提议，鉴于参加 CEPEA 的发展中国家占大多数，应该把开展经济合作放在突出位置，推进的程序顺序应该为"经济合作—便利化—自由化"，而东亚自贸区的推进程序为"自由化—便利化—经济合作"。我的提议得到东盟欠发达的成员——柬埔寨、老挝、缅甸和越南，以及印度的支持，对此，日本方面也表示同意。但是，深有计谋的日本人自己心里明白，不管如何设定程序，核心的内容是构建自贸区，突出知识产权保护，而且他们坚持为 CEPEA 框架下的自贸区建设设定时间表。在参与过程中，我不得不佩服日本方面为此所下的真功夫和所做的精细准备。在研究报告完成并提交以后，日本又动员设在雅加达的东盟与东亚研究院（ERIA）进行深入的研究，为此大造舆论。在此情况下，我也对日本出巨资建立这个研究院所表现出来的战略远谋有更深的体会。

比较之下，由我主持的东亚自贸区可行性研究最后一次专家组会议的经费都难以落实，不得不自行想办法。来自 13 个国家的专家们为这项工作如此辛辛苦苦工作近两年，最后一次会议在北京召开，我希望领导人，或者有关方面负责人能见一下专家组成员，结果也没有成行。对此，我感到心里很不是滋味。这毕竟是中国领导人主动承诺、中国领衔做的一件大事啊！

不管怎么样，东亚自贸区建设最后总算进入正轨。RCEP 的推出是东亚区域合作的一大步，这一步迈出去很不容易，如果进展顺利，那将对东亚地区的经济发展产生重要的影响。

延伸阅读

构建东亚开放与合作的大市场①

2012 年 11 月在柬埔寨金边召开的东亚领导人系列会议上，东盟宣布

---

① 原文载《亚洲经济周刊》2013 年第 1 期，本文有修改。

将于 2013 年开始有关"地区综合经济伙伴关系"（Regional Comprehensive Economic Partnership，RCEP）的谈判。RCEP 涵盖 16 个国家——东盟 10 国和中国、日本、韩国、印度、澳大利亚与新西兰，有 35 亿人口（约占世界总人口的一半），目前的 GDP 总和达 23 万亿美元（占全球年生产总值的三分之一），如若建成，将是世界最大的一体化大市场。

RCEP 将会构建一个东亚统一的大市场，实现地区一体化与合作分散机制的统合。迄今，尽管东亚地区发展了以企业为主导的地区生产网络，但是，由政府推动和构建的自贸区和合作机制却处于一种分散的"多层框架"状态。从自贸区来看，既有双边的，也有次区的，东盟不仅建立了自己的东盟自贸区（AFTA），而且还与多个国家签署了"东盟＋1"自贸协定。从合作机制来看，既有"东盟＋1"、"东盟＋3"（中日韩），也有东亚峰会（EAS，原包括中、日、韩，澳、新和印度，现美国和俄罗斯加入）。从区域生产网络的角度来分析，分散的自贸协定会导致"面条碗效应"（spaghetti bowl effect），即由于各个协定的规则不一（比如，不同的原产地规则），使区域市场分割，从而对地区生产网络内的生产分工造成新的障碍，加大企业的运营成本。同时，多层的合作框架也导致会议太多，议题重复，甚至各个框架之间产生相互竞争与制约，从而影响合作的实际效能和效率。

多年来，在地区合作机制下，东亚各国就开始对建立地区统一的自贸区进行研究。2004 年，由中国牵头组成了由 13 个国家（"东盟＋3"）参加的东亚自贸区（EAFTA）可行性研究专家组，2006 年提交了关于尽快建立东亚自贸区的研究报告；这个报告遭到日本的反对，2006 年，由日本牵头组成了由 16 个国家（"东盟＋6"，即东亚峰会）参加的"东亚紧密经济伙伴关系"（CEPEA）专家组，2007 年提出研究报告。由于意见分歧，加上东盟本身并不急于推进统合的东亚一体化机制，关于建立东亚自贸区的设想被搁置。2011 年，中日两国就推动东亚一体化进程达成共识，双方共同倡议加快构建东亚区域一体化合作机制的步伐。有了这个基础，应该说，推动统合的东亚经济一体化框架进程条件已经具备。因此，可以说，RCEP 是各方多年努力的结果，有着比较好的准备基础。

目前，有关 RCEP 谈判的指导原则已经制定，涉及谈判内容的贸易、服务和投资三个工作组已经开始工作。按照计划，谈判将在两年内完成，即于 2015 年初签署协议。按照指导原则，RCEP 将以现行的 5 个"东盟＋1"自贸协定为基础进行整合，并在此基础上进一步提升，最后建成高水平的区域开放大市场。RCEP 既包括传统的货物、服务和投资自由化，也会包括一些新议题，如知识产权保护、环境保护、促进劳动力流动等，同时，也会包括加强经济合作，比如，构建区域基础设施网络（互联互通），对欠发达的成员提供切实有效的援助，缩小发展差距等。

构建涵盖 16 个国家的自贸区并非易事。考虑到各国之间经济发展的巨大差距，各方对参与谈判的利益诉求和开放承诺的不同，RCEP 的谈判既要坚持高标准，又要能体现灵活性和包容性。在市场开放的结构和步伐上，既要根据不同的情况制定差别性的开放列表和时间，又要有目标清晰、可操作性强的实施措施。RCEP 不是凭空而起，无论是东盟的自贸区和共同体建设，还是"东盟＋1"自贸区的构建，都已经积累了不少经验，应该说，顺利推进 RCEP 的谈判进程是有基础的。

RCEP 的构建对于东亚经济的未来发展具有非常重要的现实意义。以往，东亚地区的经济成功主要建立在两个优势之上：一是沿袭发达经济创建的工业化模式，实施赶超发展战略，实现经济的快速起飞；二是利用发达国家的市场，实施出口导向战略，通过大力发展出口，实现经济的高速增长。目前，这两个优势的条件均已发生变化：一则，沿袭传统工业化这条路走不通了，必须探索新的可持续发展的道路；二则，外部发达市场的扩张力减弱，必须走内需拉动为主的新增长模式。RCEP 的构建将会有助于创造东亚地区经济发展的新空间和新动力，通过改善区域的经济发展环境，扩大地区的内需张力，为各国的政策调整提供环境支持，为企业发展面向地区新需求的产业提供新的市场。

东盟此时积极推动 RCEP，并得到其他 6 个国家的大力支持，一方面反映了亚洲经济一体化与合作的内在需求，是多年协商推动的结果；另一方面也有着应对美国领导的"跨太平洋伙伴关系协定"（TPP）战略考虑。2009年，美国宣布加入由新加坡、智利、新西兰和文莱四个小国签订的自贸协定，把它重新打造，立志构建一个高标准的、面向 21 世纪的亚太自贸区。东盟 10 个成员国中，有 4 个加入了 TPP，还有两个表示要参加，这对建设中的东盟共同体，对以东盟为中心的东亚区域经济一体化进程造成严重的冲击。东盟力推 RCEP 显然是要重聚建设共同体的凝聚力，提高本身的吸引力，其他亚洲国家积极支持，也是要维护东亚区域一体化和合作的利益。

目前，亚太地区有两个大的区域性自贸区构建，即 TPP 和 RCEP，成员多有交叉，目标和模式有很大的差别，可以说既有竞争性，又有一定的互补性。TPP 谈判开始得早，目前已经进行了 15 轮谈判，在进程中还吸收了新的成员（日本、加拿大、墨西哥），有望在 2013 年完成谈判。TPP 的一个突出特点是以推动市场开放为主要内容，设计的新问题，如竞争政策、劳工标准、环境标准、国有企业等，也都是以规范规则和政策为目标，因此，由于越来越多的发展中经济体加入，谈判遇到的困难也很大。美国领导谈判进程的目的也很清楚，就是为了规范竞争环境，重树美国的竞争力，恢复经济活力，而其他国家加入 TPP 的目标也很清楚，就是拿到进入美国大市场的入场券。

　　而 RCEP 的目标则会有很大的不同，要取得成功，就必须创建符合东亚经济发展特点和需要的模式，要从东亚的实际出发，制定务实、包容的谈判框架，实行渐进的方式。与 TPP 相比，RCEP 尽管也要推动市场开放，但并不是它的唯一目标，改善综合发展环境，加强经济合作，提升欠发达国家经济与社会发展的能力，也应该是其要实现的目标。

　　RCEP 谈判中会涉及一些棘手的问题，比如，敏感领域的开放差别对待问题，开放的方式问题，如服务和投资领域的开放是实行"正面清单"（表明开放的领域）还是"负面清单"（表明不开放的领域），投资开放是否实行"准入前国民待遇"原则等。[①]同时，RCEP 将不仅包括取消货物贸易关税，开放服务贸易和投资，还可能会涉及商检标准、知识产权保护、投资环境完善、竞争政策等"新议题"。但这些问题涉及各成员国经济政策和法规的问题，必须找到适当的方式，进行充分协调、协商，取得共识，在实施上，也是先易后难。为此，RCEP 在如何平衡发达与不发达经济体的诉求和受益上要体现包容性，即一方面充分考虑发达经济体对开放的高要求，又要考虑不发达经济体的开放能力。RCEP 要成功，必须在模式、内容和功能上有创新，也就是说，要找到使东亚地区经济保持增长活力和可持续的新路径，其中，尤为重要的是，要能够把推动开放与加强合作有机结合起来，体现东亚发展的整体性和包容性。

　　值得注意是，中日韩已经宣布于 2013 年开启三边自贸区（CJKFTA）谈判（此前已经签订了三方的投资协定）。如何处理 RCEP 与中日韩自贸

---

　　① 其实，作为灵活安排，也可以考虑把"正面清单"与"负面清单"一起来考虑，进行混合安排。这种做法在其他谈判中也有先例。关于"准入前国民待遇"原则，也可以考虑做渐进安排。

区的关系？理想的发展是中日韩自贸区进程比 RCEP 进程快些，这样，作为东亚经济重心的中日韩三国能在开放的主要内容上先取得进展，推动 RCEP 的谈判进程就比较容易了。从这个意义上说，中日韩自贸区应该成为 RCEP 进程的加速器。不过，中日韩三国的谈判能否顺利，也还有一些未知数。三国的政治关系困局无疑会对谈判产生不利的影响。就市场开放本身而言，困难也不少。此前，日韩之间进行过双边自贸协定谈判，已经搁置了很多年，至今无法重新启动。目前，中韩之间已经开始了双边自贸区谈判，签署协议的可能性很大。而要使三国的谈判顺利，就需要很强的政治决心，而这方面恰恰存在问题。当然，如果中日韩自贸区谈判进程受阻，那就要合力推动 RCEP 先行，让中日韩三国在 RCEP 的基础上再提升。

中国是东亚地区最大的经济体，在构建 RCEP 中起着关键的作用，应充分发挥自身的经济实力和优势，在参与进程中发挥积极的助推作用。中国经济的快速发展得益于改革开放。中国的产业要形成新的竞争优势，需要在更加开放的市场环境中参与竞争。参加 RCEP 谈判是中国扩大市场开放，实施更加主动对外开放战略的客观需要。中国正在迈入新的发展阶段，只有加大改革与开放力度才可以更好地实现经济结构的调整，在区域和国际市场上获得新的竞争力。

从目前的情况看，尽管中国政府对扩大和加快市场开放表态积极，但是许多部门，也包括许多企业，对此准备并不充分，反而希望在谈判中"守住边界"，"保护市场"。因此，中国要真能在 RCEP 谈判进程中起积极的助推作用，还是需要下很大的决心的，要像当年加入世贸组织（WTO）那样，下定大的决心才行。

第 六 章

货币金融合作的实践

导　言

区域性货币金融合作发展程度最高的是欧盟，从欧洲共同体内的货币汇率合作（联合浮动），到建立欧洲货币基金，再到建立货币体系（1999），实现单一货币欧元（2002），逐步完成了欧盟体系下的货币体化。在非洲，原属于殖民地的国家在独立后实行与原宗主国货币联系的制度，在加勒比地区，一些国家建立起货币联盟①，在其他地区，区域性的货币金融合作方面的发展都很有限。

东亚地区的货币金融合作主要是在 1997 年的亚洲金融危机以后，作为区域合作的一个重要组成部分发展起来的。在东亚展望小组的展望报告中，货币金融合作是东亚共同体建设的三大支柱之一。1997 年 7 月泰国发生货币危机，很快演变成地区性货币与金融危机。日本大藏大臣宫泽喜一在 1997 年 9 月提出成立亚洲货币基金（AMF）倡议，由中国、日本、韩国以及东盟各国共同筹资 1000 亿美元组成应紧急救援基金，为遭遇金融危机严重打击需实施紧急援助的东亚国家给予援助，日本出资 1/2。日本

---

① 原法属西非殖民地国家组建西非货币联盟（1994），成员国使用非洲金融共同体法郎；原法属赤道非洲国家组建中部非洲关税和经济联盟（1974），成员国使用中非金融合作法郎。这两种非洲法郎与法国法郎实行固定汇率，且可自由兑换，法国国库对非郎提供担保（现与欧元挂钩）。南部非洲的南非、莱索托、斯威士兰和纳米比亚 4 国也形成货币联盟，4 国最早使用南非的兰特，后来莱、斯、纳 3 国发行了各自的货币，但其币值和汇率一直按照兰特的币值和汇率等值浮动，4 国间的资金自由流动。还有东加勒比货币联盟（1983），使用统一的货币，与美元挂钩。参见 Raul Fabella, Monetary cooperation in East Asia: a survey, ERD working paper, No. 13, May 2002, www. adb. org。

的倡议立即遭到美国与国际货币基金组织的反对，中国也没有给予支持，从而使该倡议被封杀。1998 年，日本提出"新宫泽构想"，设立 300 亿美元的亚洲基金，单方面对东南亚国家提供援助。①

2000 年 5 月，在泰国清迈举行的"10 + 3"财长会议通过了"清迈倡议"，建立双边货币互换机。基本设计是扩展东盟的货币互换协议，在"10 + 3"范围内签订双边互换协议。2007 年 5 月，双边互换协议实现了多边化安排（CMIM），在双边互换协议的基础上成立亚洲外汇储备基金库，规模为 800 亿美元。2009 年 2 月的"10 + 3"特别财长会议决定把外汇储备库规模扩大 50%，达到 1200 亿美元，中日各出 384 亿美元，分别占 32% 的比例，东盟出 240 亿美元，占 20%，韩国出 192 亿美元，占 16%。2010 年成立了亚洲宏观经济研究办公室（AMRO）；2012 年 3 月，又进一步决定把外汇储备库的规模扩大，增加为 2400 亿美元。

比较其他领域的合作，东亚货币金融合作的成效是最显著的，而且坚持了以"10 + 3"为基础。不过，尽管外汇储备库已经成形，并且建立了亚洲宏观经济研究办公室，但是，今后如何深化，发展的远景规划是什么，尚难明晰，只能一步一步试探往前走。对于东亚的货币金融合作，曾有过不少的构想，也有很多不同的观点，有的也提出要建立亚元，2006 年，在日本的推动下，亚洲开发银行推出了亚洲货币单位（Asia Currency Unit，ACU），试图建立区域性的货币监督机制。②较之贸易、服务和投资开放，货币金融合作需要更大的政治合作环境和共识，特别是要通过建立实体性的区域机构，发展实际的常设功能，如提供资金支持，帮助融资，发展区域资本市场，对成员国的经济和货币金融形势进行监管等，都需要很强的政治共识。这在东亚地区还是缺失的。

因此，未来东亚货币金融合作如何发展，还要看区域合作综合进程的发展，其中包括政治关系的发展。没有强有力的政治共识，即便是金融合作机制，如区域合作基金也难以得到实质性的提升，更不要说货币一体化了。世界各区域的情况有很大不同，各有自己的合作需求和模式。

---

① 尽管该倡议得到美国和 IMF 的支持，但是之后并没有很好的落实。

② 2006 年 6 月亚洲开发银行宣布，以中日韩和东盟 10 国等 15 种货币加权平均为基础，推出"亚洲货币单位"（ACU）。以该货币单位为基础制定经济指数，设计用于监督东亚经济，作为东亚货币金融合作的工具。但亚洲货币单位的功能并没有得到很好的发挥，逐渐淡出。

第一节　货币金融合作起步

东盟内部，早在 1977 年就由泰国、印度尼西亚、马来西亚、新加坡和菲律宾 5 国共同成立东盟互换安排（ASEAN Swap Arrangements，ASA）机制。其功能是，当一国货币受到冲击时，可据此机制从其他国家获取所需资金支持以稳定市场。但是，由于这些国家所拥有的外汇储备甚少，当 1997 年的金融危机发生后，这个机制没有能起作用。①

1997 年的金融危机是东亚货币金融合作的助推器。1997 年 7 月泰国发生货币危机，1997 年 8 月，国际货币基金组织向泰国提供综合支持资金。但美国并没有出手相救。日本于 9 月召开的七国集团会议上提出建立亚洲货币基金的建议，参与该基金的有 10 个成员②，基金的规模为 1000 亿美元的基金，日本承担 1/2，其余由中国、韩国和东盟一些国家承担。该基金的主要功能是：建立类似 IMF 的借款安排；协助成员国从资本市场获得流动性资金；对成员国从国际市场融资提供担保。同时，通过开展合作，推动金融体系改革，参与国际规则制定，对地区经济进行分析预测，进行监督。这个建议立即遭到美国和国际货币基金组织的反对，提出的公开理由是这个基金会削弱 IFM 的作用，导致"道德风险"，即向有问题的国家提供条件宽松的信贷，削弱改革的压力，但背后的原因被认为是，美国不高兴，因为它排斥了美国，动摇美国的霸权。诸多的信息表明，日本的确也有通过建立这个基金在亚洲确立金融领导地位的战略考虑。③

建立这样一个地区合作机制，需要进行协商，而亚洲货币基金所缺的恰恰是这样的协商过程与共识基础。据研究发现，事实上，日本对建立亚洲货币基金早有考虑。1994 年墨西哥发生债务危机之后，日本就开始研究

---

①　开始基金规模为 1 亿美元，1978 年扩充为 2 亿美元，2000 年东盟扩大该项安排，吸收文莱、缅甸、越南、老挝和柬埔寨参加，把规模扩大为 10 亿美元。这样东盟的货币合作机制就包括了所有的成员。东盟这样做也是为了参加"10 + 3"框架下的"清迈倡议"，这样东盟就可以作为一个整体与中日韩分别签署"10 + 1"框架下的货币互换协议。The Chiang Mai Initiative, http：//www. iie. com/publications/chapters_ preview/345/3iie3381. pdf.

②　日本、中国、中国香港、韩国、印度尼西亚、泰国、马来西亚、新加坡、菲律宾和澳大利亚。

③　Philip Y. Lipscy, "Asian Monetary Fund Proposal", *Standford Journal of East Asia*, Vol. 3, No. 1, 2003, pp. 95 - 96, p. 102.

构建亚洲货币基金的问题。因为日本金融机构、公司在东南亚有着很深的参与，一些人士担心，一旦发生金融危机，美国和国际货币基金不会像救助墨西哥那样立即出手相救。[①] 1997 年 7 月泰国发生货币危机，危机迅速扩散，国际货币基金组织向泰国提供了附加严厉条款的援助贷款，而美国迟迟不采取救助行动，这为日本提出建立亚洲货币基金的倡议提供了机会。然而，由于一切都是在自己内部进行准备的，日本突然提出这样的大举措，很难得到共识。许多人认为，日本的建议太突然，不成熟，缺乏细节。美国表示反对，中国也没有表示给予支持。[②]

然而，尽管构建亚洲货币基金的倡议被腰斩，但亚洲金融危机在东亚的迅速扩散，国际货币基金组织救助的副作用，马来西亚拒绝接受国际货币基金组织的援助，美国迟迟不出手相助等因素，使东亚国家合作的愿望加强，这促使 1997 年底"10 + 3"领导人对话合作机制的诞生。当年和 1998 年对话的主要内容是关于如何应对金融危机，推动建立了该框架下的财长和央行行长对话合作机制。在 1999 年的第一个东亚领导人联合声明中，金融合作被列为重要议题之一，声明指出，东亚国家"在共同感兴趣的金融、货币和财政问题上加强政策性对话、协调与合作，初始阶段可以集中在宏观经济风险管理、加强公司管理、资本流通的地区监控、强化银行和金融体系、改革国际金融体系、通过 10 + 3 的框架，包括正在进行的 10 + 3 财政和央行领导人和官员的对话与合作机制，加强自救与自助机制"[③]。

2000 年 5 月日本在泰国清迈召开的"10 + 3"财长会议上提出新的建议，建立地区的货币互换合作机制，这个建议得到了"10 + 3"财长的支持，于是构建了以"清迈倡议"（CMI）为框架的新地区货币合作机制。"清迈倡议"的核心是建立货币互换机制，但也包括其他合作：对地区资本流动进行监督，对地区经济发展提供预警，建立人力资源培训网络。CMI 不是一个成形的机构，而是一个由东盟互换安排（ASA）协议与双边

---

① Philip Y. Lipscy, "Asian Monetary Fund Proposal", *Standford Journal of East Asia*, Vol. 3, No. 1, 2003, p. 94, www. stanford. edu/group/sjeaa/journal3/japan3. pdf.

② 日本在七国集团会议上突然提出这个建议，令美国和其他国家"大吃一惊"。Philip Y. Lipscy, "Asian Monetary Fund Proposal", *Standford Journal of East Asia*. Vol. 3, No. 1, 2003, p.93.

③ 见东亚合作联合声明, 1999 年 11 月 26 日, http: //www. fmprc. gov. cn/mfa_ chn/gjhdq_ 603914/gjhdqzz_ 609676/lhg_ 610182/zywj_ 610194/t25703. shtml。

货币互换（中日韩各自双边和中日韩分别与东盟的双边互换）合作机制构成的网络，规模以双边谈判的规模为基础。也就是说，它没有一个实体的管理机构，也没有一个资金集中的货币池，以美元为基准货币，把本币兑换成美元。它的主要功能是向需要的成员提供金融支持，与"10＋3"合作机制无关，独立运行，但使用资金者必须接受国际货币基金组织的改革条款约束（CMI只有10％的自主权）。①对CMI的作用，当时，《金融时报》的评论认为只是"象征性的"，《经济学家》杂志的评论认为，"只能起心理上的作用，对市场没有多大的作用"②。但伯格斯滕认为，CMI是向亚洲货币基金迈出的第一步，将可能会与贸易的一体化走向东亚经济集团。③

2009年12月24日，CMI实现多边化（CMIM），"10＋3"加上中国的香港货币当局签署协议，把东盟的货币互换协议与各个双边互换协议连接起来，建立一个货币储备池，把规模增加到1200亿美元，该协议2010年5月24日开始实施。2012年5月，其规模增加到2400亿美元（中日韩提供80％，东盟提供20％）。CMIM与CMI的区别在于，它替代了分散的双边协议，规整到一个单一的协议框架之下，形成一个货币储备池。④它的运行方式是，需要支持的成员提出申请，由CMIM机制召开会议决定如何安排，通过什么样的方式提供支持。2011年4月成立了亚洲宏观经济研究办公室（AMRO），该办公室设在新加坡，由一个常设委员会管理，接受专家委员（expert panel）的咨询。其功能主要是对东亚的经济形势进行评估，对CMIM的运行提供建议。该机构在正常情况下每年要与成员进行年度协商，发表季度宏观经济报告，在发生危机的时候，向CMIM提供基于分析的救助实施建议。⑤CMIM是一个单一的综合协议，建立了支持机制（AMRO），决策基于提供份额的权重，仍然与IMF相联系，因此，被认为无论在概念上，还是在运行方式上都与亚洲货币基金（AMF）有着根本性

---

①　The Chiang Mai Initiative, pp. 20 - 23. http：//www. iie. com/publications/chapters_ preview/345/3iie3381. pdf.

②　*Financial Times*, May 10, 2001, p. 16；*The Economist*, May 12, 2001, p. 73.

③　The Chiang Mai Initiative, p. 23.

④　东盟互换安排（ASA）仍然保持独立性，中国份额包括香港，CMIM的自主权提高到30％。

⑤　Chiang Mai Initiative Multilaterization, http：//www. bsp. gov. ph/downloads/Publications/FAQs/CMIM. pdf.

的不同。①当然，如何运行 CMIM，使得它有效、运行方便又不失标准还少一个考验。比如，2009 年当韩国受美国次贷危机影响出现困难时，它没有利用 CMIM，而是与美联储签订了协议，获得信贷支持。还有 AMRO，现在只是研究、评议，如何真正起到预警作用还需要提升，现在它无权提出政策建议和项目。要使其有权威，就要独立于各政府，提高成员的经济透明度，制定有影响力的预警指标。现在它工作人员很少，若要独立运行，要增加人员，特别是要减少与 IMF 的挂钩，制定出地区的条件标准等。这些还都是未知数。②

2013 年中国提出，加强地区金融安全网建设，推进"清迈倡议多边化"（CMIM）合作，使其发挥实质性作用，并探讨外汇储备部分以本币出资的可能性；推动"10＋3"亚洲宏观经济研究办公室（AMRO）升级为国际组织，加强经济监测和金融风险预警能力建设；并且建议，着眼于长远，探讨制定区域金融合作的未来发展路线图，打造亚洲货币稳定体系、亚洲信用体系和亚洲投融资合作体系。③把 AMRO 升级是一个很重要的转变，这样，它就可以行使实质性的职能，不仅可以有效管理 CMIM，而且可以有助于推动债券市场的发展。2014 年 10 月，"10＋3"各方已经就升级 AMRO 达成共识，这是一个不小的进展。看来，在如何深化地区货币金融合作上，还要继续摸索。④

第二节　未来前景展望

东亚货币金融合作是一个综合的体系，迄今，它大体包括："清迈倡议多边化"机制（CMIM）、亚洲宏观经济研究办公室（AMRO）、亚洲债

---

① William W. Grimes, The Asian Monetary Fund Reborn? Implications of Chiang Mai Initiative Multilateralization, http：//www. nbr. org/publications/asia＿ policy/preview/AP11＿ CMI＿ preview. pdf.

② Barry Eichengreen：Regional financial arrangements and the international monetary fund, ADBI working paper, No. 394, 2012, pp. 13－14, www. adbi. org.

③ 李克强总理在第 16 次东盟与中日韩（"10＋3"）领导人会议上的讲话, http：//www. fmprc. gov. cn/mfa＿ chn/gjhdq＿ 603914/gjhdqzz＿ 609676/lhg＿ 610182/zyjh＿ 610192/t1087131. shtml.

④ 在推动东亚地区货币金融合作上，日本一向是很积极的，鉴于中日关系处于低潮，开始，日本对中国的提议没有给予积极的响应。2014 年，出于共同的利益考虑，终于达成共识。但是，如何运转，还有许多工作要做。

券市场倡议（ABMI）和信贷担保投资机构（CGIF）。同时，亚洲开发银行也作为地区的金融机构对东亚货币金融合作的发展给予了许多支持，比如亚行内设立了地区一体化办公室（office of regional integration）对东盟的一体化办公室（AIMO）和"10＋3"框架下的经济评议与政策对话机制（ERPD）提供支持，设立亚洲货币单位（ACU）指数，为信贷担保投资机构设立信托基金（7亿美元）等。

亚洲债券市场倡议是2003年提出的，目的在于促进东亚资本市场的发展，推进本币债券的发行，以促进资本的回流，降低短期资本融资带来的风险。按照设计，它分为三个阶段，第一、二阶段是2003—2008年，主要的工作是：建立新的证券化债务工具，建立信贷担保机制，推进当地货币债券的发行，建立地区性评级机构，协调技术支持。第三阶段是从2008年开始，也是制定的新路线图，主要内容包括：促进当地货币占主导地位的债券发行，如基础设施债券；提升对当地货币主导债券的需求，如改善机构投资者的环境；改进管理机构，如通过择优选择实现管理方面的统一。①根据这样的路线图，2004年设立了"亚洲债券在线"（Asia bond online）网站，向市场提供有关亚洲债券市场的信息，并且出版了《亚洲债券观察》。②2010年成立了信贷担保投资机构（CGIF）和亚洲债券市场论坛（ABMF）。CGIF主要的功能是支持在"10＋3"市场上发行公司债券，通过提供信贷支持让用户进入当地货币债券市场。ABMF的主要功能是在地区的跨境债券交易上推动市场行为的标准化和管理规则的统一化。2012年第15届"10＋3"财长会议又提出了有关发展亚洲债券市场的新建议，讨论了设立地区结算机构（settlement insititute）和建立地区评级体系等方面的问题。是年，亚洲信贷担保机构开始正式运行，亚洲债券论坛也提出了债券市场指导原则。

迄今，东亚货币金融合作构建了两个大框架：一个是"清迈倡议多边化"（CMIM），它的主要功能是危机管理和预防，为出现危机的国家和地区提供流动性支持。另一个是亚洲债券市场倡议（ABMI），它的主要功能

---

① Takeshi Kurihara, Achievements of Asia bond market initiative in the last decade and future challenges, for OECD-ADBI Roundtable on capital market reform, February 7, 2012, p. 4, www. idbi. org.

② 亚洲债券在线是在"10＋3"框架下，作为亚洲债券市场倡议的一个组成部分，由亚行的地区一体化办公室具体操作，由日本财政部提供资金支持，成立于2004年。

是促进地区债券市场发展，推动本区资本循环，吸引资本在本区流动。

东亚货币金融合作还处在初期的构建阶段，尽管建立了一些合作机制，大都开始运行，但是，实际的成效仍然有限。CMIM 这个机制还有待完善和提升，主要的问题是如何发挥其功能。比如，2008—2009 年国际金融危机期间，这个机制没有发挥作用，出现危机的国家没有利用这个机制，而是向国际货币基金组织和美国请求援助，这表明它的可利用性还存在诸多缺陷。[①] 就 ABMI 的发展和作用而言，迄今东亚区域内的金融市场发展缓慢，本区的资本仍然大部分流向区外，区内资本的流动仍然远不如流向区外的资本。[②]

东亚货币金融合作究竟如何发展，如何深化，未来的方向是什么？在 1997 年的亚洲金融危机发生后，鉴于东亚各国货币的汇率政策差别很大，很不稳定，稳定汇率成为一个重要的关注。为此专家们提出了不少建议。比如，威廉姆森（Williamson）提出建立共同钉住的一揽子汇率合作机制，以三个主要的货币（美元、日元和欧元）作为一揽子钉住基准，各国制定各自的货币钉住汇率浮动区间。这个提议显然以欧洲货币联合浮动机制为蓝本。日本的河合正弘认为，按照这个方向发展，由汇率稳定体系可以进一步过渡到地区的单一货币体系。再如，有人提议建立亚洲汇率机制，主要的架构是，以亚洲各国货币为篮子，制定单一的货币目标，设立亚洲货币单位（Asia Currency Unit，ACU），各国货币的权重以各国在地区的贸易比重为基础；各国货币与亚洲货币单位保持一个上下 15% 的浮动区间；对不能维持汇率平衡的国家提供信贷支持；建立合作机构（Asia monetary institute）研究制定中心汇率基价。[③] 还有一些专家提出建立日元圈，以稳定地区的货币汇率，主要的设想是，以日元作为锚，各国货币与日元保持一种稳定的汇率区间。艾臣格林（Eichengreen）建议建立亚洲共同货币，其基本架构是：成立亚洲中央银行，设立亚洲货币机构，以"10 + 3"市场

---

① Iwan J. Azis, Inadeguate Regional Financial Safetynet Reflect Complacency, IDBI working paper No. 411, 2013, pp. 10 – 12. www. adbi. org/publication.

② Ibid. , p. 13

③ 欧元危机被认为使得建立亚洲货币合作机制的构想变得更为有争议，至少近期很少人认为存在现实的推动动力。有的专家建议，制定亚洲货币单位（ACU）指数，可以作为东亚货币金融合作框架下的预警指标，由 AMRO 发布。见 Victor Pontines, How useful is an Asian Currency Unit (ACU) Index for Surveillance in East Asia, ADBI working paper No. 413, p. 4, 10 – 13, 2013 , www. adbi. org。

一体化、关税同盟和资本市场开放为基础，实行亚洲货币与美元挂钩，制定宽区间浮动等。这样的货币联盟要求有区域制度化建设为支撑。[①]出于多方面和复杂的原因，这些建议并没有得到落实。

2009年之后欧洲债务危机和欧元危机表明，区域货币一体化需要一套完整的体系，存在漏洞，也就存在巨大风险。研究表明，对于东亚地区来说，金融合作的重要性要比货币一体化更为重要。[②]然而，从需要看，东亚金融合作应该有三个层次：一是区域性货币金融合作机制的建设，包括预警与管理机制的建设；二是建立多层次融资支持机构；三是推动各国的金融机构改革与完善。这几个方面的发展既需要更强的共识，也需要深化现有的合作机制。这几个层次的建构需要统一协调，理想的未来前景是建立统合的货币金融合作框架（机制），就像地区经济一体化的建构（RCEP）那样。如果AMRO成功发展成为一个地区机构，可以考虑逐步拓展其功能，使其成为统合各个分散机制的牵头机构。

回顾与思考

货币金融领域的合作进程是我直接参与最少的。但是，鉴于它是整个东亚合作进程的一个组成部分，在很多情况下，也脱离不了对它的参与和关注。

记得"东亚展望小组"在讨论东亚合作机制和前景时，对金融合作的机制和未来设计分歧很多，其中主要是未来区域合作的目标设计。当时东亚区域合作的进程刚刚开启，有着1997年日本亚洲货币基金倡议被否定的记忆，说老实话，尽管专家们对开展区域货币金融合作的重要性没有异议，但是对未来构建什么样的区域货币金融合作体系很难形成明晰的共识。

受金融危机伤害和国际货币基金组织严格政策限制的东盟专家们对建立区域性金融救助机制特别感兴趣，希望建立地区性合作基金，但是对于

---

① Rau Fabella, Monetary Cooperation in East Asia-A Survey, ADB ERD working paper, No. 13, May 2002, p. 12、p. 17、p. 23. http：//www. adb. org/publications/monetary-cooperation-east-asia-survey.

② Iwan J. Azis, Inadeguate Regional Financial Safetynet Reflect Complacency, IDBI working paper No. 411, 2013, pp. 10 - 12. www. adbi. org/publication.

建立什么样的合作基金并没有清晰的思路。尽管中国对于开展区域合作表示支持，但是对于建立地区性的实体机构存有疑虑，特别是对于货币方面的合作，如区域性汇率协调制，非常谨慎，对于未来把实现区域单一货币（亚元）作为目标更难接受。

我记得，日本的代表坚持把亚洲货币基金、亚元作为未来东亚在货币金融领域的合作目标。我作为中方的代表提出，不对货币金融合作的机制和目标具体化，因此，不同意在展望小组的报告里写明把亚元作为未来合作的方向。在最后定稿的时候，我与日方的代表各持己见，一直讨论到深夜。最后，由于太晚了，其他国家的代表都实在困得受不了，只剩下我们中日两家代表还在讨论。当然我们不是吵架，而是力图寻求妥协，找出达成共识的表达方式。日方的代表是我的老朋友，我们可以坐下来慢慢谈，寻求共识。最后，我们终于找出合适的语言来表达。这时已是凌晨，中方的另一位代表早已回去睡觉了。我与日方代表拖着疲惫的身子回到房间，第二天各国代表对于我们的辛勤工作表示感谢，对于我们达成的共识表示赞同。①

现实地分析，尽管货币金融合作在诸多方面都有进展，但是，实质性的发展并不深入，特别是制度化的建设和合作机制所起的作用仍然还是象征性的。究其原因，一是合作本身的目标设计和制度建设方面的问题。东亚地区的货币金融合作目标究竟是什么？日本提出的亚洲货币基金设想被否定，而当时货币基金的主要功能是金融救助。如今，尽管已经实现了双边货币互换机制的多边化，建立了货币储备基金，但是，这与当初的地区货币基金设计还是很不相同的。

目前，各国对由多边化互换机制过渡到地区货币基金并没有共识，多边化互换机制是以货币储备库的形式存在的，而要建立地区货币基金，则要有实际的资本金，需要建立一套独立运营的规则。这些需要很强的政治共识和制度支持。当年，日本提议建立亚洲货币基金，它还是亚洲第一大经济体，拥有最多的外汇储备。如今不同了，中国经济规模已经远超日

---

① 对于汇率体系，展望小组报告只是建议"建立更加密切协调的地区汇率机制"，"分阶段制定出一种有利于金融稳定而且符合经济发展要求的适当的汇率体制"；关于单一货币，具体的表述为，"设想了东亚在长期演进成一个共同货币区的可能性，即只有当经济、政治、社会和其他联系发展到更紧密的货币一体化形势变得可行而且需要时才有可能"。引自东亚展望小组报告中文译文，见张蕴岭、周小兵主编《东亚合作进程与前景》，世界知识出版社2003年版，第285页。

本，外汇储备也比日本大得多，若要建立货币基金，中国当然应该起主导性作用。日本可能对此难以接受，美国也不会支持。

在1997年的金融危机之后，东亚各国都采取措施积累外汇，对金融市场加强了管理。2008年的金融危机在全球扩散，东亚受冲击较小，只有韩国出现一些问题，去寻求美国的帮助，各国又进一步加强了对金融市场的监督。东亚会发生新的货币与金融危机么？如果发生会是什么类型的？国外媒体评论较多的是中国，尽管中国有巨额的外汇储备，不会发生外债危机，但是，国内金融体系脆弱，特别是地方债增长速度快，数额巨大，人们担心，有可能会引发国内金融系统的危机。如果中国金融市场发生震荡，则会影响到东亚地区。

值得思考的是，未来东亚货币金融合作深化的方向到底在哪里？在综合实力提升的情况下，中国的主要兴趣看来放在推动人民币国际化上，以及构建能够发挥实体功能的金融机构上，如推动成立亚洲基础设施投资银行。这些做法都引起日本，还有美国对中国意图的怀疑。[①] 东亚地区货币金融合作的深化能走多远，沿什么样的路径发展，只有在实践中慢慢探索。

延伸阅读

东亚金融合作的进展与未来的选择[②]

1997年亚洲金融危机发生以后，有关地区金融合作的理论探讨大量增多，同时，东亚地区的合作，其中包括金融合作取得了一些实质性的进展。东亚已经发展起了"10 + 3"合作框架，在这个框架下，东亚合作如何推进已经成为一个令人关注的大问题，特别是东亚金融合作在此基础上会向何处发展，前景如何？本文对这些问题进行分析。

---

① 还有推动建设金砖国家银行，上合组织银行，今后还可能会有其他的倡议。
② 本文发表于《当代亚太》2002年第8期，与我的博士生张斌联名发表。原文较长，这里略有删节。

一　东亚金融合作的实际进展

如果我们把地区金融合作定义为三个方面的内容：其一是金融监督和救助；其二是货币合作，其中主要是汇率机制的合作；其三是区域金融组织建设。那么，从实际的发展来看，目前，东亚地区在金融合作上真正取得进展的主要是第一个方面。金融危机发生以后，最具紧迫性的一个问题是如何加强金融监督机制（Regional Financial Surveillance）的建设，以避免此类危机再发生。人们普遍认为，亚洲金融危机之所以会发生，重要原因之一是缺乏金融监督。从功能上来说，金融监督不仅可以及时发现问题，加以解决，而且也可以对未来可能发生的问题，尤其是危机产生预警。

在一般情况下，地区监督机制与国内监督机制不同，它不具备像国内机制那样的管理职能，其主要作用是及时准确地分析信息，进行风险预警，因此，它发挥作用主要依靠同行评议（peer review）和同行监督。鉴于此，它高度依赖成员国的信息披露以及对披露信息的正确评估和及时发出具有权威性的预警。德国联邦银行前行长汉斯·提特梅耶（Hans Tietmeyer）对同行评议和同行监督下了一个定义：根据演变中的全球条件，评议各国国内存在的各种弱点，以及把这种评议应用于有关各方以阻止拖延纠正不充足的结构和不稳定的趋势。[①]

1998 年 10 月，东盟各国财长签订了《理解条约》，建立了东盟监督机制。根据东盟成员国之间同行评议和相互关注的原则，东盟监督机制的宗旨是加强东盟集团内部的决策能力，包括协助东盟成员发现潜在的危机并相应地做出反应；评估东盟成员国可能导致金融动荡和危机的各种弱点；推广符合国际标准的稳健行为规范，改善东盟成员国经济政策协调水平和对潜在薄弱部门审查，改进东盟成员国的"同行监督"环境。

除了对正常的汇率和宏观经济总量的监督之外，东盟监督机制还监督成员国的金融部门、公司部门和社会政策，并且还包括能力建设、增强机构和信息共享。根据东盟监督机制，东盟各国财长每年聚会两次进行政策协调。东盟监督机制由东盟各中央银行行长和财政部长组成的特别委员会

---

① Hans Tietmeyer, 1998, International Cooperation and Coordination in the Area of Financial Market Supervision and Surveillance, http：//www. bundesfinanzministerium. de/tieteng. htm.

行使。东盟监督机制也涉及宏观经济政策的协调，在亚行的协助下建立了一些技术性的监督项目。

虽然东盟监督机制已经开始运转，但是人们仍然关心它是否能够行之有效。有三个因素可能影响监督机制充分发挥作用：第一个潜在的障碍是，东盟各国经济数据和公开的经济及金融报告缺乏透明度。各政府当局往往不大愿意提供有关经济和金融状况的资料，经常把经济数据当作一种策略工具而不是一种公共产品。第二个限制与东盟的现实政治有关。东盟成员国之间在经济发展规模、水平和阶段上存在巨大的不对称，同时，严格不干涉内部事务的原则（经济，特别是政治）使有效地实施地区监督机制极为困难。比如，对一国的"错误和不可持续的经济政策"的批评可能被视为与"东盟精神"不相符。第三，虽然有亚行的帮助，但是，由于东盟秘书处规模小、资金少，以及东盟是一个比较松散的组织，因此，很难建立起一种正常有效的监督机制。尽管如此，东盟监督机制的建立仍然是一个重要进展。如果东盟监督机制在实践中证明行之有效，在"10＋3"框架内的整个东亚地区的监督机制就可以得到较好的发展。

事实上，目前，"10＋3"框架下的金融监督机制正在形成。第一次同行评议会议是在 2000 年 5 月亚行年会时附带举行的。2001 年 5 月在夏威夷举行的"10＋3"财长会议进一步肯定了建立东亚"10＋3"早期预警系统的方向，同意为此继续做出努力，建立早期预警模型。值得提及的是 1997 年 11 月建立的《马尼拉框架》小组，其主要目的是地区监督，尽管它不仅限于东亚国家，但它是东亚国家参与和以东亚地区金融问题为背景的重要监督机制。这个小组汇集了亚太地区内外 14 个国家的财政部和央行的代表，每半年举行一次会议，由来自亚太地区内外 14 个国家的财政部和中央银行的代表参加。在历次会议上，代表们讨论新出现的经济形势，并且交换对主要政策挑战的看法，亚行、IMF 和世行分别向代表们提交监督报告。尽管《马尼拉框架》小组的会议一般没有什么具体成果，但是对于交换信息，对于减轻和分散危机风险，以及早期预警还是有作用的。①

亚洲金融危机之所以扩散迅速（contagion），重要的原因之一是缺乏地区货币支持力量和及时的救助措施。在金融危机发生以后，由于国际货币

_____

① 澳大利亚联邦银行副行长 S. A. Grenville 2000 年 9 月 4 日的发言，www. bis. org/review。

基金行动迟缓，救助方式不太符合东亚国家的情况，美国也迟迟不伸出援助之手，这使得东亚国家加深了对建立本地区金融合作机制，尤其是金融救助机制紧迫性的认识。最早提出的建议是建立亚洲货币基金。但是，由日本提出的这个建议没有得到积极响应，被搁浅，而后来取得积极进展的是地区货币互换安排。

2000年5月在泰国清迈举行的亚行年会上，东亚13国财长一致同意建立一种货币互换安排体制，用以克服未来可能再次出现的金融危机。这种货币互换安排的目标是建立由本地区各成员之间货币互换和回购双边条约为基础的地区金融合作网，以此保护可能受到投机性攻击的货币。"清迈倡议"（The Chiang Mai Initiative，CMI）被普遍认为是亚洲地区金融合作的一个突出成效，被称为地区金融合作发展的一个里程碑。

"清迈倡议"的核心内容是，扩大东盟货币互换安排①，把所有东盟国家都包括进去，在东盟、中国、日本和韩国之间建立一个双边互换和回购协议网络，利用东亚"10＋3"框架增强地区的金融自助能力，促进地区有关资本流动的数据和信息交流，以及奠定地区经济和金融监督体系的基础，建立一个联系网络，发展适当的危机预警机制，增强东亚地区的金融稳定。

2000年11月17日，东盟各国中央银行行长、货币当局首脑及文莱财政部部长达成协议，将短期流动性支持资金从2亿美元扩大至10亿美元，用以克服成员国的短期国际收支困难。"东盟互换安排"（ASEAN Swap Arrangements，ASA）利息较低，最长期限为6个月。虽然这项互换安排的金额仍然不大，但它反映了东盟各国加强货币和金融合作的强烈愿望和实际努力。目前，东亚各国正在"清迈倡议"的框架下签署一系列双边货币互换协议。2001年，日本已经与韩国、马来西亚、泰国和菲律宾分别签订了双边货币互换安排，中国也与泰国签订了类似协议。中国和日本、韩国正在商讨签订双向互换协议，可望不久达成协议。未来将在东亚合作的机制下，把这些双边协议纳入一个网络。为了避免产生"道德风险"（moral hazard）的问题，互换协议将主要遵守国际货币基金的条件。不过，应该说，"清迈倡议"具有很大的局限性，目前象征性成分仍然较大，需要进一步落实，货币互换的规模也需要扩大。

---

① 在此之前的"东盟互换安排"由于只有2亿美元的规模，所以影响很小。

二 关于近期东亚金融合作的思路

推进东亚金融合作已经成为一个共识。为此，人们提出了不少思路和政策性建议。在建立地区基金方面，最有代表性的是关于亚洲货币基金（AMF）的建议。该建议是日本于 1997 年 9 月提出的。按照日本方面的建议，设立一个 1000 亿美元的地区基金，日本提供其中的一半，其余由中国、中国香港、新加坡和中国台湾提供。据认为，该基金将提供充足的流动性，可以很快动员起来防止对本地区货币的投机性攻击。作为一个地区性机制，它被认为至少可以起到以下作用：其一，威慑作用（Deterrent Effect）。投机性资本的跨国流动已经成为一个全球问题。货币危机和金融危机的爆发大部分是由投机性资本的投机行为引发的。对于专门从事投机的金融巨鳄，亚洲货币基金可以产生威慑效应，对于为数众多的中小投机力量，它可以起到稳定作用，使恶化金融危机的"羊群效应"（herding effect）不会蔓延。其二，监督作用（Supervision Function）。亚洲货币基金不仅是在危机爆发时采取救援行动，更为重要的是在没有危机的时候对成员国的经济发展、经济结构、金融市场和经济政策进行长期跟踪监督，并进行调查研究。在此基础上，建立一种地区性磋商机制，定期和不定期地交换宏观经济、经济政策和金融市场的信息。通过对成员国施加压力，阻止成员国实行可能会导致危机的政策。其三，救援作用（Rescue Function）。一旦成员国货币受到投机性攻击或出现紧急的国际收支困难，并且成员国本身不能克服，亚洲货币基金可立即根据协议向该成员国提供必要的国际流动性。这样，该国可以赢得时间采取必要措施纠正政策上的失误。

该建议得到一些国家，如马来西亚的支持，但是，它遭到美国和 IMF 的明确反对，中国对此也持有异议。反对的意见认为，这种地区性基金将与 IMF 的业务不必要地重复，并会导致借款国家的道德风险。该建议由于得不到一致支持而被搁置。尽管如此，有关建立地区性货币基金或某种基金安排的思路和建议仍然不断涌现，仍是各种地区磋商会议及学术文献的显著议题。泰国发展研究院院长查龙坡（Chalongphob Sussangkarn）认为，建立地区基金是可行的，世界其他地区已经有这样的机制，比如阿拉伯货币基金（Arab Monetary Fund）和拉美储备基金（Latin American Reserve Fund）。他认为，IMF 反对亚洲货币基金是没有道理的。问题在于东亚地区本身的条件，应该从现实可行的方面起步。①旧金山美国联邦储备银行的安德鲁·罗斯（Andrew Rose）也赞成建立一个与 IMF 平行的地区货币基金。他指出，货币危机往往具有地区性，并且按照贸易联系的途径传播。由于货币危机容易产生地区性危害，本地区就更有必要通过建立一个金融安全网来降低成本。②不过，美国经济学家巴里·艾臣格林则明确反对。③他认为，建立一种地区货币计划的理由之一是"在地区水平上同等压力可能更为有效"，但是，亚洲并不存在某种可以与欧盟的货币委员会和经济金融理事会相类似的机构。亚洲国家也似乎不可能去签订一个像《马斯特里赫特条约》那样的国际协议来对不能调整本国政策的国家进行严厉的处罚。还有的人，如伯德（Bird）和拉杨（Rajan）则认为重要的是执行什么标准。他们认为，试图建立一个与 IMF 平行的结构可能导致效率的损失。不过，"AMF 倒可以通过保证成员国遵守金融规范标准而做出贡献"④。泰国的噢拉姆（Olarm Chaipravat）提出了一个东亚地区金融安排的完整思路。他认为，东亚地区应该发展一种"地区融资安排"（Regional Financing Arrangement，RFA）。地区融资安排的操作办法是，东亚 13 个国家的每一个货币当局拿出自己 5% 的国际储备，这些基金由 13 个国家的中央银行共同管理。需要资金的国家可以按一定的乘数比例向基金借款。他提出，东亚的基金合作安排可以分三步走，或者说是三个层次：首先完善东盟互换安排（ASEAN Swap Arrangements，ASA），然后，完善"10 + 3"的双向货币互换安排（ASEAN + 3 Two Way Bilateral Swap Arrangement，TBSA），第三步完成东亚地区融资安排（RFA）。⑤韩国的金泰钧（Tae-Jun Kim）等提出建立亚洲借款安排（Asian Arrangements to Borrow，AAB）的建议与上述安

---

①　Chalongphob Sussangkarn, East Asian Cooperation, Paper presented at Conference Hakone, Japan, Sept. 29, 2000.

②　Rose, Andrew, "Is There a Case for an Asian Monetary Fund?" *FRBSF Economic Letter*, No. 99 – 37, 17 December, 1999.

③　Eichengreen, Barry, *Toward a New International Financial Architecture: A Practical Post-Asia Agenda*, Washington, DC: Institute for International Economics, 1999.

④　Bird, Graham and Ramkishen Rajan, Is There a Case for an Asian Monetary Fund? Presented at the Asian Development Forum, Singapore, 5 – 8 June, 2000. 并参见 Ramkishen Rajan, Examining The Case For An Asian Monetary Fund, January 2000, Discussion Paper 0002, Center For International Economic Studies, University of Adelaide, Australia。

⑤　Olarm Chapravat, Toward a regional financing arrangement in East Asia, ADB/IMA Symposium, May 10, 2001.

排机制类似。根据此建议，在东亚地区发展一种成员国之间的信贷安排协议，每个成员国可以根据其贷款协议的上限获得贷款，其原则依据 IMF 的借款总安排（General Agreement to Borrow）。位于东京的亚行研究所同样建议建立地区融资安排，以便起到最终贷款人的作用、提供有效的地区监督和促进金融和公司结构重组。[1]

各国实行的钉住美元的固定汇率制被认为是东亚国家发生金融危机的重要原因之一。但是，事实证明，每个国家完全的浮动汇率又会导致汇率的大幅度波动，从而加剧金融市场风险。因此，在亚洲金融危机发生后，有关地区汇率协调的建议就多起来了。最有代表性的是关于建立地区一揽子货币汇率机制的思想。提出这种建议的人很多，大体的思路有：实行地区钉住制度，实行有管理的汇率浮动。在东亚，主要的货币当然是日元，但由于日元具有很大的不稳定性，因此，大多数人认为，紧紧钉住日元是不行的。一种替代办法是，采取钉住美元的地区汇率机制。共同钉住美元与各自单独钉住美元没有本质的区别。与各自单独钉住美元相比，共同钉住可以实现相互汇率的稳定，但共同钉住美元需要东亚各国共同维持对美元的钉住，那么，维持固定汇率所需的外汇储备从哪里来？欧洲货币体系在共同维持对外浮动时曾集中了各国外汇储备的一部分，用于干预外汇市场。东亚是否也可以集中一部分外汇储备呢？由于东亚货币一体化的发展甚至尚未达到欧洲当时的水平，东亚没有一种比较成熟的机构化货币合作框架，目前做到这一点是不可能的。也有的人认为，如果单独钉住美元问题较多，也可以考虑以美元和日元为主要名义驻锚。还有的人认为，应该扩大钉住人民币的比重。然而，鉴于东亚实行钉住一种或两种货币的地区汇率合作还是比较困难的，因此，另一种思路是根据欧洲货币机制的经验，创立东亚货币计算单位（East Asia currency unit），该货币单位的确立以各国家的贸易加权比例为基础。[2]不过，事实上，在现实情况下，根据加权设立的货币单位接近于以日元为核心的货币单位，

---

① Policy Recommendations For Preventing Another Capital Account Crisis, 7 July 2000, Prepared By Asian Policy Forum, Asian Development Bank Institute（Forum Secretariat）.

② 关于这方面的文献见：Williamson, John, Exchange rate regime for emerging markets：reviving the inremediate option, IIE, 2000；Wendy Dobson, Deeper integration in East Asia：regional institutions and the international economic systemworking paper, 2001；Yu Yongding, On East Asian monetary cooperation, working paper, No. 02, 2001。

因为日本所占的比重太大了。这样的做法显然还是达不到稳定地区汇率的目的。

地区汇率协调机制需要各成员之间发展起比较高度的合作机制，成员国同意向合作机制让渡一定的货币以及经济的管理权，为此，要实现汇率的合作需要发展东亚地区的全面合作。目前，东亚并不具备这样的条件，看一看当前各国对日元大幅度贬值如何无能为力，就可以看出建立地区汇率协调机制的困难所在。因此，如何实现东亚地区的汇率稳定还是一个值得继续探讨的问题。

由于东亚地区内部贸易占越来越重要的地位，为了减轻对美元的过度依赖，减少交易成本和降低汇率波动对国际收支的影响，有必要加强地区各国之间货币的直接结算。为此，一些人建议建立东亚清算同盟（East Asian Clearing Union）。据认为，东亚各国增加地区货币在贸易结算中的使用可以节省大量外汇储备。比如，1996 年整个东亚可以不使用国际货币进行结算的进口为 1637 亿美元，等于东亚总进口的 13%。如果把这个比例乘上东亚各国的官方外汇储备总量，如 1996 年为 6800 亿美元，那么，可节省的外汇储备的最大数量约为 860 亿美元。这种方法需要本地区各国的中央银行加强合作，并实行一些保证结算的措施。例如，为了增加地区货币在国际结算中的份额，各国不仅在经常账户交易中而且在资本账户交易中都应保证每个货币的地区内可兑换性。

东盟一些国家已经相互签订了双边支付安排（BPA）协议，规定在双边贸易中不使用美元或日元，而改为使用各自的货币或实行记账贸易。在东亚整个地区，一些人建议，一方面可以增加日元结算的比例，同时，鉴于中国的贸易比重增大，亦应该增加人民币结算的比例，尤其可以在中国有国际收支经常项目顺差的贸易伙伴之间的贸易结算中使用。其他货币也可以根据这个原则进行，比如韩国与中国和东南亚之间目前存在国际收支经常项目顺差，韩国与这些国家之间的贸易结算也可以用韩元进行，为了减少汇率波动风险，可以考虑制定保证措施。

鉴于日本很长时间以来是世界第二大经济体，许多人把日元国际化作为东亚地区货币合作的一个重要构想。从 1997 年下半年开始，在日本，有关在日元国际化条件下地区货币和汇率体系的讨论受到重视。1999 年 4 月，日本大藏省的一个咨询机构"外汇和其他交易委员会"发表了《21

世纪的日元国际化》的报告。①该委员会认为，扩大日元的使用应该在和日本有紧密经济联系的亚洲开始，建议采取一些措施促使日元成为真正的国际货币。这些措施包括：在美元、欧元和日元之间实现汇率稳定，在美元、欧元和日元之间实行汇率目标区制度；建立由美元、欧元、日元和其他的货币组成的亚洲货币篮子，根据贸易和经济重要性确定每种货币的比重；改善日本金融和资本市场；允许日本银行扩大向外国中央银行提供以日元计算的信贷便利；增加非居民对日元的使用和持有。1998 年 10 月，日本大藏大臣宫泽提出了被称为克服亚洲货币危机新构想的建议，强调增加日元的使用将有助于国际货币体系的稳定。②这项计划的目的仍然是为了扩大日元在东亚的使用范围和影响，以期最终建立一个日元圈。

但是，日本政府对日元国际化并非全心全意，因为它将使日本失去其货币自主权并减少对其他亚洲各国的国际收支经常项目顺差。宫泽建议提供的紧急贷款总量仅 300 亿美元，日本并不真正愿意承担本地区最终贷款人的责任，提供这样的美元贷款资金对亚洲其他国家来说是不足以应对货币危机的。如果日本对在本地区的货币合作中起领导作用真正有兴趣，它必须使日元成为干预货币，随时向亚洲邻国提供抵御投机性攻击所需的任何数量的紧急日元而不是数量有限的美元。只有这样，日本才能够承担作为亚洲关键货币国家完全责任。2000 年，在东亚太平洋中央银行行长会议（EMEAP）上，各国同意，如果各国受到严重投机性攻击，日本银行将给11 个亚洲邻国的中央银行提供紧急日元贷款，各国则用日本国债作为担保。这也许是稳定亚洲各国货币的一个重大步骤。如果亚洲各国持有大量日本国债，以公债为担保的紧急贷款将会把危机有效地遏制在萌芽中。然而，由于目前亚洲各国持有的日本国债非常少，这项协议是否真正有效是难以确定的。日本国债的持有量有限是因为日本金融市场的不开放和发展不充分。

因此，如果东亚建成日元集团，日本必须进一步开放其市场，来吸收亚洲国家更多的出口。同时，日本必须保证向受攻击各国提供无限的紧急

---

①　参见日本大藏省的网站，Internationalization of the Yen for the 21st Century—Japan's Response to Changes in Global Economic and Financial Environments，April 20，1999，Council on Foreign Exchange and Other Transactions。

②　参见日本大藏省的网站，*The New Initiative to Overcome the Asian Currency Crisis*（*New Miyazawa Initiative*）。

日元资金，防止各国清偿能力不足而发展成为危机，而不是提供用国债作担保的流动性。但是，日本似乎不愿意对亚洲地区的增长和稳定负责任。日本金融体系和货币市场的欠发达实际上是阻碍日本成为地区关键货币国家的最严重的问题。当东亚危机发生的时候，日本脆弱的金融体系迫使日本的银行收回借给其他亚洲各国的资金，使遭受危机打击的亚洲各国雪上加霜。而且，日本不顾与其他国家存在庞大的贸易黑字的情况，纵容日元下跌，使各国对日元失去信心，并影响到亚洲各国的出口。2002 年初，日元大幅贬值，充分表现了日本对东亚经济不负责任的一面。显然，在此情况下谈论建立日元国际化或以日元为中心的货币体系就没有什么意义了。

三 关于东亚地区金融合作的较长期构想

欧洲走向单一货币的成功引起了人们对东亚地区金融合作长期构想的讨论。不少人提出了比较具体的长期构想。其实，所有的讨论都集中到两个方面的问题：其一是最终的目标是什么？也就是说，是否像欧洲那样最终走向单一货币？其二是走什么样的道路，或者说是采取什么样的模式？

应该指出，东亚地区金融合作的进程和目标应该与这个地区的全面合作进程与目标紧密联系起来，因此，在讨论金融合作的长期构想时应该首先确定地区的整个合作的长期目标。东亚合作的长期目标是什么？东亚展望小组的报告明确提出是建立东亚共同体（East Asian Community）。但是，东亚共同体不同于欧洲共同体，它不以超国家的地区组织为目标，而是旨在实现地区各国之间的逐步加深的合作与协调，在经济、政治、社会、文化等方面建立合作机制。比如，在贸易投资方面，以最终建立自由贸易和投资区为目标；在金融方面，对于是否最终实现单一货币展望小组采取了模棱两可的态度，只是提出探讨在经济、政治、社会等方面条件具备的前提下创立共同货币区的可能性。[1]多数人认为，东亚各国目前的经济发展水平差距太大，不具备类似欧洲《马斯特里赫特条约》中所提出的经济趋同标准。货币统一意味着国家货币主权的放弃，意味着各国一定程度上的政治一体化，这需要东亚各国有很强的政治愿望。但是，目前东亚各国在经济、政治上相差太大，缺乏货币统一的基础，所以，目前很难讨论整个东亚的货币统一。

---

① East Asian Vision Group：Toward East Asian Community，2001.

　　东亚合作还刚刚起步。考虑到东亚地区各国之间经济、政治以及文化上的巨大差别，合作只能走循序渐进的道路，金融合作也是这样。对于金融合作来说，尽管有着其自身的特殊性，但是，它离不开整个地区合作的步伐和程度。因此，我们在考虑金融合作时必须考虑东亚整个层面合作的目标和进程。

　　东亚合作目前以"10＋3"的形式推进，还没有一个清晰的长远目标规划。东亚展望小组的报告为东亚地区的合作勾画了一个蓝图，即东亚共同体的建设。但是，一则这个共同体构想是以经济贸易自由化为核心的，不搞政治联合，因此，对金融合作的最终定位并不明确。二则，就是这样一种设计，目前也还是难为所有国家接受。关于东亚合作的现实战略选择，我们可以从2001年文莱领导人会议得出几点启示：其一，目前和今后几年，东亚地区合作的主要努力还是稳定和加强地区的政治协商与对话机制，制定东亚地区合作的长远目标还为时过早；其二，推动整个东亚地区贸易与投资自由区建设的条件还不成熟，主要的特点是多层合作机制并存与发展；其三，由于金融危机的后遗症还没有根治，各国的主要关注和努力是恢复和增强经济发展的活力。因此，在此情况下，我们在研究东亚合作的现实选择时，应该采取务实渐进的模式。以1999年领导人关于东亚合作声明的原则为基础，目前和今后一个时期，把主要努力放在功能性合作的发展上，也就是说，先不设定长远既定目标，避免陷入目标和模式的争论之中。如果说把共同体的建设作为长远目标，那么，也应该把这个共同体定位为东亚各国之间逐步发展愈加紧密的合作与协调机制，在各国之间建立同生共荣的共识和协调机制。

　　考虑到东亚各国之间的差别和现行合作机制的发展，应该支持多种形式并进，同时加强各种机制之间的联系，即在现有合作机制的基础上加强东亚整个地区的合作机制的发展。东亚合作的立足点不是像欧洲那样实现明确的政治目标，而是现有利益，即有利于自身的经济发展与地区的和平稳定。目前，东亚还不具备走向真正的区域一体化的政治基础和动力。所以，在推动地区合作的功能性建设中，首先要以有利于地区的经济发展为出发点。东亚地区走向一体化的基础和动力只能在渐进的合作机制建设中逐步培养。尽管如此，渐进的机制化建设还是必要的，有些领域可以发展得快一些。比如，东亚在"10＋3"框架下的合作已经起步，进程不可逆转，因此，可以考虑及早设立东亚合作秘书处，以便对合作进程事务本身进行协调并对未来发展组织研究。

在对整个东亚地区的合作有了比较清楚的定位之后，再谈地区金融合作的现实选择就比较容易了。我们认为，应该集中在以下几个方面：

1. 加强宏观经济合作机制。东亚金融稳定的基础是经济稳定和发展，因此，作为金融合作主要内容的应该是加强宏观经济的对话与协调，尤其是要进一步规范与加强对话与协调机制。领导人会议的议题应该有针对性，就经济发展中的重大问题和其他方面的问题进行讨论。东亚财长会议机制化，应该一年两次，就重大问题进行讨论，使会议达成的共识对各国的经济政策具有一定的影响力。

2. 尽快完善金融救助机制。亚洲金融危机的后遗症仍然没有根除，东亚存在发生金融危机的危险。因此，进一步加强和加快地区金融救助机制的建设是当务之急。"清迈倡议"是东亚金融合作的重要进展，是地区金融救助机制的主要体现，也是目前最现实的选择，应该尽快完成双边互换协议的签署以及把双边协议纳入东亚地区合作框架的基础性文件，使目前的货币互换机制成为东亚金融合作进一步发展的基础框架。

3. 加强金融监督和预警。金融管理主要靠各国政府自己，因此，保持金融市场的稳定，减少发生金融危机风险的主要努力在于各国改善本身的经济政策和加强自身的金融机制建设。然而，由于风险的关联性和危机的扩散性，地区的共同监督和预警不仅变得必要，而且变得迫切。监督和预警紧密关联。当前设立地区专门的机构不太现实，主要是在各国中央银行之间建立合作机制，在各自的银行内设立职能合作机构，建立常设的联系与合作渠道。可以考虑设立"东亚金融监督与预警机制框架"，发布主要经济与金融指标，用以为政府决策者和市场提供及时准确信息。

4. 探讨地区汇率协调机制。地区汇率协调机制需要比较高层次的合作架构，是金融合作的深入发展。从现在的情况来看，东亚地区建立有效的汇率协调机制的条件还不具备。金融危机以后，除中国香港外，东亚各国或地区都放弃了钉住美元的相对固定的汇率政策和制度，实行浮动汇率。但是，东亚各国和地区的货币汇率受到日元汇率剧烈变动的强大压力，在当前情况下，因日元大幅度贬值而被迫进行调整，而各国或地区对其无能为力。这种情况严重影响着东亚地区经济形势的稳定，因此，探讨东亚地区汇率稳定机制的工作应该提到东亚金融合作的议事日程。鉴于实行钉住美元或日元的地区汇率合作机制难以行得通，推行东亚货币单位又不具备条件，因此，在加强宏观经济协调的同时，可以探讨一种地区货币汇率浮动目标区的方案，根据合作与承诺的原则，每一个国家或地区提出自己在一个时间段的浮动上下限，即目标区，通过地区合作机制加以监督。在特殊情况下，可以对目标区进行调整，但需要向其他国家提前通报，在必要情况下，应通过地区合作的努力减少调整范围。

5. 考虑东亚货币基金的可行性。日本关于成立亚洲基金的建议已被搁置，东亚金融合作在"清迈倡议"框架下建立货币互换机制为起步而取得了进展。货币互换机制显然不是东亚金融合作的终极目标。我们认为，从发展的需要来看，不必关上这扇大门，对其可行性应该鼓励继续探讨。

应该说，"清迈倡议"的落实将为亚洲货币基金的设立奠定一定的基础。但能否设立亚洲货币基金，将可能主要取决于三个方面的发展：一是"清迈倡议"的进展和以此为基础的东亚金融合作机制的发展；二是对地区货币基金的实际需求；三是东亚地区其他方面合作的进展。1997 年日本的建议被否决表明，东亚金融的深层合作取决于东业全面合作的发展基础。

第 七 章

东北亚合作的探索

导 言

东北亚地区的国家有着紧密的地缘连接，也有着独特的历史情结。近代东北亚是一部充满血腥的历史：以中国的衰落和日本的崛起为转折，该地区陷入半个世纪的战乱。日本消灭了清朝海军，强迫泱泱大国签订了屈辱性条约，出兵占领了朝鲜半岛，对朝鲜实行了殖民统治，接着又大举进犯中国，战火燃遍整个中华大地。二战中日本战败，新中国成立，本该步入正常的东北亚地区又陷入两大阵营对抗的旋涡之中。朝鲜战争把新生的中国拖入其中，进一步加剧了东北亚地区的矛盾与分裂。朝鲜战争结束，朝鲜半岛一分为二，长久分裂，冷战持续，东北亚地区成为冲突与对抗的前沿。20 世纪60 年代中苏分裂，70 年代后期中国开始实施改革开放政策，这些推动了地区关系的重组。中国与苏联交恶，与蒙古关系紧张，尽管中日实现关系正常化，经济关系发展迅速，但东北亚地区还是处在分裂的格局中。

冷战结束，苏联解体，中国与俄罗斯关系正常化，与韩国建立正常外交关系，并且发展起越来越密切的经济交往。不过，朝鲜半岛南北关系仍然为对抗阴影所笼罩，这使得东北亚地区的关系仍然不能完全转入正常化。

作为一个人口大国和发展中的大国，中国的开放政策与经济潜力形成了独特的优势，吸引了日韩企业进入中国市场，于是，中日韩之间发展起紧密的经济关系，成为东亚生产网络的中心。中日韩之间这种以经济为纽带构成的密切利益关系架构是历史上从来没有的，它为三国构建新的关系提供了利益基础。

进入 21 世纪，东北亚地区的合作出现了新的进展。其中一个进展是

"六方会谈"机制的诞生。2003 年由中国倡议，召开了由中国、朝鲜、韩国、美国、俄罗斯和日本参加的"六方会谈"。"六方会谈"的主要目的是以解决朝核问题为依托，构建东北亚的新关系，其中主要是要实现朝美关系、朝鲜半岛南北方关系、朝日关系正常化，在此基础上构建新的地区合作机制和安全框架。

六方会谈开局比较顺利，取得一些进展，但是由于大的关系结构，其中主要是美朝关系缺乏根本解决的条件，导致双方的严重缺信。美国不相信朝鲜真的会弃核，朝鲜不相信美国真的会放弃敌视和颠覆朝鲜的政策，结果，达成的共识得不到落实，到 2007 年这个机制就不得不停止运转了。尽管各方还在为此努力，但是，朝鲜内部政治的变化，中日关系的转变等，使得利用这个机制来解决朝核问题，创建东北亚地区，特别是朝鲜半岛新型关系和安全合作机制困难就更大了。尽管如此，这个机制的最重要意义是创建新时期的东北亚区域秩序机制。

另一个新发展是 2003 年中日韩合作机制启动。中日韩紧密的经济关系主要是建立在市场机制之上的，政府间的对话合作机制开始于 1999 年，但只是在"10 + 3"对话合作机制框架之内，以领导人早餐聚会的形式开始的。此后，中日韩领导人的对话不再是仅仅早餐聚会，也不再主要谈论如何在"10 + 3"机制中进行合作，而是变成讨论如何加强三方合作的正式议程。2003 年 10 月 7 日，中国、日本和韩国三国领导人在印度尼西亚巴厘岛举行会议，签署并发表了《中日韩推进三方合作联合宣言》。这是一个重要的进展，因为它开始规划三国之间的合作。在《联合宣言》中，三国领导人同意推进经贸、文化、人员交流、政治与安全等 14 个领域的合作，成立由三国外长牵头的三方委员会，研究、规划、协调和监督三国具体合作。经过几年努力之后，中日韩三国的合作又向前迈出了新的一大步，2008 年三国单独召开领导人会议，确立了三国正式的合作机制，并建立了合作秘书处，由此，中日韩合作显露出新的发展势头。

但是，好景不长。2010 年中日发生了钓鱼岛"渔船事件"，日本抓捕到钓鱼岛海域捕鱼的中国渔船船长，声言要以日本国内法对船长判刑。这立即引起中日关系的紧张，接着日本对钓鱼岛实施国有化，进而引起中日关系的巨大倒退，而安倍上台执政后，实行新保守主义的对外政策，否认日本的侵略历史，参拜靖国神社，把中国作为战略对手，使中日关系出现严重倒退。日本领导人参拜靖国神社，否认侵略历史，也引起韩日关系的紧张，致使例行的三国领导人会议被迫取消。这样，刚刚诞生的中日韩合作机制面临夭折的危险。尽管中日韩官方合作机制停滞尚没有影响市场联系机制的运作，也没有使启动的中日韩三国自贸区的谈判进程终止，但气氛却变了，变得不利于推进合作。显然，政治关系的冷却必然会对经济关系的深化产生负面影响。

进一步看，中日韩关系的冷却也会对东亚地区的合作产生消极影响，使变得模糊的东亚共同体愿景变得更为渺茫。毕竟，在东亚的区域合作中，尽管东盟一直处于"领导者"的地位，但中日韩三国的团结是推动合作取得实质性成效的关键。

东北亚区域合作进程的复杂性和曲折反复的特征为人们留下许多值得深思的问题。首先是区域的定位与合作目标，其次是区域合作的制度化建设依托的战略与利益机制。东北亚仍是一个被政治和安全不同框架分割的地缘区域，朝核问题使得区域的关系和安全形势变得更为复杂了。本来，由经济链接托起的中日韩合作为东北亚地区的合作打开了一扇大门，但是，三国关系的新变局似乎又把这扇门给关上了。这扇大门何时再打开，还要看政治关系的发展。

值得重视的是，中国的崛起对东北亚地区的关系结构产生了重大的影响，推动了传统关系的重组。在此情况下，如何定位和推动以区域为支撑点的合作，也可能需要进行更多的思考和务实设计。

第一节　推动东北亚合作的努力

东北亚缺乏区域合作的历史，更没有基于共同利益的区域合作制度构造。第二次世界大战结束以后，由于地区各国关系复杂，在很长时间里，区域意识几乎不存在。

最早提出带有区域概念的是日本的一些学者，20世纪60年代末先后提出了"日本海经济圈"、"环日本海经济圈"，后来随着韩国经济、中国经济的发展，一些韩国和中国的专家提出了"环黄渤海经济圈"概念，目的主要是构建近邻地区、城市的经济联系网络，推动贸易和投资的流动。日本、韩国、中国以及俄罗斯的沿海城市也主动积极推动实施开放发展政策，推动各种形式的联系，开展合作，签署合作协议。

1991年由联合国开发署牵头，启动了图们江区域发展规划，推动中国、朝鲜、蒙古、俄罗斯和朝鲜开展合作，共同推动图们江流域的经济发展。1995年，中、朝、俄三国政府代表签署了《关于建立图们江地区开发协调委员会的协定》，中、俄、朝、韩、蒙五国政府代表签署了《关于建立图们江经济开发区及东北亚开发协调委员会的协定》和《图们江经济开发区及东北亚环境准则谅解备忘录》，使图们江区域发展合作走上正轨。此后，相关国家采取了许多措施，加强合作，推进次区域的开发，比如，开放沿边口岸和港口，签订开放口岸和港口合作协议，改善基础设施等。在国家层面，有关图们江次区域开发的会议一直没有中断。

但是，从总体看，这个地区的合作发展仍然滞后。联合国开发署曾经计划用20年的时间把这个地区建成"东北亚的香港、新加坡"，这个宏伟蓝图远没有实现。究其原因，一是朝鲜作为主要合作方难有作为，使区域合作与发展受到制约；二是俄罗斯远东的发展长期不被置于俄罗斯开放发展的重点，使俄罗斯的参与度降低；三是这个地区本身的发展条件受到多种因素的制约。从性质上来说，这个由联合国开发署推动的图们江地区开发项目与亚洲开发银行在中国与东盟国家间推动的大湄公河次区合作项目类似，属于次区域发展的功能性合作，尽管具有区域合作的特征，但是，与以区域整体来构建的区域合作机制还是有区别的。

相比之下，大湄公河次区域合作几乎没有复杂的政治羁绊，合作上升到国家合作的层次，因此，总体的合作发展取得很大的成绩，对于促进该地区的贸易、投资和人员流动，改善当地的发展环境和条件起到积极的作用。当初把图们江次区域合作的目标设定得那么高，显然是受到了冷战结束、地区关系将出现大改观、欧洲推动大市场建设、区域合作盛兴等气氛的影响。后来的实践表明，像图们江地区这样的地区，无论从经济发展基础、地缘优势条件，还是从合作的政治意愿，都不具备发展成"东北亚的香港"的条件，其基本的设计还是应该通过开放合作，逐步改善当地经济发展的环境和条件。[①]

由日本综合开发研究机构（NIRA）的盐谷隆英提议的"东北亚大构

[①]　图们江地区的开发受到多重因素，如关系、安全、利益、资金等的制约，因此，专家建议，图们江次区合作重点应放在近期目标的可操作性，应该把便利化作为重点，签署合作协议。参见课题组《大图们江区域合作开发战略思考》，载《社会科学战线》2006年第3期，第81、82页；毛健、刘晓辉、张玉智：《图们江区域多边合作开发研究》，载《中国软科学》2012年第5期，第84、85页。

想——建立东北亚共同体"的倡议倒是有整体区域合作设计的特征。他认为，日本、中国和韩国之间在经济上的互相依赖性一直在不断增强，各国正逐渐成为相互不可缺少的合作伙伴。这种在经济上不断增强的相互依赖将会削弱国界所形成的阻碍，加快国际化的进程，并使东北亚地区的人民形成东北亚的归属感。为此，将会推动建立"东北亚共同体"的地区合作体制。他所在的日本综合开发研究机构对此进行了深入研究，提出了构建东北亚共同体宏伟构想的蓝图。按照该构想，用二十年的时间来实现建立"东北亚共同体"这一目标。东北亚共同体以俄罗斯、蒙古、中国、朝鲜、韩国和日本为中心，区域合作实行开放政策，邀请美国、欧盟参加。但是，这个构想并没有得到官方的有力支持，被束之高阁。①

韩国对构建东北亚区域合作高度重视，专家学者们提出很多倡议，特别是关于构建东北亚经济共同体的倡议。韩国人的东北亚经济共同体包含两个含义：一是以韩中日经济合作为中心，签订三国自贸区协定；二是经济共同体成为吸纳朝鲜、改变朝鲜的途径，比如，2005 年与中国专家一起推出"构建东北亚地区经济共同体合作方案"。韩国专家认为，必须建立固定的地区组织才能有效推动东北亚经济共同体的建设。②韩国学者李承律的专著《走向大同：东北亚共同体建设新思维》对东北亚共同体的构想从理念、思想、文化、经济等方面给予了现实主义，且带有理想主义的描绘。他提出，东北亚具有构建共同体的基础，如果从大处设想，从点滴做起，则会形成一个和平、合作和繁荣的地区。③

还有一些带有区域合作含义的努力和倡议，属于民间机制，或者官民对话机制，比如设在美国夏威夷的东北亚经济论坛（NEAEF），成立于1991 年，每年召开研讨会议，先后在中国、朝鲜、韩国、日本、蒙古、俄罗斯、美国召开研讨会，主要内容涉及东北亚地区的能源、交通、发展等议题，为推动区域经济合作提供智力支持。还有设在美国加州大学圣地亚哥分校的东北亚合作对话论坛（NEACD），成立于1993 年，每年召开会议，参加者有外交部官员、专家学者，主要议题是东北亚地区的安全与合

---

① 盐谷隆英：《构建东北亚共同体》，人民网，http：//www. people. com. cn/GB/shizheng/1026/2808425. html.

② 《中韩专家提出构筑东北亚经济共同体的方案》，新华网，http：//news. xinhuanet. com/newscenter/2005-05/12/content_ 2951176. htm。

③ 参见李承律《走向大同：东北亚共同体建设新思维》，世界知识出版社 2010 年中文版。

作，会议也是在东北亚地区的国家和美国召开，目的是讨论东北亚地区的安全问题，为推动东北亚地区的安全合作提供智力支持，并且意在推动官方的对话合作。

最具有实质内容的合作当属中日韩自贸区的建设。中日韩三国以市场为基础的经济联系不断加深，产生了构建更紧密联系的内在动力，加之受到中国—东盟自贸区建设，以及日本—东盟自贸区和韩国—东盟自贸区建设的启发和激励，2002 年有关构建中日韩自贸区的设想浮出水面，并且得到了三国政府的支持，由此，三国学界联合研究开启，这项研究进行了 7 年，可谓做足了功课，在此基础上，才推动了官方参加的"官产学联合研究"。政府的参与表明，官方有了推动的意愿，达成的共识和形成的建议也就可以推动谈判议程，这样经过十多年的准备，三国于 2013 年 3 月开始正式的谈判进程。

从地缘利益来分析，东北亚各国陆海相接，有着天然的区域一体性特征。但是，无论是历史，还是现实，这个地区都存在复杂的经济、政治和安全隐患。这些复杂的因素使得区域合作的思想，甚至是由官方推动的进程受到制约或者干扰。

从总体看，东北亚作为一个区域进行的合作可以大体分为两类：一类是发展区域功能性合作项目与合作机制，这方面可以进行的领域很多，有些可以以单独项目的形式进行安排，有些可以建立长期的合作机制。比如，近邻边境开放、小区域发展合作、能源合作、环境合作、基础设施发展合作、金融合作、科技研发和利用等。目前，已经发展起了一些合作，如图们江开发项目，环渤海经济发展合作对话等；在环境方面，有中日韩环境合作项目与对话机制；在能源方面，有中韩俄天然气合作项目；在科技方面，有中日韩通信和新一代因特网合作项目等。考虑到未来发展的重要性，东北亚地区在能源、基础设施建设等方面发展合作还是很有潜力的。这些方面的合作可以是中央政府间推动的，也可以是由地方政府推动，中央政府支持的，有些则是公司企业之间进行，政府给予支持或优惠政策的。另一类是推动东北亚区域层次的官方对话与合作机制建设。中日韩之间的官方合作机制已经建立，从领导人会议到多级政府高官会议，内容不仅涉及经济发展，而且涉及政治、安全和社会诸多方面的问题。从未来发展看，也应该建立有所有东北亚国家，即除中日韩外，还有俄罗斯、蒙古和朝鲜参加的官方对话合作机制。考虑到东北亚地区关系的复杂性，区域官方对话合作机制的主要宗旨还是推进对话、理解、信任和合作，维护这个地区的和平发展大环境。

以市场为导向的经济交往有时可以绕开政治和安全的羁绊，但是深度的交往，特别是设定目标的国家间合作需要适宜的政治关系和安全环境支持。在一定条件下，经济的利益可以超越政治障碍，但是要构建共同发展的合作机制，需要政治共识和稳定、和平的环境。东北亚政治和解的路还很长，发生动荡的风险依然存在。路漫漫兮，修远。

理想主义的东北亚共同体构想固然值得称道，但是，从现实出发，从务实合作做起，一步步积累和铺垫，使和平发展之路顺通，这是最为重要的。

第二节　以中日韩合作为主渠道

中国、日本、韩国是当今东北亚地区最具影响力的三个国家。但是三国关系错综复杂，二战以后，仅实现三方国家关系正常化就费了很大周折。最早实现关系正常化的是日本和韩国，于 1965 年建立正式外交关系。中国与日本在中美关系解冻以后才于 20 世纪 70 年代初 "恢复邦交"，分别于 1972 年和 1978 年签署《中日联合声明》和《中日和平友好条约》，实现关系正常化。由于朝鲜半岛分裂，加上朝鲜战争的阴影，中国只与朝鲜保持密切的关系，与韩国的关系既特殊，又敏感，只是在冷战结束后才出现转机，于 1992 年实现了关系正常化。中日韩三国实现关系正常化，这个结果来之不易，打开了东北亚近代史上新的一页。

不过，三国政治制度不同，日本和韩国都是美国的军事盟国，在这样的政治和安全架构下发展三国的合作关系，构建合作机制还是不容易的。以市场开放为基础构建起来的联系成了 "利益共域"，创建了超越政治和安全的联合机制。中国实施改革开放政策，吸引了日本、韩国的投资，推动了以市场为基础的共享生产网络，不仅使三国之间发展起了密切的经济联系，而且使得三国之间的联系和运作机制具有区域的特征。[①]尽管如此，

———————————

① 之所以称之为 "区域性" 有两个含义：一是三国的投资、贸易、服务链接超越国家范畴；二是它们与东亚地区和亚太地区的网络相链接，这样，以中日韩三国为主题的东北亚区域性构建有着特殊的意义。

直到 1997 年东南亚发生金融危机，东盟邀请中日韩进行对话合作，中日韩三国才走到一起，但开始三国之间并没有聚在一起共商合作。

金融危机对东盟的经济造成了巨大的影响，这凸显了中日韩三国在帮助东南亚缓解危机、恢复经济的"集体作用"。①正是这样的架构，催生了中日韩三国开展合作的意识。1999 年 11 月 28 日，三国领导人在参加"10＋3"对话时破天荒地实现了"非正式早餐"聚会。②这是东北亚地区关系历史上的一个重要里程碑。

2000 年三国决定把领导人会晤机制化，2002 年把早餐会改为正式会晤，2003 年三国领导人共同签署并发表了《中日韩推进三国合作联合宣言》，这是三国领导人首次就三国合作发表共同文件，初步明确了三国合作的原则和领域，并决定成立三方委员会总体协调三国合作，标志着三国合作进入新阶段。2004 年三国领导人会晤通过《中日韩三国合作行动战略》，为全面推进各领域合作做出了具体规划。③在三国的共同推动下，合作的机制和领域有了显著的发展，主要体现在：

其一，建立了各种对话合作机制，从部长会议，到司局长会议，涉及经贸、投资、海关、质量监督、检验检疫、知识产权保护、环境保护、海洋生态、旅游、文化、教育等领域。比如在经贸合作方面，建立了三国对话协商机制，比如，三方委员会、三国经贸部长会议、三国经济司局长磋商、中国—日本经济伙伴磋商、日本—韩国高层经济磋商、中国—韩国联合经济委员会等机制促进相互理解与合作，营造具有吸引力的贸易和投资环境。

其二，推进合作，既有政府间的合作会议，也有公司间的合作项目。比如在金融领域，三国建立了财政部长会议，这个会议是三国探讨促进地区金融合作、进行经济政策对话的论坛，三国合作通过签订双边互换协议，通过审议"清迈倡议"和亚洲债券市场倡议等方式，加强地区金融合作。

其三，在"10＋3"、东亚峰会框架下三国采取协调行动，如落实《清

---

① 1996 年 3 月召开亚欧会议，亚洲方面是东盟 10 国和中日韩三国。不过，尽管东盟加中日韩的架构（"10＋3"）已经出现，但中日韩作为带有"区域性"的一方的含义还是不明显的，而1997 年的东盟与中日韩对话与合作，让中日韩三国有了代表"东北亚"的区域性含义。

② 当时的中国媒体报道，中日韩领导人"以共同出席早餐会的形式讨论有关问题"，"首开先例"，http：//www. chinanews. com/1999-11-29/26/9304. html。

③ http：//www. baike. com/wiki/，中日韩合作。

迈倡议》，签订双边互换协议等，同时积极推进三国之间的合作，比如电信领域、沙尘暴防治、青少年交流、中日韩自贸区可行性研究等。合作的领域不仅在经贸，也扩及政治安全、打击跨国犯罪、反恐等方面，甚至在"六方会谈"机制下，三国外长也进行协商。

　　不过，出于多种原因，三国合作的实际效果有限，对话、协商和规划多，实际合作行动少。

　　2008 年，中日韩合作迈出了一大步，12 月 13 日三国峰会在日本福冈举行，这是东北亚三国领导人首次单独在东盟"10 + 3"的框架外，在非东盟国家举行的正式性会议，三国同意，将使这种会议机制化。这次会议确立了旨在实现"实现和平与可持续发展"的伙伴关系，强调"公开、透明、互信、共利、尊重彼此文化差异的原则"，"在政府和非政府框架内，开展政治、经济、社会和文化等领域的全方位合作"。①峰会期间，三国签署了《国际金融和经济问题的联合声明》《伙伴关系联合声明》《三国灾害管理联合声明》和《中日韩合作行动计划》。合作行动计划具体列出了五大领域，在经济领域，支持三国自贸区联合研究，推动有关促进三国投资便利化和投资保护的谈判；在科技环保方面，启动东亚气候伙伴计划，共同研究沙尘暴的监控、早期预警和防控，开展候鸟联合保护和监控等；在社会文化方面，启动外交、安全合作论坛，召开"韩中日青年领导者论坛"等；在国际领域，三国承诺就联合国气候变化大会、非洲事务、六方会谈、联合国改革、东亚合作等议题密切协商。②灾害管理联合声明提出制定全面灾害管理框架，增强防灾抗灾能力，最大限度地减少灾害破坏，三国将轮流举办救灾部门负责人会议和专家级会议。③会议期间，中韩、日韩之间还签署了货币互换协议，数额分别达到 280 亿美元和 300 亿美元。中日韩第一次按照"清迈倡议"框架对受到金融危机严重冲击的韩国进行资本援助。福冈中日韩峰会传递的信息是明确的，这就是中日韩三国开始了制度化的合作进程，这为东北亚的区域合作翻开了新的一页。

　　此后，2009—2012 年，三国领导人会议分别在北京、济州岛、东京召开，先后发表了《中日韩合作 10 周年联合声明》《中日韩可持续发展联合

---

　　①　新华社：《三国伙伴关系联合声明》。

　　②　新华社：《中日韩合作行动计划》。

　　③　新华社：《三国灾害管理联合声明》。

声明》《第四次中日韩领导人会议声明》《关于提升全方位合作伙伴关系的联合宣言》等，其间三国合作的确取得一系列令人瞩目的成果，如建立了三国合作秘书处（2011）签署了《中日韩关于促进、便利和保护投资的协定》（2012）。在三国合作机制下，已建立18个部长级会议和50多个工作层交流合作平台。看起来，中日韩三国的合作已经走上了正轨。

然而，尽管中日韩三国有着特殊的地缘关系，无论是历史上还是现在，都是一个共生的区域，但三国之间有着太多的令人无法忘怀的痛苦记忆，三国之间不仅差别大、分歧多，也存在很多未解的问题。三国选择了不同的发展道路，呈现不同的发展水平，存在着政治制度、对外关系结构等方面的巨大差别。历史的阴影、现实领土的争端、安全架构上的"困境"①，让三国开展诚意的合作有一定难度，很容易被各种干扰因素所羁绊，甚至使合作进程出现停滞和反复。有时候，一点小事，也可能会引起轩然大波，民众之间不信任的程度很高，有着很深的鸿沟。

中日关系一直走走停停，反复多变。民主党执政的野田政府要用国内法审判在钓鱼岛海域捕鱼、与日本海上保安厅发生冲突的中国船长，对钓鱼岛实行国有化。安倍上台后实行保守的民族主义政策，参拜靖国神社，以中国为战略对手，使中日关系严重恶化。历史问题、领土问题也使韩日关系陷入紧张。由此，原定2013年在韩国首尔召开的三国领导人会议不得不取消。目前，中日韩自贸区的谈判进程仍在进行，一些部门的合作机制，如中日韩环保部长会议等还在运作，但为数众多的领域的合作都受到了很大的影响，三国领导人会晤机制的恢复取决于大政治环境的改善。如果安倍政府坚持否认侵略的历史观，恢复会晤和对话就很难。

中日韩合作这条大船启动起来很不容易，但又像逆水行舟，有时会被旋涡搞得团团转，有时也会退行。不过，鉴于历史的教训，现实的利益，三方都懂得，若是翻船，都会付出巨大的代价。

回顾与思考

我与东北亚研究也算有些没有想到的机缘。1993年，我开始担任中国

---

① 中日韩之间的"安全困境"主要成因是：二战以后美国打造的军事同盟体系，不仅不包括中国，而且有防范中国的内涵，这使得三国难以建立自己的安全合作架构；另外，中国的迅速崛起改变力量对比，特别是中日之间，角色转换带来战略性竞争。

社会科学院亚太研究所所长，没想到 1995 年让我兼任日本研究所所长。我对日本缺乏研究，为了不做门外汉，我只好虚心学习，甚至要填补一些有关日本的最基本的知识。我本以为兼任日本所所长时间不会太长，没想到，一干就是 6 个年头，特别是我还担任了中日 21 世纪友好委员会中方委员 5 年，每年要开多次会议，与日方委员一起就中日关系的发展进行深入的讨论，这样，我竟被逼成一位"知日派"人物了。①

对韩国，我原来更是知之甚少。我对韩国的兴趣起于对其实现快速经济起飞的关注。1996 年韩国加入了经济发展合作组织（OECD），在短短 30 多年内，由一个贫穷的国家进入发达经济体俱乐部，其成功的经验值得探究，也值得中国借鉴。是年，我设立了一个课题组，重点研究韩国的市场经济模式，由我主编的专著《韩国市场经济模式——发展、政府与体制》于 1997 年出版。正如我在该书中所写到的，韩国摸索创造了一种适合本国特点，又适应当时国际环境的发展体制和政策。这种体制和政策促进了韩国经济的起飞，加速了其工业化、现代化进程，从发展的角度为其他发展中国家的发展提供了一个榜样。②也许又是一个没有想到，2009 年胡锦涛主席访问韩国，中韩两国领导人决定成立联合专家委员会，就中韩关系发展进行联合研究，为政府提供政策咨询，我被任命为中方委员会执行主席。③该委员会每年召开数次会议，每次会议都要为发展中韩关系提出具有实质性内容的政策建议。这迫使我不得不认真读书，扩充我对韩国的知识，并且要能对韩国有真正的了解。那几年，韩国是我每年出访最多的国家，在韩国也结识了很多朋友，接受过韩国媒体，包括报纸和电视台的许多采访，一时间成了韩国问题的热门"专家"。

2003 年，中日韩三国签署了《中日韩推进三国合作联合宣言》，这促使我开始对东北亚区域给予更多的关注，是年我设立并主持了一项联合研究课题，对东北亚的区域经济合作进行研究，2004 年由我主编的《东北亚区域经济合作——进展、成效和未来》一书出版，该书从多个角度对区域经济合作进行分析，特别是对未来发展的前景进行展望。我在该书的"绪

---

①　不少日本朋友这样评价我，当然，我心里有数，要说"知日"，那还差得远。

②　张蕴岭主编：《韩国市场经济模式——发展、政府与体制》，经济管理出版社 1997 年版，第 20 页。

③　该委员会的成立是基于中国国家主席胡锦涛与韩国总统李明博的决定，成立于 2009 年，为期 4 年，到 2013 年韩国大选新总统上台结束。

论"里写到，从现实可能和需要出发，东北亚要建立一种独立的、制度化的地区组织存在巨大困难，也就是说，把建立具有实体功能的东北亚共同体作为目标是不现实的。我在该章建议，东北亚区域合作以经济合作为基础，重点推进功能领域的合作机制建设，同时也要推进综合合作，即包括政治、安全、社会和文化的合作，既通过合作增进区域的共利，也增进区域的共识。①其实，考虑到多方面的因素，我对东北亚地区的合作前景并不很乐观。开展功能性合作，即各个领域的合作，是务实的选择，易见成效，且可以避开复杂的政治因素，在架构上，可以是中日韩三国的合作，也可以是由所有或者其他部分东北亚国家参加的合作，包括沿边近邻地区的合作。总之，可以灵活多样。其实，尽管区域合作成为潮流，参与区域合作成为各国的普遍选择，但是并不是所有的地区都可以像欧洲那样实现深度的联合。欧洲联合有其特殊的环境和条件，而像东北亚这样的地区，关系复杂，结构失衡，区域政治内聚力缺失，若以构建区域共同体为目标缺乏支持的基础。

近代，这个地区经历了复杂的关系变换，发生了诸多冲突和战争。第二次世界大战以后，东北亚地区关系和秩序重建，但受到冷战格局的主导，国家间的关系异常。战败的日本被美国改造和控制，成了美国的盟国，其经济得到快速恢复，发展成为亚洲第一和世界第二的大经济体（2011 年之前）；朝鲜半岛南北分裂，发生了大规模的战争，使得半岛的分裂和对立长久化；韩国成为了美国的同盟，经济上实现了快速起飞；中朝曾建立密切的"准同盟关系"，站在同一条战线上；朝鲜与美国陷入长期对抗，与日本也没有建立正式的外交关系；特别是在进行核武器试验，成为有核国家之后，朝鲜受到了国际社会的制裁，中国也表明了反对朝鲜拥有核武器的坚定立场，鉴于此，朝鲜几乎置身于区域合作的进程之外。

二战后，中国与东北亚地区国家的关系一路走来，着实不易。新中国成立后，先是与苏联短暂结盟，后双方发生分裂，走向对抗，苏联解体后，中俄迅速实现了关系正常化，并且结成了战略协作伙伴关系；中日于20 世纪 70 年代初恢复邦交，但是，双方的关系反反复复，总是不顺畅；中国于 90 年代初才与韩国建立正式外交关系，经济关系得到迅速发展，

① 张蕴岭主编：《东北亚区域经济合作——进展、成效与未来》，世界知识出版社 2004 年版，第 3—6 页。

但是政治安全关系受制于多种因素。

东北亚地区的合作就是在复杂多变的情况下寻求可行之路，有时候像走钢丝，摇摇晃晃。我一直在想，东北亚地区的和解与合作进程为何这么难呢？

尽管建立在市场开放基础上的经济联系使中日韩三国构筑了紧密的发展利益基础，但是，美国主导的同盟国政治与安全把中国隔离开来，使得诸多政治安全问题无法形成共识。事实证明，开展区域合作，特别是构建合作的制度，需要政治共识，需要安全共识，需要区域认同，而复杂的地区关系和架构使得东北亚国家，包括中日韩三国的共识和认同度很低。

从中日韩三国的合作来看，在"10＋3"合作框架下启动三国领导人的早餐聚会是一个具有开拓性的举措，进一步使其常态化是一个有战略眼光的决定，而建立三国领导人的单独会晤机制，并且构建多领域、多层次的部长、高官对话合作平台则一个具有历史性意义的突破。

但是，三国之间存在着政治与安全隔阂注定使得合作的进程充满荆棘。日本现代政治变化无常，右翼势力上升且执政，领导人否认侵略历史，并以中国为战略对手，使得中日和韩日关系后退，让三国合作的政治气氛恶化。本来，日韩都是美国的盟友，按说有着政治与安全共识基础，但是，历史问题一走上前台，就占据了上风，使两国关系急剧恶化，因为对韩国人来说，日本的残酷殖民统治是永远铭记不忘的。朝鲜问题是遮在中韩关系上面的一片阴影，有时候云层很厚，韩国人往往把中国作为责难的对象，对两国关系产生不利的影响。如今，中国综合实力快速上升，日本产生了很强的抵触性，这使得其与中国开展合作倍感怀疑，不仅是政界，连企业界也如此。与此同时，中国和韩国都对日本右翼势力的上升深表担心，对日本领导人否认侵略历史感到愤怒，因此，尽管中日韩三国合作的框架机制继续存在，但是，达成的共识也只好搁置，推动合作的聚合力减弱。

还有，中日韩三国的关系离不开美国因素。美国在日韩都有驻军，是现实存在，是安全保障，拥有很大的主导权。因此，美国对日韩与中国建立合作机制必然会抱有疑虑和警惕。道理也很简单，日韩是美国的盟友，中美存在着战略竞争，中日韩若靠近，特别是搞深度合作，必然会削弱美国的主导性和影响力。鉴于这种情况，一个很大的问号是，没有美国参加的中日韩合作究竟能走多远。①

中日韩需要历史的和解,没有和解,推进合作就很难。当然,合作的过程会促进和解,但是,基于三国间的复杂关系特征,实现和解的关键需要综合的环境和政治决断性,特别是日本,不在历史问题上惹麻烦。鉴于日本国内的政治气候,要做到这一点要比过去还难。

中日韩共享的现实利益基础是经济联系,因此,三国开展合作主要是在经济领域,建立自贸区是三国难得的共识,尽管谈判的进程不会太顺利,也会受到政治气氛的影响,但只是时间的问题,是进程把握、架构设计和政治决心的问题。②

从区域合作的目标设计和功能来说,机制化的建设具有改善参与者关系的效能,可以通过区域性机制构建,缓和双边的矛盾,构建共利基础。欧洲合作从煤钢联营、关税同盟、共同市场、经济共同体、统一大市场,最后到欧洲联盟,逐步深化,从经济合作开始,逐步拓展到政治和安全领域,创建了欧洲地区的和平,改善了成员国,特别是有"世仇"的法德之间的关系,从制度上结束了欧洲历史冲突的"恶性循环率"。东南亚地区本是一个充满矛盾、战乱不断的地区,通过建立区域合作组织——东盟实现了区域整合,把所有东南亚地区的国家都吸纳到一个合作框架,并且通过渐进方式逐步深化区域市场开放,推动区域的经济发展,在建立互信和取得合作共识的基础上,东盟制定了建立共同体的目标,如今具有东盟特色的共同体已经成为现实。然而,东北亚地区的现实表明,中日韩深化合作需要双边关系的改善为基础,区域合作机制难以具备推进双边关系改善的内在功力。欧洲和东盟合作的经验都表明,推动合作由几个核心国家合力推动,而在东北亚,中日韩难以起到这样的作用。③

---

① 有的学者认为,东北亚地区合作的根本矛盾还是地区关系的结构矛盾,关键是如何处理美国的霸权与中国力量的上升,因此,应该保持东北亚合作的开放性、包容性,而包容性的核心是让美国利益得到保证。这样的看法实际上把问题归结为中美之间的问题,看似有些简单化。这方面的观点见王巍巍《安全博弈中的一体化困境——以东北亚地区为例》,《延边大学学报》(社会科学版) 2014 年第 2 期,第 26、27 页。

② 有的专家提出,中日韩合作的关键在于三国 FTA 的签署,它是东北亚地区,乃至东亚地区实现经济整合的必要条件。沈义燮:《论东北亚时代的中日韩合作》,《东北亚研究》2008 年第 3 期,第 11 页。有的从结构差别的角度分析,认为"中日韩难以在短期内建立 FTA"。见王胜金、朱显平《东北亚地区合作的现状与趋势》,《亚洲问题研究论丛》2007 年第 5 卷,第 250 页。

③ 主要的原因是日韩受制于与美国的利益和政策影响。比如,中国倡导建立亚洲基础设施投资银行,20 多个亚洲国家支持和参与,在美国的压力下,韩国不敢参与,日本也不参与。

次区域合作可以走得更快些。基于地缘连接，东北亚国家之间有着发展次区域合作的需求和现实性，次区域合作包括陆地接壤地区，也包括陆海经济圈。在陆地接壤地区，可以发展边境开发区、沿边合作开发区，可以是两个国家之间，也可以是几个国家之间。在陆海经济圈方面，可以构建沿海、沿边城市，海港及相近地区连接的合作圈。

尽管在东北亚地区合作中，中日韩是核心力量，但应该包括更大的范围，从地缘角度来考虑，至少还包括蒙古、俄罗斯、朝鲜。从合作的方式来看，应该多样化，包括次区域和功能性的领域合作。特别是在中日韩合作因政治关系而冷却的情况下，应该考虑大力推动"泛东北亚"合作的发展，同时，也可以推动构建东北亚大区合作的框架，规划东北亚的互联互通网络，建立"3（中日韩）+3（俄蒙朝）"对话，或者"3+2"（俄蒙）对话，先从部长级对话开始，视条件成熟，也可以考虑召开"3+3"峰会。① 如果中日韩的"3+"机制难以成为引领，也可以推动"新3国机制"，即中俄蒙对话与合作，与中日韩对话合作机制并行发展。

在各种形式的合作中，政府的作用是支持和推动，推动开放市场，支持企业参与。市场是东北亚经济链接的主渠道，企业是经济活动的主体。就像中日韩三国，尽管政治关系波折不断，但是，以市场为基础的经济联系没有减弱。中日韩三国经济构成结构性互补——日本的技术优势、韩国的投资活力、中国的市场潜力，这样的互补结构推动了三国之间的投资—贸易—服务链接网络。特别是中国巨大的市场潜力，为三国提供了巨大的经济交往空间。

不过结构在发生变化，原来是中国的出口严重依赖日本市场，目前是日本严重依赖中国市场，中国是日本和韩国的最大贸易市场，是韩国的最大投资市场，也是日本的主要投资市场。中日韩三国的经济结构和关系调整重组主要是市场机制的作用。三国的经济链接是基于市场的推动力，是企业的主动行为，企业界是推动三国构建制度化安排的重要力量。我与三国的一些企业家交谈，他们都很执着，对认定的市场机会都不会放弃，他

---

① 我在2011年的东北亚智库论坛上提出建立"3+3"经济部长对话合作机制。见《专家呼吁东北亚自贸区应尽早建立》，中国新闻网，http://www.chinanews.com/df/2011/06-16/3116626.shtml。

们对一些政治家无视基本利益，玩弄政治手段，使三国关系陷入僵局多有不满。

说起东北亚，无论到世界的哪个地方，人们都钦佩中日韩经济取得的巨大成绩，在这个区域，竟造就出世界第二、第三大经济体，足以令人羡慕。然而，谈起东北亚的地区局势和国家间关系，尤其是中日韩之间的关系、朝鲜半岛的危局，人们也多有不解，既然欧洲打了两次世界大战都能实现和解与合作，为何东北亚就不能呢？

我经常访问日本和韩国，也访问过蒙古、俄罗斯和朝鲜，除因朝鲜有着特殊的政治环境外，与其他国家的专家学者交谈，似乎大家都谈得来，都有共识，即东北亚需要和平与合作，需要从大局出发，以智慧化解矛盾和冲突，以协商、合作的精神和方式解决争端。但是，一上升到国家关系的层面，特别是面对涉及领土、历史积怨的问题，似乎这些共识就被化解了。这说明什么问题呢？是这些共识的政治基础不够，还是其他什么原因？我有时候也感到很费解。①

不过世上的事总是复杂的。"道路是曲折的，前途是光明的"，也许这句话是"万应灵药"，因为只有这样认为，才可以去坚持。东北亚除了和解与合作，没有其他更好的选择。

延伸阅读

中国参与和推动东北亚区域经济合作的战略②

东北亚地区对中国有着特别重要的地缘、经济、政治与安全意义。但是东北亚地区却存在着复杂的地缘关系，而该地区的区域合作亦呈现出多重框架、多种机制、多重因素影响的特点。出于地缘经济政治的考虑，尤其是推动东北地区发展的战略考虑，中国对东北亚地区的合作采取了积极参与和务实推进的政策。

---

① 和解要出于很强的政治意愿。中韩之间的和解是一个很好的例子。中韩曾是敌人，打过恶仗，且在时间上记忆犹新。韩国主动提议送回留在韩国土地上的中国人民志愿军遗骸，此举对于改善两国关系，拉近民众感情作用甚大。

② 本文发表于《东北亚论坛》2013 年第 1 期。

一　把推动中日韩合作作为重点

中日韩交往的历史长河中，"中日韩是冤家，也是亲家"的特征突出，如今也未改变这种二元特征。在当今全球化和区域化的时代，鉴于各方利益相互交融，发展相互依赖，一损俱损，我们所要做的就是如何化解怨恨，推进对话、协商与合作，实现互利共赢。

（1）推动中日韩合作进程

参与和推动中日韩三国的合作符合中国的利益，也是中国区域化战略的重点选择。中国的改革开放为三国建立紧密的经济关系打开了大门，日韩企业向中国的产业转移，扩大和深化了三国的经济关系和利益基础，拉近了三国的关系，这为三国开展合作提供了前提和内在需求。尽管如此，出于历史和现实的原因，三国的机制化合作框架构建迟缓。

直到1999年，中日韩领导人才首次借在菲律宾出席东盟与中日韩（10＋3）领导人会议的机会举行了"史无前例"的早餐会，从而开启了中日韩三国对话与合作的进程。此次对话引起巨大反响，考虑到三国关系的政治敏感性，三国并不愿意给予过多解读。经过几年的对话，三国对话走向正轨，开始推动合作，2003年三国领导人在印度尼西亚巴厘岛签署发表了《中日韩推进三方合作联合宣言》；次年，为落实合作宣言，又进一步通过了《中日韩三国合作行动战略》。到2008年，三国合作迈向一个新台阶，领导人会晤由在"10＋3"框架下进行，转为独立进行，签署了《中日韩伙伴关系联合声明》和《推动中日韩三国合作行动计划》；2010年，三国又开始规划中长期合作，发表了《2020中日韩合作展望》和《关于建立中日韩三国合作秘书处的备忘录》，一致同意进一步深化三国的科技合作，经贸财经合作，推动可持续发展，加强社会人文交流，并在国际与地区问题上加强沟通与协调；2012年，在北京召开的第五次领导人会议发表了《关于提升全方位合作伙伴关系的联合宣言》。显然，中日韩合作进程是不断取得进展和成效的。迄今，三国已建立外交、科技、信息通信、财政、人力资源、环保、运输及物流、经贸、文化、卫生、央行、海关、知识产权、旅游、地震、灾害管理、水资源、农业等18个部长级会议机制和50多个交流合作平台。①

———————

① http：//www. fmprc. gov. cn/chn/pds/wjb/zzjg/yzs/dqzz/zrhhz/.

中国对三国合作一直采取积极参与和推进的政策，在许多方面，都发挥了倡导者的作用。在第一次中日韩峰会期间，温家宝总理就提出"从战略高度和长远角度重视发展同日本和韩国的友好合作关系"，此后，他又进一步指出，"加强互利合作，为三国人民谋取实实在在的利益是深化三国合作的重要推动力"，强调"在世界经济大变革大调整大发展的时代，中日韩三国面临新机遇新挑战，只有全面深化合作，才能更好地促进各自发展，推动东亚地区融合和一体化进程，为世界和平与发展做出应有贡献"①。中国的积极进取态度，对于推进中日韩的合作起着至关重要的作用。

经济合作是三国合作的主轴，经济发展上的共同利益是支撑合作进程的内在基础。不过，由于三国之间存在着历史认知和现实利益的矛盾，处在复杂的安全架构与环境之下，经济上的紧密关系与合作并不能弥合政治安全上的巨大差别，一些敏感的问题，尤其是历史认知与领土、领海争端，以及朝鲜半岛的紧张对抗等对三国的合作形成制约。因此，尽管三国合作的进程得到不断发展，但却是建立在一种不稳固的政治基础上的，由于制度化构建薄弱，导致声明多，实际行动少，由于政治与社会支持脆弱，合作进程不得不呈现某种程度的"政经分离"状态。②在此情况下，三国的合作难免出现波折。因此，如何进一步深化中日韩的合作，不仅需要付出巨大的努力，也需要智慧和共识。尤其是当前，由于领土和海域经济专属区上的争端激化，三国的合作进程面临严峻的挑战，有停滞或者退步的危险。

（2）推动中日韩自贸区的建设

尽管中日韩经济建立了密切的联系，但是，联系的机制主要还是靠市场和企业的自主选择，这使得三国的市场开放结构很不均衡，规制保障很不健全，由于这样的原因，三国的内部贸易和投资市场比重较低。从未来发展看，三国需要通过提升一体化水平促进投资和贸易结构的调整和重

---

① 《温家宝提出对中日韩合作四点看法》，新华网 2008 年 12 月 13 日；《温家宝在北京中日韩领导人会议上的讲话》，2009 年 10 月 10 日。

② 有的学者认为，东北亚地区建立更紧密的合作关系受到内外双重阻力，因为域外大国不愿意东北亚国家建立紧密的经济政治合作关系。周永生：《东北亚的历史结构、外交理念与未来前途》，《外交评论》2012 年第 1 期，第 124 页。也有学者认为，缺乏地区认同感是中日韩建立合作机制的最大障碍。见富景筠《中日韩区域内的经济合作：回顾与展望》，《亚太地区发展报告》，社会科学文献出版社 2011 年版，第 120 页。

构，以增大经济空间的容量，加快经济结构的转型和升级。

中国最早提出构建中日韩自贸区。三国自 2003 年开展了多年的联合学术研究，取得了重要成果，在此基础上，2010 年，三国政府牵头就建立自贸区的可行性进行研究，与此同时，开启了三国的投资协定谈判。官方牵头的可行性研究报告于 2011 年底完成；2012 年 5 月，三国签署了《中日韩关于促进、便利和保护投资的协定》，宣布将于 2012 年底启动三国自贸协定谈判，随之就建立自贸区开展了官方磋商。

自贸区的建设将为推进三国经济开放与合作制度化与深化提供新的市场与规制环境。以往，三国经济关系主要是建立在日韩向中国产业转移的基础上，自贸区的建立将不仅有助于三国的市场更加开放，更加平衡，而且会促进经济结构的调整和升级。①

当然，由于三国的经济发展水平和结构不同，自贸区对各国的影响也不同。分析表明，总的来说，那些具有较低比较优势和高关税税率的部门将受到比较大的影响。②

表1	中日韩自贸区对三国不同部门的影响		
	中国	日本	韩国
农业	+	–	–
渔业	+	/	–
纺织业	+	–	+
电子产业	+	/	+
机械制造业	–	+	–
钢铁业	/	+	/
汽车业	–	+	/
化学工业	–	+	+

注：+表示产出增加，–表示产出减少，/表示影响很小。

① 有的学者认为，建立自贸区是三国应对世界经济冲击，提升经济竞争力的关键举措。见江瑞平《中日韩经济合作：动因、态势与影响》，《外交评论》2012 年第 5 期，第 33 页。
② 有的学者认为，中日韩自贸区的谈判存在一些实际的问题，比如，三国对于建设什么样的自贸区的认识不尽相同，三国的对外经济合作战略中定位不同，自贸区建设不只是经济合作，也是政治合作，三国缺乏高度的政治互信。见孙建红《影响中日韩自贸区建设的三个因素》，http://news. sohu. com/20120119/n332682490. shtml。

从表 1 中可以看到，中国的优势行业主要是初级产业部门和电子产业部门，弱势行业是机械制造、汽车和化工部门；韩国的优势产业是纺织、电子和化工部门，而弱势行业是农业、渔业和机械制造部门，日本的优势行业较多，主要是电子、机械制造、钢铁、化工和汽车部门，弱势行业是农业和纺织业。谈判自贸区不能仅开放强势行业，要综合平衡，同时，自贸区建设的自身功能是通过开放促进产业升级改造。

不过，鉴于农业是一个特殊的"社会和政治行业"，在开放上，要考虑到社会政治因素，可以实行分步、分类的特殊安排。日本的农业开放是一个政治问题，韩国开放农业的社会压力也很大，其实，中国的农业也有自身的开放难度。因此，在安排上，可以把农业的一些高度敏感产品开放作为特殊安排，采取渐进开放、非对等安排的方式。

中日韩自贸区的建设一要高标准，二要循序渐进。在具体操作上，可以为一些敏感部门和产品制定渐进开放时间表，为它们提供转型期，经过 5—8 年的时间，最终实现高水平的市场开放格局。中国对于推进中日韩自贸区进程持积极的态度。尽管中国特别关注对日韩的商品市场准入，但还是同意三国先从谈判投资协定开始，表现出了真诚合作的意愿，投资协定的签署为进一步谈判基于全面开放的三国自贸区提供了准备基础。其实，中国与日本、韩国谈判全面的自贸协定国内也是有阻力的，中国一些弱势部门，如化工、汽车、电信、物流，以及金融服务都担心来自日韩企业的竞争。中国经济正处在转型升级的阶段，许多本土企业都希望政府保护国内市场，为它们的创业提供更好的环境。因此，中国在谈判中会遇到国内部门的压力，要使谈判顺利进行，中国方面必须释缓国内的压力，以很强的决断力开展谈判。①

中日韩自贸区磋商表明，三方对自贸区的定位、内容和水准还是有差别的。比如，日本作为发达的经济体，希望谈判开放程度高的"一揽子"协议，尤其是对于投资领域的开放，要求给予"准入前国民待

①　出于中日韩部门利益的差别和国内政治与社会因素的压力，三国自贸区进入谈判阶段，路可能更为艰难。见张宁《韩国缔结 FTA 的现状、经济效应与未来方向》，《韩国发展报告》，社会科学文献出版社 2012 年版，第 158 页。

遇"①，实施"负面清单"方案（即非列出的领域均实行开放），韩国已经与美国和欧盟签署了高标准的自贸区协定，有着高位开放的基础，对中国的开放要求会比较高，这些对于中国来说还是要痛下决心才行。当然，日韩也有自己的短板，即对农业的开放持谨慎态度，要求保护或者拖长开放时间的品类较多，因此，要使谈判进程不中断，还是要有政治决断和相互妥协的灵活安排。日韩自贸区谈判开始很早，但是搁置至今，中韩自贸区谈判已经开启，如何使三边谈判超越双边，这是不容易的。

中日韩自贸区的谈判会遇到不少困难，不确定性因素也存在，因此，三国的合作进程不要等自贸区谈判，可以在其他领域的合作上有所作为，比如，加快建设互联互通网，尽快落实三国已经同意建设的循环经济中心，推动建立以中日韩为中心的东北亚物流网络；在便利化方面，可以开展的领域也很多，在自贸区全面谈判未开始前，也可以选择重要、紧迫的领域先行，比如，在食品检疫、统一认证标准上加强合作等。

中日韩三国之间的经济发展高度相互依赖，贸易、投资、金融关系发展的深度和广度是前所未有的，中国已经成为韩国、日本的第一大贸易伙伴，韩国、日本是中国外来投资的主要来源，三国已经建立起密不可分的相互依存关系。在今后一个较长的时期，三国仍具有很大的互补性，尤其是中国的发展会为三国构建开放发展的经济区提供有利的条件。

世界经济的发展正处于重要的调整期，在这种形势下，三国合作要着眼于未来发展，构建面向未来的合作框架，比如，从长远的发展利益出发，三国应该在"新增长领域"合作方面做出成效，起到榜样的作用，比如，清洁能源，新能源汽车，替代能源，生物、航天、海底资源利用等，可以组成由政府参与、推动的联合公司或集团，也可以为公司间的合作提供优惠支持，在征税、信贷等方面给予优惠安排，通过研发合作，在"第三次革命"的新领域占据制高点。

三国要加深合作，需要改善双边关系。目前，尽管双边关系得到改善，但是，无论是政府，还是社会，在建立真正的信任关系方面还有很长的路要走。三国之间尽管有着密切的经济联系，但是，双边之间连自贸协定也谈不下来，缺乏政治共识和社会支持。因此，要下大力气进一步改善

---

① 日韩在与其他国家签订的 FTA 或者 EPA 大都签署了准入前国民待遇条款，在中日韩三国已经签订的投资协议中，并未包含这个条款，因此，在自贸区谈判中，两国势必会要求中方答应。

双边关系，发展基于信任的合作关系。①三国之间存在一些未解决的问题，如岛屿争端、专属经济区划界争端、资源开发争端，解决这些问题要有耐心、诚意，要互谅互让，各方准备进行妥协。对于这些分歧，只能通过创造有利的气氛和环境，通过耐心的谈判来逐步解决，尤其是，有些争端涉及三国，更需要理性与理智。②在争端得到解决之前，要花气力为紧张对峙的气氛降温，尽可能搁置争议，推进对资源的联合开发，尤其要防止发生大的冲突，如果在这些敏感的问题上不能熄火，则三国合作进程就很继续推进和深化。③

中日韩是东北亚经济的中心，也是东北亚合作的重心，三国合作取得发展并且得到深化，可以为东北亚区域的合作奠定基础，也提供经验，尤其是三国合作的制度化建设，将成为推动整个东北亚区域合作的中心和平台。这也是中国把参与和推动中日韩合作放在突出地位的战略性考虑。

二　务实参与和推进次区域合作

次区域合作是东北亚区域合作的重要组成部分，尤其是对于中国来说，基于地缘基础的次区域对于东北地区的发展有着特殊的意义。

（1）大图们江区域合作的发展

大图们江区域合作是东北亚次区域合作的重点，也是东北亚地区开展最早、机制化最完备的次区域合作。早在1992年，在联合国开发计划署的倡导下，中、俄、朝、韩、蒙五国共同启动了图们江区域合作开发项目，1995年中、朝、韩、蒙、俄五国签署《关于建立图们江经济开发区及东北亚协商委员会的协定》，中、俄、朝三国签署《关于建立图们

---

① 诺尔伯特·巴斯认为，中日韩三国要真正合作，需要有深切的和解责任感和坚实的共同价值。Norbert Baas, Initiative for Northeast Asian Community building: a European perspective, Peace and Prosperity in Northeast Asia: Exploring the European Experience, Jeju Peace Institute Research Series, Vol. II, 2008, p. 347.

② 关于专属经济区的划分原则，中日之间存在巨大分歧，比如大陆架原则、中间线原则，如何认定，需要耐心的讨论。参见王秀英《中日东海大陆架划界中的若干关键问题》，《东北亚论坛》2007年第11期，第78—79页。

③ 虞少华认为，来自三国内部的障碍因素有政治体制与经济发展水平的差异以及历史恩怨与领土纠纷。在战略互信缺失的情况下，这些因素随时都可能引起摩擦甚至对抗，特别是历史恩怨和领土纠纷涉及国民感情问题，在双边关系中更显得敏感和脆弱。见《中日韩关系与东北亚局势》，http: //www. cpifa. org/q/listQuarterlyArticle. do? pageNum = 5 &articleId = 61 &quarter lyPage-Num = 1。

江地区开发协调委员会的协定》和《关于图们江地区开发环境谅解备忘录》。

　　按照地缘链接划分，大图们江区域合作分为两个层次：一是中朝俄毗邻地区构成的图们江经济区；二是地缘相关国家的大图们江合作区。前者主要涉及跨境经济合作的开放、链接与合作，后者主要涉及近邻国家为加强互联互通，发展区域经济推进开放、便利与合作。一个重要的特征是，尽管除朝鲜之外，其他国家均是世贸组织成员（俄罗斯刚刚加入），但相互间都没有签订双边和诸边的总体的市场开放协议（如FTA），因此，大图们江区域合作的主要方式和内容是，利用地缘相接的优势，通过有针对性的贸易和投资的便利化安排，开展互市贸易，规划和发展基础设施网络，建立合作开放区等，来推进次区域经济的发展。

　　关于图们江经济区的合作，如今出现了新的发展动力：中国实施长吉图开发开放先导区规划，俄罗斯推动远东发展战略、朝鲜提升罗先经济开放水平，都成为国家战略，都以推动对外开放和开展区域合作为实施战略。引人注目的是，在各国自主规划和运作的同时，双边或者三边合作有了新的发展，比如中俄签署了《中国东北地区同俄罗斯远东及东西伯利亚地区合作规划纲要》，中朝就罗先经济特区的发展达成新的协议，把港口开放、公路铁路建设和发展特区经济作为合作的重点。这种形势是过去多少年来所没有的。中、朝、韩、蒙、俄五国同意延长1995年的合作协议，在建立自由港、开发区、出口加工、跨境开发合作，以及规划和建设跨境公路、铁路网和航运、海运网等方面加强合作。

　　不过，由于缺乏强有力的合作机制，许多行动都是国别自主战略与规划，在基础设施建设方面，投入资金不足，尤其是"共建"投入的资源有限，因此，大图们江地区的合作实际进展不快，无论是基础设施网络建设，还是边境经济区的开放与合作发展水平都处在较低的水平。[①]

　　（2）中国的东北振兴发展战略

　　中国的区域合作具有很强的次区域导向特征，东北四省区是中国参与和推动大图们江区域的地缘承载方，因此，图们江区域合作首要的是服务

---

　　① 联合国开发计划署图们项目秘书处主任娜塔莉娅指出，要想发挥图们江区域庞大的潜力，必须有各国的积极合作和资源分配。见中国新闻网2010年7月23日，http：//news.163.com/10/0723/20/6CA96C1A000146BD.html。

于中国东北地区发展的大战略。

东北地区是中国的老工业基地，也是中国的重要粮仓。改革开放后，东南沿海地区的经济得到快速发展，也对东北地区的老工业基础带来很大的冲击，农产品市场的开放也对传统农业形成严峻的挑战。因此，如何振兴东北地区的经济，在中国的整体发展战略中占据重要的地位。

为了推动沿边地区的发展，中国积极推动沿边口岸开放，发展边境开放城市和地区，先后推动建立了珲春（吉林—朝鲜），满洲里（内蒙古—俄罗斯），绥芬河、黑河（黑龙江—俄罗斯）的对外开放发展，同时，也建立了各省对外贸易的大通道。中国的沿边开放战略使一批处于边陲的小城获得新的发展活力，成为新的增长点。

推动开放性的经济区建设是中国振兴东北地区经济的重要战略。国务院先后批准了《辽宁沿海经济带发展规划》《中国图们江区域合作开发规划纲要——以长吉图为开发开放先导区》。鉴于辽宁是东北地区的沿海省份，利用其沿海的优势，发展临港产业、国际航运中心和国际物流中心，不仅可以使辽宁的经济得到快速发展，而且可以带动整个东北地区的发展，长吉图开发开放先导区的目标则是建设连接中、俄、蒙、朝的大通道，打通吉林、蒙古的出海通道，以发展建设图们江区域经济带为中心，培育东北地区新产业带，建立东北亚商贸连接中心（如东北亚博览会）。

积极推动老工业基地的改造，使东北地区获得新的发展动力。国务院先后批准和发布了《东北老工业基地改造规划》《国务院关于进一步实施老工业基地振兴战略意见》《东北振兴"十二五"规划》《中国东北地区面向东北亚区域开放规划纲要》等一系列文件，把振兴东北作为国策，[①]对这个地区的基础设施网络建设，发展新兴产业，对外开放提供特殊的支持和优惠政策。振兴东北地区经济战略的实施，为东北亚地区参与东北亚合作提供了最直接的支持。东北地区是中国参与和推动东北亚区域合作的直接承接地，无论是边境地区的开发开放，还是整个东北地区的振兴规划，都为中国参与和推动东北亚地区的合作提供最直接和最基础的支持。

---

① 东北地区的振兴规划目标是，将东北地区建设成重要经济增长区域，形成具有国际竞争力的装备制造业基地，国家新型原材料和能源保障基地，国家重要商品粮和农牧业生产基地，国家重要的技术研发与创新基地，国家生态安全的重要保障区，实现东北地区的全面振兴。见国家发改委、国务院振兴东北地区等老工业基地领导小组办公室发布的《东北地区振兴规划》，http：//baike. baidu. com/view/1113424. htm。

东北地区的发展受益于两个机制的支持：一是区内，即各省之间的互联互通，协同发展；二是区外，即对外的互联互通，协同发展，前一个发展成为推动东北亚地区合作的重要基础，后一个发展有助于形成东北亚地区新的发展动力与活力。

三 推动东北亚合作的新思考

东北亚地区是一个整体，有着地缘、经济、社会、文化和安全上的紧密联系，因此，从整体上规划与推动东北亚地区的合作具有十分重要的意义。

迄今，整个东北亚地区的合作机制尚未建立，应该把构建整个东北亚的区域合作机制化建设提上议事日程。考虑到东北亚国家差别大，存在政治与安全上的分歧与障碍，可以以经济合作为主轴，积极而有选择地推动多方面合作，在合作框架和方式上，可以灵活多样，采取自愿和选择参加的方式，在进程上循序渐进。①发展东北亚合作，应该做出两个方面的努力：一是发展由所有东北亚国家参加的高层对话与合作机制；二是深化东北亚地区的经济一体化与合作机制，加强地区的务实合作。

在构建所有东北亚国家参加的对话与合作框架方面，作为第一步，可以学习东盟的经验，发展"3+3"（朝鲜如果不能参加，可先搞"3+2"，或者作为观察员）对话，先从部长级对话开始，就东北亚地区的合作进行对话，提出合作倡议，而后视条件成熟，提升对话层次，建立东北亚峰会机制。

在推动东北亚经济一体化合作机制方面，考虑到中日韩FTA的建设尚需时间，可以把推动整个东北亚地区的贸易投资便利化、构建地区基础设施网、深化次区域合作作为重点。关于贸易与投资便利化，按照自愿和有选择的参与方式，灵活和务实的安排，选择货物通关、促进投资、人员往来作为重点，在5国之间达成合作协议。构建地区基础设施网络应该成为合作的重点，规划和建设铁路、公路、海路和航空交通网络，通过对现有的基础设施联网，对落后的设施改造，制定便利化交通规则，来实现东北亚的物流"无缝链接"，这不仅会大大改善区域经济发展的基础条件，同

---

① 也有的学者认为，中朝之间现在面临一个重要的机遇期，中国应该抓住机遇，大力推动与朝鲜的合作，以合作建设罗先经济区和黄金坪、威化岛经济区为先导，积极推动中朝全面经济合作，推动中朝自贸区的构建。见李俊江、范硕《中朝经贸全系发展现状与前景展望》，《东北亚论坛》2012年第2期，第11—14页。

时也是拉动地区经济发展的新增长点。建设东北亚地区的基础设施网络要统合规划，协调行动，合作互助，为此，可以考虑在地区合作机制下（如"3+3"部长会议）制订"东北亚基础设施网络计划"，或者"东北亚地区互联互通计划"，并为融资提供支持。

关于深化次区域合作，目前已经有一些次区域项目，如大图们江合作，已经进行了20年，可以学习大湄公河次区域合作经验，把改善基础设施，构建区域交通与物流网络，推动投资贸易便利化，制定长期合作规划作为重点，签署政府间合作协议。

同时，还需要继续积极支持各个层次的次区域灵活多样的合作行动，如各国城市间的合作，环渤海经济圈合作，边境地区互通合作，除经济领域外，还有旅游（包括边境游）、人文、文化、社会交流等。这些多样性的合作是在大合作环境下开展的，但其具有特殊的效果，具有实际的需要和效益，往往具有不可替代的作用。

另外，如何推动东北亚各国的次区域开发规划协调与合作也是一个值得重视的领域，要使得各方的规划互补共赢，比如，可以在东北亚博览会机制下建立东北亚次区域发展与合作论坛，推动中国的辽宁沿海经济区建设、吉林的长吉图开发开放先导区建设、俄罗斯的远东开发计划、朝鲜的罗先经济特区开发计划等直接的链接，以次区域的合作带动大区的合作。

当然，整个东北亚地区的合作面临不少困难，尤其是朝鲜半岛南北对立，中日、韩日围绕海岛主权争端所引发的全面关系紧张，围绕东北亚地区关系进行的大国战略新博弈等，都对深化东北亚地区的合作产生不利的影响。

没有政治与安全保证的区域合作难以深化。中日韩三国合作机制必然会因为双边关系的新紧张而受到影响，拟议中的中日韩自贸区谈判进程可能会拖延。领土争端最难以解决，尤其是中日韩之间，不仅涉及国家主权本身，也与历史相连。兵戎相见不仅无助解决争端，而且会损害整体关系，因此，相关各方需要大局意识，需要做妥协让步，三国除了进行合作别无他路可走。为此，中日韩合作需要加强政治与安全机制的建设，并且把它拓展到整个东北亚区域合作的机制构建进程之中。

第 八 章

亚太区域合作进程

导　言

亚太，即亚洲太平洋地区，通常指的是沿太平洋的广大地区，涵盖东亚（东南亚、东北亚）、北美、拉美沿太平洋的国家和大洋洲、南太平洋国家。按说，这样一个广袤的跨洋区域并不具有紧密联系的因素，为何成为一个备受重视的地区呢？究其原因，主要是因为它形成了一个经济上越来越紧密的区域，并且对区域各国以及世界有着重大的影响。①

尽管本书的议题是东亚区域合作，但是谈东亚，不能不论亚太，这不仅是因为东亚是亚太地区的一个组成部分，更是因为亚太地区的合作进程与东亚区域合作进程有着扯不断的瓜葛，它们既互相联系，又互相竞争。

二战以后，出于经济发展上的联系以及政治安全的特殊关系，美国与东亚地区的一些国家和地区优先发展起了紧密的经济联系。在东亚地区，随着越来越多的国家和地区实施开放发展的政策，融入世界市场经济体系，该地区的经济不断发展壮大，与北美建立起了以市场为基础的广泛而深入的联系，形成了以亚太为基础的生产分工网络，建立了互动的经济运行机制。

出于长期的发展利益考虑，先是东亚地区（也包括澳大利亚和新西兰），后来是北美，都产生了推动区域合作机制的意愿。

1980 年 9 月，在日本、澳大利亚和美国的推动下，由亚太地区各国政府、工商界和学术界代表在澳大利亚首都堪培拉举行了会议，成立了官产

---

① 当然，也有政治与安全上的联系，美国在二战以后建立了军事同盟关系网，把北美、东亚和大洋洲的许多国家纳入其中，不过，在冷战形势下，这个地区的国家被分割为对立的两个阵营。冷战结束后，朝鲜半岛的南北对抗仍然没有消减。

学为一体的区域对话与合作机制——太平洋经济合作会议（PECC）。该机制的主要定位是推动亚太地区的经济一体化与合作，除了召开年度的大会外，还组织召开专门委员会论坛，如贸易论坛、金融论坛、共同体论坛，就重要问题组织研究，出版调研报告。它的成立使亚太地区有了以区域为平台的交流与合作的正式渠道，对于推动亚太地区经济联系与合作起到了积极的作用。①

1989 年，亚太地区的合作迈出了新的一步，成立了亚太经济与合作组织（APEC），是年 11 月 5—7 日，澳大利亚、美国、加拿大、日本、韩国、新西兰和东盟 6 国在澳大利亚首都堪培拉举行亚太经济合作首届部长级会议，它标志着亚太地区政府间的合作机制正式成立。

1993 年 11 月 20 日，在美国的推动下，首届亚太经合组织非正式经济领导人会议在美国西雅图布莱克岛（Blake Island）举行，标志着该地区的经济合作进入一个新的阶段，即由部长级对话合作机制上升到领导人对话合作机制。次年，APEC 制定了推进亚太地区经济开放与合作的"茂物目标"，即发达经济体成员到 2010 年，发展中经济体成员到 2020 年实现市场完全开放，把亚太地区建成一个开放的区域大市场。为落实"茂物目标"，1995 年 APEC 制订了《大阪行动计划》，1996 年又进一步制订了《马尼拉行动计划》和推动经济技术合作的《马尼拉行动框架》。②

---

① 1990 年设立秘书处，原名称为 Pacific Economic Cooperation Conference，简称 PECC，1992 年把名称改为 Pacific Economic Cooperation Council，简称不变。原来，年度大会一年召开一次，现为两年一次。APEC 成立以后，它成为观察员，但其政府推动的功能弱化，成为商界和学界支持 APEC 的一个论坛。PECC 现有成员 25 个，澳大利亚、文莱、加拿大、智利、中国、中国香港、哥伦比亚、印度尼西亚、日本、韩国、马来西亚、墨西哥、新西兰、太平洋岛国、秘鲁、菲律宾、俄罗斯、新加坡、台湾地区（以"中华台北"的名义）、泰国、美国、越南、厄瓜多尔及准成员法属南太平洋领地与蒙古。

② 亚太经合组织的英文名称是 Asia-Pacific Economic Cooperation，简称 APEC，中文一直把它译成亚太经合组织，按照其组织框架，倒像是一个区域组织，但是，其功能只是一个合作论坛，因为它并不做出成员经济体必须执行的决定，它实行的是自愿基础上的单边行动（承诺）和集体行动（协调）。1993 年 1 月亚太经合组织秘书处成立。现有 21 个成员，分别是澳大利亚、文莱、加拿大、智利、中国、中国香港、印度尼西亚、日本、韩国、马来西亚、墨西哥、新西兰、巴布亚新几内亚、秘鲁、菲律宾、俄罗斯、新加坡、台湾地区（以"中华台北"的名义）、泰国、美国、越南。1997 年温哥华领导人会议宣布 APEC 进入十年巩固期，暂不接纳新成员。2007 年，各国领导人对重新吸纳新成员的问题进行了讨论，但在新成员须满足的标准问题上未达成一致，于是决定将暂停扩容的期限延长 3 年。此外，APEC 还有 3 个观察员，分别是东盟秘书处、太平洋经济合作理事会和太平洋岛国论坛。

但是，在此后，亚太地区的合作进程并没有按照预先设定的路径往前发展，诸多因素使得合作的动力、形式和方式发生"变异"。尽管该组织还在，领导人会议和其他活动都在开展，但是，它在推动亚太地区一体化与合作发展上的核心作用，或者说是主导性的作用难以发挥。当年红红火火的 APEC 运动，人们曾对它寄予莫大的期望，为何发生这样大的"变异"呢？

1997 年的亚洲金融危机是一个转折点。金融危机对亚太地区，特别是东亚地区的经济造成巨大的冲击，也是原来所规划的 APEC 进程停滞。亚洲金融危机发端于东盟，东盟成员受影响最大，经济大幅度倒退，东盟国家不得不把主要的精力放在应对危机、恢复经济上，日本、韩国等也受到了金融危机的影响，特别是金融部门，陷入危机之中。本来，1997 年亚太经合组织制订了加快开放步伐的"部门自愿提前开放计划"（EVSL），试图以此加快落实"茂物目标"。在协商的基础上，EVSL 选择了 50 个重要的部门，由 APEC 成员以自愿参与的原则实施先期开放。然而，一则，落实这个计划的环境因金融危机而遭到破坏；二则，自愿参与的原则让各成员采取观望的态度。因此，这个计划没有得到落实，最后不了了之。面对空前严重的金融危机，在应对危机上，APEC 几乎无能为力。这导致人们，特别是东盟国家对 APEC 的信任度下降。此后数年，APEC 几乎一蹶不振，失去了之前的那种活力。

鉴于 APEC 推动开放难见效，亚太地区出现了多重的双边、次区域的自贸区协议（FTA），加上世界贸易组织下的"多哈回合"多边进程受阻，谈判双边或者次区域的 FTA 成为各方的主导性战略。APEC 只好把协调多重、多样的 FTA 作为一项任务，但是，由于其不具有实际决策功能，这样的自愿协调没有效果，FTA 仍然大行其道，成为推动市场开放的主流形式。

美国早在 1992 年就与加拿大和墨西哥签署了《北美自由贸易协定》（1994 年生效），这是在美国推动 APEC 领导人会议之前完成的。因此，对美国来说，仅仅《北美自贸协定》还不够，重要的是打开东亚的市场，克林顿担任总统时甚至非常积极地推动在亚太地区构建共同体。然而，鉴于 APEC 在推动亚太地区开放方面进展不理想，面对东亚地区搞没有美国参加的自贸区（东盟＋1、东盟＋3 等），美国决心另起炉灶，于 2009 年宣布参加由四个小国（新加坡、新西兰、文莱、智利）签署的自贸协定，把其改造扩大，领衔推动"跨太平洋伙伴关系协定"（TPP），宣称要打造面向 21 世纪的新一代自贸协定，吸收了亚太地区 12 个成员参加。

TPP 的推出对亚太地区的经济一体化路径影响极大。从美国来说，希望 TPP 成为主渠道，最终吸纳所有或者绝大多数的亚太地区成员加入。但是，东盟担心，其成员加入 TPP 会使东盟共同体的建设落空，中国因被排斥在外而感到纠结。在此情况下，原来停滞的东亚自贸区建设（"东盟 + 3"，"东盟 + 6"）出现了转机。2011 年，东盟作出决定，启动以"东盟 + 6"（东盟 10 国与中国、韩国、日本、印度、澳大利亚和新西兰）为框架的"地区综合经济伙伴关系"（RCEP）谈判，2012 年东盟正式邀请中国、韩国、日本、印度、澳大利亚和新西兰 6 个国家参加，立即得到 6 国的支持，于是，RCEP 的正式谈判进程从 2013 年开启，计划到 2015 年底完成谈判。

这样，亚太地区就有了两个大的自贸区框架，即一个是由美国领导的、12 个国家参加的 TPP，另一个是以东盟为中心的、16 个国家参加的 RCEP，且有 8 个国家同时参加了两个框架。

这两个大自贸区大框架最终如何发展，还很难做结论，无非是三种可能：一是由一方为主，吸纳另一框架的大多数成员参加，谈论最多的是 TPP 的扩大，其中，中国是否参加是最大的变数；二是两个框架最终合并，通过谈判合二为一，成为亚太地区的大框架机制；三是启动一个新的进程，让所有的 APEC 成员参加谈判，这就是"亚太自贸区协定"（FTA-AP）。其实美国在 2006 年就提议推动 FTAAP，但是没有得到大多数成员的支持，提议被束之高阁。2010 年，在美国领衔 TPP 谈判的背景下，APEC 又重申 FTAAP，提出实现 FTAAP 的路径，力图通过它来弥合亚太区域合作进程的分裂。2014 年，由中国作为主席国举办的 APEC 领导人会议重申 FTAAP 目标，并且着力推动 FTAAP 的可行性研究。然而，美国现在对重新启动 FTAAP 进程看来并不感兴趣。原因也很简单，主要因为美国领导的 TPP 谈判进展不顺，进程一拖再拖，再则，美国仍然存留着 TPP 扩大，最终成为主导路径的打算，不会轻易放弃。

亚太这个地缘广袤、差别极大的地区，正在经历地区经济结构的大调整，国际关系的大转变，究竟会走向何方？传统的地区经济联系纽带以美国与东亚的市场需求—生产供给"危险的平衡"为系，当这个平衡不能维持，要进行大的结构调整时，如何寻求合作的共同利益基础？近年来，APEC 推动的合作议题不仅是自贸区构建，涉及更多的领域合作，从绿色经济、新能源、金融安全，到互联互通网络的建设。

再则，亚太地区的合作不仅限于经济，政治与安全的合作也至关重要，中美双方确立构建新型大国关系，美国也参与了具有战略对话性质的东亚峰会，但是，如何构建亚太地区的新型政治与安全合作机制？APEC 是否需要增加关于亚太地区政治安全合作的内容，或者创建一个与 APEC 领导人会议同一时间段召开的单独的政治与安全对话议程？这些都还要看，毕竟安全问题一进入议程，分歧要比经济大得多。

第一节　亚太经济链构造

第二次世界大战以后，美国成为世界超级经济大国，经济总量远超其他国家，美元成为世界货币，在国际组织中拥有否决权……在东亚地区，先是日本，后是"四小龙"（韩国、新加坡、中国台湾和中国香港）靠美国的资金、技术和市场获得经济的快速发展，从而建立了北美—东亚跨太平洋经济链接。到 20 世纪 80 年代，日本和"四小龙"开始向实施开放发展政策的东盟国家投资，转移制造业，构建产业链。90 年代初，中国的经济改革与开放加速，吸引大量来自美国、日本、"四小龙"的投资，由于中国具备综合的后起国家的发展优势，中国逐步成为东亚地区的制造加工中心和出口基地，而随着美国制造业产业向外转移，其消费品的需求越来越依赖外部市场供给，其中，主要是东亚地区。这样，亚太地区的经济链条联系不论从规模上，还是从结构上，都得到很大的发展，到 90 年代初，美国与东亚地区的贸易超过了传统的贸易伙伴欧洲，这是区域经济关系的一个重大的转折。

亚太地区经济链接发展的首要因素是二战后占主导潮流的市场开放和越来越多的国家与地区实施开放发展的经济政策。出于经济强势的原因，二战后美国采取了推动市场开放的大战略，在世界范围，主要靠关税与贸易总协定（GATT，今日的世界贸易组织/WTO），直到 2001 年的 WTO 多哈回合，此前的多边贸易谈判尽管都很艰难，但是最终都达成了旨在推动市场开放的协议。多边贸易组织框架下的市场开放的最突出特点是非歧视原则，即向一方开放的承诺均需向所有的成员开放，①这样，随着越来越多的多边谈判进程完成，世界市场的开放程度也就越深，而随着越来越多的国家和地区加入世界多边贸易组织，也就意味着越来越多的国家和地区利用开放的世界市场空间，发挥本身的后发竞争优势，发展经济。这是第二次世界大战以后世界经济发展中最重要的特征。

在亚太地区，美国从战略利益出发，对其盟友的发展提供特别的支持，并且利用市场准入优惠措施对那些实行市场经济的国家和地区给予支持，结果，在东亚地区，不仅出现了日本的经济快速恢复和发展，而且也出现了数个经济快速增长的新兴工业化国家和地区（Newly industrialized economies, NIEs），典型的代表是"四小龙"，它们都从很落后的基础开始，在比较短的时间内（20 年左右）实现了经济的快速起飞，生成了"经济奇迹"。1993 年，世界银行发表报告，题目为《东亚奇迹——经济增长与公共政策》，对其进行了系统性的总结。世界银行报告主要对东亚地区实现经济增长奇迹的原因进行总结，把其主要归结为政府实施了适宜公共政策，②如果从区域经济关联的角度来分析，主要是因为形成了开放性的区域市场环境，形成了差别性国家（地区）的市场要素条件，这为资本的流动和产业转移提供了方便条件和市场环境。

我们看到，在亚太地区，在开放的市场开放环境下，资本流动出现了由北美向东亚的流动，再由东亚先发展起来的经济到后发展经济的流动，产业转移则随着资本的流动而扩散，形成梯度链接，这种链接被称为"滚雪球效应"③，或者"竹节式增长"④。从这个意义上说，亚太地区的经济链条是由开放发展政策—资本流动—产业转移促成的。当然，这样的经济链接就像是流动的河水，必须河道畅通，后浪推前浪，这样才可以保证链条持续不断和转动不停。显然，产业链是构建亚太地区经济区域空间的主要因素。

在亚太地区经济区域空间形成的进程中，一个重要的发展是东亚地区

①　GATT（WTO）为成员达成"自贸区协定"开了绿灯，允许它们间达成的协议只对协议成员适用。

②　见世界银行《东亚奇迹——经济增长与公共政策》，中国财政经济出版社 1995 年版。

③　张路、茆健：《从东亚奇迹到东亚复兴》，《现代管理科学》2011 年第 5 期，第 86 页。

④　David Roland-Holst, Iwan Aziz, Ligang Liu, Regionalism and Globalism: East and Southeast Asian Trade Relations in the Wake of China's WTO accession, ADB Institute Research Paper Series, No. XX, January 2003, p. 16.

形成区域性开放市场环境。这个环境主要靠两个发展促成：一是东盟的市场开放进步。20世纪90年代初，东盟推进区内自贸区建设（AFTA），进程逐步加快，由此，东盟内部逐步发展成为一个由10个成员国，人口规模达数亿的开放市场空间。这样大的一个区域市场吸引资本向那里流动，把东盟市场作为产业转移的重点，由此，东盟成为国际投资的热土，新加坡、马来西亚、泰国、菲律宾，以及后来居上的越南，都成为新的制造业加工市场，与此有关的服务业，包括金融业，也都得到显著的发展。二是中国的改革开放进程加快，成为资本流动选择和加工制造业转移的中心。中国的后发优势显著——丰足和廉价的劳动力，巨大的市场空间，以及强有力的政府支持政策等，这是其他国家无法比拟的。基于这些优势，中国很快成为东亚地区的加工业制造中心和出口中心。中国的加入使得原来的地区经济链接方式发生了重大变化，即由线性链接转变为网络链接，发展起区域性的生产网络。[①]

　　东亚区域生产网络的形成推动了两个变化：一是东亚的生产分工进一步深化，更多的经济体参与分工，从而大大拓展了生产发展的空间，使生产的能力迅速扩张，东亚成为世界制造加工业的中心。东亚地区成为了世界制造业产品最有竞争力的市场，这也使东亚地区成为世界出口的中心；二是美国成为东亚最大的出口市场，在自身产业转移（加工制造业）加速的情况下，美国的消费品越来越多地从东亚地区进口，与东亚形成越来越大的贸易逆差（反过来，东亚地区从美国那里获取越来越多的贸易顺差）。这样，就发展起了太平洋东西两岸的前所未有的紧密经济联系，形成一种需求—生产市场的相互依赖框架。[②]

　　亚太地区形成的这种新经济链接有一些突出的特点：其一，建立在生产分工的细化基础上，尽管在东亚地区形成了分工的网络型架构，但是，从生产链的角度来分析，又是一种从高到低的结构，即发达经济体居分工的高端，提供技术和核心零部件，中等发达经济体居分工的中端，提供制造技术和重要零部件，而欠发达的经济体则主要进行再加工和产品的终端装配。这种梯度分工结构基本上是以技术能力和成本效益的比较优势由市

　　① Zhang Yunling, *Designing East Asian FTA: Rationale and Feasibility*, Social Sciences Academic Press, 2006, pp. 4、20 – 21.
　　② 有的学者认为，这样的关系构成了一个基本完整的亚太地区生产与消费的关系链条。周小斌主编：《亚太地区经济结构变迁研究（1950—2010）》，社会科学文献出版社2012年版，第1页。

场机制来决定的，反映了亚太地区各经济体之间的发展水平和参与分工的地位。

从区域经济关系的构建来说，亚太地区呈现一种动态的优势转移和延伸。这种发展基于两个推动力：一是公司依据成本—效益比较，进行产业转移，使生产的布局发生变化，使更多的经济体进入分工序列；二是本国公司加大研发投入，提升竞争能力，进入更高层次的分工序列，把低端转给更具竞争优势的经济体。在市场开放的大环境下，亚太地区形成了一个巨大的产业分工调整与重构空间，同时也产生推动技术进步的内在竞争动力。

中国成为加工制造业中心、出口中心和地区生产网络的枢纽，使原来的东亚产业链条关系发生重要的变化，日本、韩国以及中国台湾地区把大量的加工出能力转向中国大陆，经过加工再出口，这样中国与美国之间成为最主要的生产—需求链条，形成"危险的平衡"关系。①

2008 年美国发生了次贷危机，此后，演变成扩及全球的金融危机和经济危机。这是二战后发生的最为严重的危机，打破了以往维持的"危险的平衡"，即美国不能再靠信贷扩张支撑消费扩大，东亚地区生产的扩张不能主要靠美国市场的需求。在此情况下，美国力图缩减双赤字，大力推动出口，改变贸易不平衡的结构，增加就业，而东亚地区不得不进行调整，努力开拓内部市场和其他市场，大力调整生产结构和拉动内需，转变发展方式。由此，亚太地区的经济链接结构也会发生新的变化。这场变化将意味着什么呢？是构建新的更为紧密的经济链接，还是使北美与东亚经济链断裂？是会促进亚太地区的合作深化，还是会使得亚太地区的合作失去动力？这些都还值得进一步观察。

第二节　区域合作的驱动

尽管亚太地区逐步发展起了紧密的经济链接，但是，由于政治差别大，安全分隔，加上地缘的分散性特征，就区域整体而言，没有像欧洲那样的区域主义基础。然而，由于经济链接产生的区域性利益，推动区域经

---

① 中美之间出现极度的贸易不平衡，东亚地区的生产扩张越来越依赖中国的出口，也即美国的需求持续扩大，这样的结构显然是失衡的。

济开放与合作的思想和行为还是存在的，并且得到广泛的支持。

最早提出建立亚太自由贸易区的人是日本学者小岛清，他于 1965 年就提出，太平洋地区的发达国家，应该学习欧洲联合的经验，建设太平洋自由贸易区。1967 年，由日本、美国、加拿大、澳大利亚和新西兰五国企业家代表成立了"太平洋盆地经济理事会"（Pacific Basin Economic Council，PBEC），就涉及地区的贸易、投资等问题进行讨论，提出建议，推动政府间的合作。这个论坛性的地区合作机制的成员最初只有 5 个国家的代表，后来发展到 20 多个，吸纳了亚太地区大多数的国家参加。1968 年，由小岛清亲自组织，促成了由日本、美国、加拿大、澳大利亚和新西兰学界代表参加的"太平洋亚洲自由贸易与发展会议"（Pacific Asia Free Trade and Development，PAFTAD）。①

这一轮思想潮和推动成立区域合作机制的行动之所以主要来自日本，因为日本是亚太地区最先发展起来的，其主要的对外经济联系是在太平洋地区，主要是美国。鉴于此，日本学界、企业界关于建立环太平洋地区合作机制的呼吁得到官方的支持。在这个地区，经济比较发达，并且与地区外部联系（主要的美国）比较紧密的只有少数几个国家，即靠近美国的加拿大，希望加强与美国联系的远在大洋洲的澳大利亚和新西兰。建立论坛机制的目的也很清晰，就是讨论扩大地区经济联系，推动地区市场的开放。尽管当时学界和企业界的倡议得到政府的支持，但是，在当时的情况下，成立由政府直接出面的区域组织显然条件不成熟。

20 世纪 70 年代，随着东亚地区更多经济体实施开放发展政策，大力吸引外来投资，发展加工贸易，融入国际市场，亚太地区经济链条延伸，要求加强区域合作的呼声更高，这导致 1980 年太平洋经济合作委员会（PECC）的成立。这也还是一个论坛，但是它是由官方和民间（企业、学界、市民等）共同组织的，参加的经济体有 20 多个。这是亚太地区第一次由政府直接参与的经济合作论坛组织，它设有秘书处，建立了支持活动的中央基金。该论坛每年召开会议，组织调研报告，向政府提出建议，成为推动地区市场开放与开展合作的重要平台，同时也成为推动政

---

① 这些组织一直坚持活动到如今，这很不容易。不过，由于成立了政府间的合作组织，它们的作用和影响力大大降低。尽管如此，由它组织的一些会议和活动还是吸引了学界、企业界，以及政府人士参加。

府间合作组织成立的重要力量。这个论坛的宗旨是推动亚太地区的经济合作，致力于"太平洋共同体"思想的落实，倡导"开放的区域主义"，强调区域合作与推动全球经济增长，支持区域合作与多边开放体系相一致。①

PECC 的宗旨和倡导的原则与欧洲合作的思想不同。欧洲的合作思想源自欧洲区域主义的认同，而亚太地区的合作思想则是开放环境下的发展与合作。"开放的区域主义"是一种指导思想，它实际上不是传统的"区域主义"，而是一种新的基于利益考量的合作理念。按照美国专家伯格斯滕的解释，开放的区域主义意味着地区合作机制的构建有助于，而不是阻碍全球开放体系的发展。②这里所倡导的"共同体"（community）所追求的是利益聚合，而不是制度构造。这些都对以后亚太地区的经济合作进程产生重要的影响。

1989 年亚太经合组织（APEC）的成立是亚太地区经济合作进程的一个重要里程碑。APEC 是由亚太地区国家和地区的政府正式推动成立的，成员代表是政府，而不是企业或者个人。亚太经合组织设定的目标是实现亚太地区的市场开放和合作发展，为此，设定了市场开放目标和实施进程，设立了开展经济技术合作的机制。它的成立激起了亚太地区合作制度性构建的讨论，也引起了世界的高度关注。

从根本上说，亚太经合组织成立是这个地区经济利益链加强的结果，反映了各方通过开放与合作实现区域发展的诉求，但从时间上看，它也有应对来自欧洲统一大市场建设的挑战的背景。特别是美国，之所以积极推动，是因为它担心欧洲统一大市场会损害其利益，让欧洲占了上风。因此，当时美国的克林顿政府力推具有实质性功能的区域合作机制，把"亚太共同体"做实。这就产生了英文的共同体（community）第一个字母是大写还是小写之争，因为大写字母的共同体意味着实质性的制度化建设，而小写则意味着体现合作的精神。结果是主张小写的意见，其中，主要是东盟坚持的意见占了上风。③

---

① http：//www. pecc. org/about/pecc-charter.

② Fred Bergsten, Open Regionalism, http：//www. iie. com/publications/wp/wp. cfm? ResearchID＝152.

③ 见《一个字母写法之争 一个组织根基之变》，http：//news. xinhuanet. com/world/2009-11/09/content_ 12420314. htm。

　　美国政府开始之所以坚持大写字母的共同体，有它的特别考虑，主要是要通过 APEC 推动有约束力的协议，以此推动东亚市场的开放，其中，推动日本市场的开放是一个主要的目标。当然，还有美国不希望把亚太地区取得的市场开放成果无条件地提供给欧洲，因为欧洲统一大市场的成果只适用于其成员内部。在当时的讨论中，不让欧洲搭便车是美国的一个战略性考虑。①

　　通过有约束力的谈判协议来推动开放，这在整个亚太地区缺乏现实性，因而，靠 APEC 框架推动地区的市场开放亦存在困难。鉴于此，真正推动市场开放的努力转向了各自选择的自贸区（FTA）协议。美国实际上一直是"脚踩两只船"。就在美国积极推动召开 APEC 成员经济体领导人会议，力主提升 APEC 合作水平的时候，还继续推动北美自贸区协议（NAFTA）的签署（该协议于 1992 年签署）。1994 年，出于对 APEC 进程的失望，美国提出了推动美洲自贸区（FTAA）的计划，这个计划并没有得到其他美洲国家的响应，被束之高阁。2006 年，面对东亚地区经济合作进程的进展，美国提出了在 APEC 框架内推动亚太自贸区（FTAAP）的计划，这个计划没有得到大多数 APEC 成员的支持，被冷落。于是，美国下决心自己找"志同道合者"进行谈判，于 2009 年宣布参与和领导"跨太平洋伙伴关系协定"（TPP）谈判，此举为亚太地区的经济合作进程投下了一颗重磅炸弹。

　　其所以如此，一则，美国领导的 TPP 谈判以新规则制定为前提，推动全面、高水准的市场开放。新规则涵盖的领域很广，突破以往的市场开放方式，深入到"边界内"的问题，即属于国内经济体制和经济政策的问题，如竞争政策、国有企业、政府采购、环境标准、劳工标准等；二则，第一批谈判伙伴包括美国在内有 12 个国家，包括日本，规模较大。按照预想，在首批成员谈判完之后，还会邀请第二批加入，使 TPP 成为亚太地区主流的路径，而中国没有参加谈判进程。TPP 若谈判成功，意味着亚太地区的经济开放与合作进程将会发生巨大变化，APEC 作为主渠道框架的定位也会名存实亡。

　　其实，美国作为二战后的国际经济规则制定的主导者，一直致力于

---

　　① Fred Bergsten, Open Regionalism, http://www.iie.com/publications/wp/wp.cfm? ResearchID = 152.

推动新规则的制定，对像 APEC 这样的软区域机制的功能深表怀疑。作为最发达的经济，它所推崇的是市场高度开放。APEC 确立了开放（自由化、便利化）和合作（经济技术合作）两条腿走路的方式，经济技术合作是发展中经济体坚持要实施的。在 TPP 的框架里，就没有经济技术合作这一条。显然，美国重视和推行的是市场"完全开放"，交易规则高度一致。

发展中经济体尽管也会接受规则，但规则要能够与能力相结合，市场开放水平的提升要循序渐进。由发展中国家组成的东盟参与了亚太地区的合作进程，但同时一直坚持渐进开放与合作相结合的方式。东盟推行自己的自贸区建设先从特惠关税计划开始，进一步的建设也采取分步走、分层推进（投资和服务单独进行）和区别对待（欠发达的新成员给予更多的落实时间）方式，在自贸区建设的基础上，又进一步推进共同体的建设。东盟体现的是两条腿走路，一是推动开放，二是开展合作（有别于传统意义上的援助，也不同于欧盟的共同地区发展基金）。东盟的方式当然不适合美国的口味，亚太地区其他一些发达的经济体对此也有保留。事实上，亚太地区的市场开放与合作进程是多角色、多动机和多方向并存，尽管统合的进程一直是目标，但是协调起来难度很大。

第三节　亚太经合组织的生命力

亚太地区的一个突出的特点是多样性。社会、经济制度各异，文化背景不一，民族、宗教多样，各国经济发展水平悬殊。在这样错综复杂的条件下开展区域合作，难度很大。推进亚太地区市场开放的基础是经济链接，但是，由于有着不同的利益结构，动机出发点和努力的方向也不尽相同。

亚太经合组织（APEC）之所以能成立，并且能够坚持下来，是因为它所提供的灵活性和包容性。作为亚太地区唯一的一个对话合作平台，尽管各方都有诸多的不满意，但迄今没有一方愿意舍弃。这就是它的生命力所在，也是它的价值所在。

什么是 APEC 的生命力呢？在我看来，就是其提供的平台本身，让亚太地区所有的相关方都在其中，表达自己的意愿诉求，并且可以以共利为基础，推动有利于区域经济发展的议程。什么是它的价值呢？最主要的是把差别巨大的 20 多个国家和地区聚拢在一起，增进地区沟通、协商与合作，每年一次的领导人聚会成为共商的平台，尽管因为多种原因也会发生"不参加""不交谈"的情况，但是，"不吵架""不对抗"成为自觉遵守的惯例。具体来说，APEC 的意义和作用大体有三个方面：其一是聚会（gathering），也就是说，把亚太地区 20 多个经济体聚拢在一起，由高官、部长和领导人多层的会议，还有企业及其他各界人士的广泛参与。特别是领导人聚会，具有很强的政治意义，不仅有利于地区的发展，也有利于地区的和平。其二是开放（opening），它通过提出"茂物目标"，推动亚太地区市场的开放发展，拒绝保护主义。APEC 成立以来，亚太地区的市场开放程度大大加深，关税率大幅度降低，贸易和投资的便利化程度大为改善，这是亚太地区经济活力的一个重要源泉。其三是共享（sharing），即通过开展合作，推动知识、技术和信息的共享。APEC 每年召开数百个会议、培训班，通过共同参与，可以交流经验，编织联系与合作网络，因此，APEC 具有促进学习的功能，也就是能力建设。

推动亚太地区市场开放是 APEC 的主要功能。APEC 成立之初曾经雄心勃勃，制定了 25 年内实现亚太地区开放的宏伟目标，即"茂物目标"（Bogor Goal）。考虑到 APEC 成员之间在发展水平上的差别和开放的能力，"茂物目标"制定了两个时间表，即发达国家在 2010 年，发展中成员在 2020 年实现市场的开放目标；考虑到发展中成员需要提升参与的能力和缩小地区发展差距的需要，设立了开展经济技术合作的议程。显然，开放发展和缩小差距是推动 APEC 进程的两个基本出发点。[①]

事实表明，亚太地区在 APEC 成立之后关税水平大幅度降低，非关税障碍也有很大的削减。尽管 APEC 本身不能像通常的区域组织那样通过"硬方式"（谈判）来推动市场开放，但是，它通过各种"软方式"发挥作用。首先是它所创造的推动市场开放与开放发展的区域环境，促进各个成员经济体维护开放大方向，反对保护主义。APEC 机制下的成员国的自评机制，专家评议机制，还有各个委员会、工作组等提出的推动亚太地区市场开放的报告等，都成为创造区域市场开放环境的重要因素。再

---

① K. Kesavapany, Hank Lim, APEC at 20: Recall, Reflect and Remake, ISEAS, Singapore, 2011, pp. 18 – 19.

则是 APEC 的年度会议议程，特别是部长会议议程、领导人会议程，成为推动市场开放，促进合作，讨论重要问题，凝聚共识的重要机制，由于举办者在成员间轮换，各方都努力使当年的议程成为最成功的议程，总是推出一系列具有新意的内容，推动区域合作进程往前走，即便是在困难的形势下，也尽最大可能避免后退，推动开放与合作，反对贸易保护主义。

APEC 框架下的经济技术合作不同于传统的发展援助，主要是通过各种安排提升欠发达成员的参与能力、治理能力，开展人力资源培训，从而使发展中经济体提高开放能力，应对能力和发展能力。对于 APEC 的这种"软支持机制"评价不一，从表面上看，似乎没有什么具体的成效，而从内在分析，其效能还是不难列举出来的。[1]

不过，应该承认，在谈判签署自贸区协议成为主导型潮流的情况下，特别是在 TPP 和 RCEP 两大自贸区协议谈判同时进行的情况下，如何使 APEC 继续富有生命力、活力和吸引力，的确面临挑战。APEC 试图在统合亚太地区分散的 FTA 上发挥协调作用，提出谈判 FTA 的指导性原则，但是，没有多大效果。因为各个 FTA 情况很不相同，谈判的方式和签署的内容大不相同。APEC 试图推进亚太自贸区协议（FTAAP）来构建统一的亚太自贸区，但是也会遇到身份定位问题，即 APEC 作为一个没有决策机制的官方论坛，并没有能力领衔自贸区谈判。因此，只能倡议，争取共识。而且，美国领导 TPP，抓住不放，试图把它作为主渠道，而包括 16 个国家的 RCEP 也不会轻易放弃转而接受 TPP。未来亚太地区的市场开放结构与框架安排如何，还很难定论，取决于利益和影响力的博弈，更取决于实际发展的需要。

从亚太地区的合作来看，APEC 的使命是推动市场的开放，以开放促发展，成员经济体的参与是基于非强制性的自愿原则。以此，它存在和发展的基础不是区域主义的共同认知，而是获利的选择。而一旦期盼的利益不能从中获得，成员经济体就可以在不放弃 APEC 的情况下进行其他的选择。这就是为什么亚太地区有了 APEC，还会出现这么多的双边、三边，或者诸边的自贸区安排。

一个区域若要进行制度化的区域合作建设，基础是高度的区域认同，

---

[1]　APEC at 20: Recall, Reflect and Remake, p. 62.

而区域认同的坚实基础是政治认同，而这正是亚太地区所缺少的。二战以后，太平洋被冷战分隔开，这个区域的国家和地区因此而划分到不同的阵营。意识形态造成的政治分隔也使经济联系中断。冷战结束后，以阵营为基础的政治分裂终止，但是政治的弥合并没有完全实现。美国主导下的军事同盟体系还在，美国主导亚太地区的安全意识很强，尽管市场经济的机制把各国（地区）连接起来，打破了国家（地区）边界的限制，但是，政治的隔离墙仍没有彻底拆除，共产党执政的社会主义制度仍被美国等视为"集权""异端"，难以合流。特别是中国综合实力的迅速提升，引起新的政治竞争，尤其是安全竞争，美国的"重返亚洲"战略就是为了对付中国挑战的。东盟国家也是把建设以己为中心的东盟共同体作为首选，不愿意被任何势力或者区域运动所化解，因此，亚太政治区域主义的认同似乎减弱了。这也必然影响经济区域主义的发展。从这个意义上说，APEC 作为一个统合的大区域框架，仍然承担着聚拢亚太地区经济开放与合作合力的责任，它所提供的领导人会议平台也具有不可替代的政治含义。

回顾与思考

　　1993 年我调入中国社会科学院亚洲太平洋研究所任所长，正值亚太地区的区域合作开始变得红火，APEC 合作机制升级为领导人会议之时。有着欧洲一体化研究经历的我立即抓住这个机遇，把研究 APEC 和推动中国参与 APEC 作为重点。我对亚太地区的合作本来不是太熟悉，为此，不得不花大力气阅读论文资料，了解亚太，分析 APEC 的发展。为了推动所内、院内和国内的 APEC 研究，为中国的参与提供政策建议，我申请成立了院级"APEC 政策研究中心"，担任主任。中心是非实体研究机构，这意味着，我必须为研究和开展活动所需要的经费去筹资。当时，单位的经费都很紧张，全所的研究经费不过几万元，有时还为老干部的医疗开支所挤占，单位没有能力提供支持。我只好通过与国外研究机构开展合作研究，向外国基金会、亚洲开发银行等申请研究项目，支持中心的研究和活动。好在，中心逐步建立了信誉，得到的支持也就多一些。

　　说来也许令人难以相信，开始国内并没有 APEC 活动的协调机构，中心以开研讨会的名义把各个部门的相关人士召集起来，对相关问题进行协商。中心设立了许多重要的研究课题，邀请来自国内研究机构、大学的研究人员进行研究，每年出版不少研究报告，有些还是以英文印制，用于交流。我也频繁参与政府有关部门的工作会议，在国外召开的有关 APEC 的学术和工作会议，并且发表了不少论文，撰写了不少政策性报告。由于成了这个领域的"显性人物"，我甚至被国内外的一些人士称为"APEC 先生"（Mr. APEC）。

不过，由于在 APEC 框架下每一个成员指定一个官方认可的"APEC中心"，且中心的主要职能是培养"APEC 人才"，南开大学成立的 APEC中心被扶上位，官方安排的活动大多放在南开大学的中心，并且由政府提供资金支持，我们的这个中心开展的活动，特别是与政府参与有关的活动减少。20 世纪 90 年代末，东亚地区的合作突起，我申请把中心的名字改为"APEC 与东亚合作研究中心"，我本人的研究和中心的活动更多地转向东亚地区的合作。

其实，我的研究重点转向，中心活动重点的转向，也与亚太地区合作运动发展的变化有关。在许多年里，东亚合作的势头很强，成为亚太地区的引力重心。不过，即便把研究重点转向东亚，亚太也是一个离不开的领域，因为东亚与亚太总是连在一起，难分难舍。

我一直在思考一个问题：亚太地区合作的理想目标是什么？1993 年APEC 名人小组提供的报告的标题是"APEC 的愿景——建设亚太经济共同体"，同年 APEC 领导人的声明里则用"坚持亚太地区的开放与伙伴原则，弘扬'共同体精神'"。[1]因为围绕英文的共同体开头字母是大写还是小写有过辩论，反映出对亚太地区的经济合作目标存在分歧。其实，就连名人小组报告关于建立亚太自由贸易区的建议，也得不到积极的支持，特别是东盟，担心"亚太共同体"会为美国所掌控，亚太自贸区的建设会冲击东盟自贸区的建设。[2]中国当然也不同意搞大写字母的共同体，因为中国担心自己的改革开放进程会被干预，毕竟中国需要开放，也需要争取调整、改革和适应的空间。同时，中国更担心亚太共同体被赋予政治的干预职能，干预中国的国内政治事务。尽管 APEC 通过了"茂物目标"，但是实现这

---

① http：//www. apec. org/Meeting-Papers/Leaders-Declarations/1993/1993_ aelm. aspx.

② http：//www. heritage. org/research/reports/1994/11/expanding-free-trade-in-asia-the-apec-meeting-and-beyond.

个目标的手段是模糊的，所制定的实施手段是妥协的结果。这也就是为什么 APEC 一再试图推动落实"茂物目标"而效果不佳的原因。比如，1997年的"部门提前自由化"、2001 年的"上海路线图共识"、2002 年的墨西哥"贸易便利化行动计划"、2005 年的"釜山路线图"、2006 年的"河内行动计划"等，均未成功。2010 年到了发达经济体要完成"茂物目标"完全开放承诺的时候，几乎什么都没有发生，而正是这一年，美国大张旗鼓地领导 TPP 谈判。这使得 APEC 的信誉度大大受损，对在 APEC 框架下能否推动亚太地区市场的开放产生疑虑。

市场经济与各国的开放发展政策创建了亚太地区的经济链接，除朝鲜外，其他国家和地区均加入到区域的链条。但是，亚太地区的政治安全关系是分裂的：一是在政治上仍然存在意识形态的分野，尽管它已经不是阻碍国家之间建立正常关系的障碍，但是政治的隔阂还是有的。特别是安全框架，美国有其同盟体系，多数国家并不是成员，特别是像中国这样的大国，既是美国的"政治异己"，又置身于同盟体系之外。显然，亚太地区复杂的政治安全关系与框架，使得区域的合作机制化建设受到很大的制约。APEC 领导人会议不谈政治安全，只谈经济。不过，也有例外，就是美国遭受恐怖袭击以后，2001 年在上海召开的 APEC 非正式领导人会议谈论了反恐问题，并且发表声明，加强 APEC 成员间的反恐合作。①

在中国经济实力超过日本，成为世界第二大经济体，综合实力继续提升的形势下，亚太地区的经济与政治结构发生变化，经济关系和政治安全关系经历着调整和重构。亚太地区的这种变化，对于区域的合作也会产生影响。看起来，支持亚太地区合作的原有凝聚力下降，竞争性的大型自贸区谈判（特别是 TPP、RCEP）成为主导趋势，中美之间、中日之间、中国与东盟之间等的关系也出现新的调整，在这种形势下，一个值得思考的问题是：亚太地区的合作动力来自何处？APEC 的价值与作用如何定位？这些都值得深入思考和进行新的探索。

---

① 有的专家认为，应该采取措施深化 APEC 的经济议程，APEC 机制化是一个必然趋势，但是要反对把政治安全议题列入 APEC 的议程。见李晨阳《APEC 二十年：成就、挑战与未来》，《南开学报》（哲学社会科学版）2010 年第 4 期，第 109 页。

延伸阅读：

APEC 经济领导人关于共同决心声明①

印度尼西亚　茂物
1994 年 11 月 15 日

1. 今天，我们作为 APEC 的经济领导人，齐聚印度尼西亚的茂物，规划我们未来的经济合作议程。这不仅会有助于我们提高对亚太地区的预期，而且也会提高对世界实现快速、平衡和公平经济增长的预期。

2. 一年前，在美国的西雅图布莱克岛我们就认识到，我们的多样性经济变得更加相互依赖了，在向着亚太经济共同体的方向行进。我们发布了一份愿景声明，其中，我们保证：

找到合作应对快速变化的地区与世界经济面临挑战的解决办法；

支持世界经济发展与开放的多边贸易体系；

继续削减贸易与投资障碍，以使货物、服务和资本在成员经济体中自由流动；

保证我们的人民分享经济增长利益，改善教育与培训，以先进的通信与交通把我们的经济连接起来，可持续地利用我们的资源。

3. 提出亚太经济共同体愿景的基础是，在我们这个经济多样性的地区，相互依赖不断增强，这既包括发达的经济体，也包括新兴经济和发展中经济体。亚太地区工业化经济体将为发展中经济体提供经济增长和提升发展水平的机会。与此同时，发展中经济体旨在实现新的经济繁荣而维持经济高增长的努力也与新兴工业化经济的发展相得益彰。建设亚太经济共同体的方式是综合的与相互联系的，要把可持续增长、公平发展和国家稳定三个支柱结合起来。在发展的进程中，缩小发展上的差距，这将有益于所有的 APEC 成员，有助于取得亚太经济的整体进步。

---

① 根据英文本翻译。我把这份声明列为延伸阅读，因为这份文件非常重要。从声明中可以看出，APEC 领导人当时特别强调：其一，把维护和支持多边贸易体系放在首位，具体则是强调及时和全面地落实刚刚完成的乌拉圭回合成果，利用 APEC 合作机制推动多边贸易体系；其二，推进亚太地区的市场开放，体现在确定到 2020 年实现亚太地区贸易和投资市场开放的"茂物目标"，以合作的精神、利益共享的精神和共担责任的精神构建亚太经济共同体。

4. 鉴于我们即将进入 21 世纪，APEC 成员应在平等伙伴、共同承担责任、相互尊重、共同兴趣与共同利益的基础上，在亚太地区加强经济合作，以便 APEC 能够在以下领域发挥领导作用：

加强开放的多边贸易体系；

在亚太地区提升贸易和投资自由化的水平；

加强亚太地区的发展合作。

5. 鉴于市场驱动经济增长的基础建立在开放的多边贸易体系之上，APEC 的活力来自乌拉圭回合的成果，并在加强多边贸易体系方面起到领导的作用。

我们为 APEC 在推动乌拉圭回合成功完成上所做出的重要贡献感到高兴。我们将及时和全面地落实在乌拉圭回合中的承诺，并且号召所有参与乌拉圭回合的各方也这样做。

为了加强多边贸易体系，我们决定加快落实乌拉圭回合的承诺，并且采取措施深化和扩展乌拉圭回合的成果。我们还承诺，继续推进贸易和投资单边开放的进程。作为我们对多边贸易体系承诺的验证，我们进一步同意，不采用可能会增加贸易保护影响的任何措施。

我们呼吁成功启动世界贸易组织（WTO）。APEC 经济体将全面和积极地参加与支持 WTO，这是我们在支持多边贸易体系方面发挥领导作用的关键。我们号召所有的非 APEC 的 WTO 成员与 APEC 经济体一起进一步推进多边自由化进程。

6. 为达到提升亚太地区贸易和投资水平的目的，我们同意制定亚太地区实现贸易和投资自由化的长期目标。为要顺利实现这个目标，我们将进一步减少贸易和投资的障碍，促进货物、服务和资本在成员经济体之间的自由流动。实现这个目标将要与关税与贸易总协定（GATT）原则相一致。我们将信守对多边贸易体系的支持。我们相信，我们的行动将会对多边体系框架下的进一步自由化产生重要的影响。

我们还同意宣布我们的承诺，不迟于 2020 年完成实现亚太地区贸易和投资自由化与开放的目标。对落实承诺的进程，我们将考虑 APEC 经济体不同的经济发展水平，工业化经济体实现贸易和投资自由化与开放目标的时间不迟于 2010 年，而发展中经济体则不迟于 2020 年。

我们希望强调，反对构建一个内向的贸易集团，因为这样一个集团是与全球贸易自由化的努力相违背的。我们决心做到，在亚太推进贸易和投资的自由化与开放，将有助于推动世界范围的贸易与投资自由化。因此，亚太地区的贸易和投资自由化将不仅会实际减少 APEC 成员内部的障碍，而且也会减少 APEC 成员与非 APEC 成员之间的障碍。为此，我们将对与非 APEC 发展中经济体的贸易给予特别的关注，以便使他们能从我们的贸易与投资自由化中获益，保持与 GATT/WTO 的原则相一致。

7. 为了对这项广泛的开放进程提供支持，我们决定扩大与加速 APEC 框架下的便利化议程。通过消除行政与其他妨碍贸易和投资的障碍，将会进一步促进 APEC 成员内的贸易和投资。

我们强调贸易便利化的重要性，是因为，仅仅贸易自由化还不能足以增加贸易，只有企业和消费者都能够真正从中受益，我们为贸易便利化所做的努力才会显示出重要性。贸易便利化还会在实现全球全面开放目标方面发挥作用。

特别是，我们要求部长和官员们就 APEC 关于海关程序、标准、投资原则和市场准入行政障碍的安排议程提出建议。

为了便利地区投资流动和加强 APEC 在经济政策上的对话，我们同意就经济增长战略，区域资本流动和其他宏观经济问题继续开展有价值的协商。

8. 我们关于加强亚太共同体内经济合作的目标，将使得我们能够在亚太人力资源和自然资源开发方面做得更为有效，以使亚太经济实现可持续增长和公平发展，减少经济不平衡，改善人民的经济和社会生活。这样的努力也会促进亚太地区的贸易和投资增长。

在这些领域，合作的项目将涵盖人力资源开发（如教育和培训，尤其是改进管理技能），APEC 研究中心的建设，科学与技术的合作（包括技术转让），促进中小企业发展的措施，以及改善经济基础设施的步骤，如能源、交通运输、信息、通信与旅游，以有利于可持续的发展。

亚太地区的经济增长与发展主要是由市场推动的，企业间不断增强的相互联系对亚太地区的经济合作提供了支持。认识到企业部门在经济发展中的作用，我们同意把企业部门纳入合作计划之中，并为此建立机制。

9. 为了便利和加强合作，我们同意，那些做好准备的 APEC 经济体可以先启动和落实合作计划，那些还没有准备好的成员可以晚一些时候参加。

APEC 成员间的贸易争端和其他争端对落实已经同意的合作项目，对合作的精神都有负面的影响。为了有助于解决争端，并防止其复发，我们同意，对建立自愿协商解决争端中介服务机制的可行性，以对 WTO 的争端解决机制加以补充，WTO 的争端解决机制将继续是解决争端的主要手段。

10. 我们的目标是宏伟的。然而，我们决心表明，在推动全球贸易和投资自由化方面，APEC 要发挥领导的作用。实现我们的目标需要许多年的努力，但我们将在此声明之后立即开始推进协调的自由化进程。

我们指示部长和官员们立即着手为落实我们的决定提出建议。他们的建议应很快提交给 APEC 经济体领导人加以考虑，并作出相应的决定。在他们的建议中，也应该列出妨碍实现目标的问题。我们要求部长和官员们对名人小组和太平洋商务论坛在其报告中所提的重要建议给予认真考虑。

11. 我们对名人小组和太平洋商务论坛在他们的报告中所提出的很有思想的建议表示感谢。他们的报告将会在制定关于太平洋经济共同体合作框架中被作为有价值的参考。我们同意，要求这两个小组继续工作，为 APEC 经济体领导人提供有关 APEC 进展的评估意见，为加强我们的合作提出建议。

我们还要求名人小组和太平洋商务论坛对 APEC 与现行的次区域安排（东盟自贸区、安第斯区域贸易安排和北美自贸区）之间的关系进行评估，并且进行研究，就防止它们互为障碍，能使我们的关系具有连续性提出可行性的选择。

第 九 章

区域观回归与秩序构建

导 言

近代，中国由强转衰，受到外患内乱的困扰，在很长的时间里，一直在生存的边缘上挣扎和求索。

新中国诞生，结束了内乱，开始走向国家统一和民族复兴之路。但是，由于冷战和其他复杂的因素，中国所处的外部环境，特别是周边环境依然严峻，迫使中国花大气力应对来自外部的威胁，国家统一和民族复兴的进程进展缓慢。

中国实施改革开放政策，把发展经济作为第一要务，把创建开放与和平的外部环境作为对外政策的重点，由此，外部环境出现改善，经济发展开始增速。

如果说实施开放，引进外资，搞加工出口，还是一种"自主性设计"行为，而加入世界贸易组织（WTO），则是要接受国际规则，让自己与国际体系接轨，对自己那些不符合国际规则的政策和法规进行调整与改革。这是中国步入现代化进程的一个大转变。[1]

冷战结束后，国家交往中意识形态的隔阻墙被推倒，中国实现了与所有邻国的关系正常化。这样的正常化局面促使中国以更加开放、更加进取的思维看待自己所处的地区，从而孕育新的区域观意识。

---

[1] 一个重要的发展是，尽管国家统一进程没有完成，台湾还未回归，但是，大陆和台湾却以智慧的方式共处在同一国际（世贸组织）和区域框架（APEC）之下。至少实现了市场机制的接轨。当然，对中国来说，这也产生了问题，担心这样的经济安排"被政治化"，为台湾地区提供长久独立在外的合法机制。鉴于港澳已经回归，自然不会有什么政治问题，因此，涉台问题一直成为影响中国国际和区域政策的一个重要因素。

尽管中国注重改善外部的综合环境，但是经济无疑是中国政策方向的重点。参与国际和区域组织主要服务于中国的两个重要战略利益：一是通过参与获得市场准入，二是通过参与推动国内的改革与开放。参与 APEC 是中国第一次融入地区机制的框架中。尽管 APEC 本身是一个推动亚太市场开放的官方论坛，但是，中国还是对它抱有警惕，生怕它具备超国家的干预功能。中国明确反对美国关于把 APEC 建成"亚太共同体"的企图，支持自愿、开放、灵活的 APEC 方式。然而中国也积极利用 APEC 这个平台推进自己的"自主性"市场开放，把它作为加入世贸组织的预演场所，在 APEC 框架下多次高调宣布新的市场开放措施，显然，这是利用 APEC 机制，推动国内的市场开放，使之逐步接近加入 WTO 的要求。

不过，尽管亚太地区对中国来说至关重要，但是，从地缘认知来说，中国对亚太的区域意识主要基于参与上的利益。亚太地区是中国的主要贸易和投资市场，参与亚太合作有利于拓展市场和利益空间。但是，亚太地区有美国这个超级大国，中国对美国任何主导地区的举措均保持警惕。这也就是中国为何积极参与 APEC，但反对把 APEC 制度化，不赞成把政治与安全合作列入议程的原因。①

加入 WTO 标示着中国的经济体制基本实现了与国际经济规则的接轨。在此以后，中国开始打造有利于自身发展利益的区域环境，参与符合自身发展利益的规则制定。2000 年，中国提议与东盟构建自贸区，并接着构建与东盟的战略伙伴关系，签署《东南亚友好合作条约》等，显然是有着比较清晰的区域战略考虑的，即东盟是对中国有着特别重要意义的近地缘区域。尽管东盟不是一个具有超国家管理功能的区域组织，但是，它具有很强的协调功能。中国通过与东盟构建自贸区，建立战略伙伴关系，支持东盟在区域合作中发挥领导作用，逐步构建了与整个东南亚地区的协商与合作平台，铸造了区域性的链接机制和利益基础。这样，中国与东南亚各个国家之间的关系就形成"双轨机制"，即一方面是各个双边关系，另一方面是与东盟的整体关系。整体区域框架增加了中国与该地区关系的稳定性，扩大了利益的地缘空间。

---

① 中国担心美国利用区域框架对中国施行政治压力，改变中国的政治制度。但在美国遭受恐怖袭击以后，中国同意美国的提议，把反对恐怖主义列入议程。近来中国也赞成有选择地进行政治与安全合作对话，2014 年把反腐作为 APEC 合作的一项新议程。这表明中国并不是绝对拒绝谈政治安全问题，只是在政治问题上，坚持"有益选择"的基本原则。

　　中国与东盟发展关系的新发展为中国推动构建周边地缘区域合作机制增强了信心。2004 年中国主动提议牵头进行构建东亚自贸区（10＋3）的可行性研究，后来又积极推动"清迈倡议"的多边化，建立东亚外汇储备库，建立亚洲宏观经济研究办公室（AMRO），主动推动并主持旨在解决朝核问题和东北亚长久和平问题的"6 方会谈"机制，参与和推动中日韩领导人对话合作及建立秘书处，等等。特别是，借助反恐大势，中国倡议成立上海合作组织，在构建区域性合作机制上迈出了一大步。从中国的区域观视野来说，上合组织的成立是一大突破。这不仅因为它是第一个由中国倡导成立的区域安全合作组织，而且还因为该组织具备一定的区域安全管理与治理功能。

　　在不长的时间内，中国由对建立区域机制保持谨慎，转变为积极推动，这的确是一个很大的转变。它表明，在中国的决策认知中，对于区域，特别是周边区域有了新的定位、新的战略。

　　当然，中国作为一个大国，特别是一个在全球有着广泛利益的国家，其战略和利益视野是具有全球性特征的。中国作为一个全球性大国，突出地表现在具有在全球范围内发展关系、寻求利益和发挥作用的意识和能力。比如，中国很早就重视非洲，当时并不是为了资源和市场，而是出于政治（支持中国）和理念（援助非洲独立、自主和发展），如今，非洲当然亦具有重要的经济意义，是中国的资源、能源重要来源和贸易投资市场；对拉美，中国不仅重视其经济含义，也有相当的战略考量；其实，中国的自贸区构建也是在全球范围选择可行对象。

　　但是，中国作为一个有着独特的周边地缘区域的国家，原本就有着根深蒂固的区域观和特殊的区域利益。在很大程度上说，中国首先是一个区域性大国，其次才是一个全球性大国。中国的区域性大国特征主要体现在其与周边地区的关系上。周边地缘区域之所以重要，因为它是中国的所在之地、立足之基，对中国有着不可分割的、不可替代的直接和综合利益。从历史上看，中国的对外关系主要是在周边地区，以中国为中心的"华夷秩序"维持了很长的时间。而近代，中国衰落，周边地缘整体秩序崩塌，周边地区为中国带来威胁，中国对周边有着太多的痛苦记忆。如今，随着中国的复兴，中国对周边地区开始重新审视，对周边秩序重新构建是自然的。

　　中国重新审视和营造周边区域体现在把周边作为中国对外关系的首

要，提出"以邻为伴、与邻为善"，"睦邻、安邻、富邻"等处理和发展与周边国家关系的准则。最近，中国又提出"亲、诚、惠、容"新原则和构建利益共同体与命运共同体的新倡议。这些都体现了中国以周边为重心的区域观开始从形式（地缘）到实质（构造）的演变。

中国提倡与周边国家构建利益共同体、命运共同体，这里的共同体与欧洲的共同体概念和模式不同，与东盟所建的共同体不同，与东亚展望小组建议的"东亚共同体"也不同。在中国的传统哲学里，共同体并不体现在制度上，而是体现在关系和秩序上，而这种关系和秩序的支柱是基于大家认可的规守和利益，形成一种精神和文化。当然，当今的周边变了，周边关系和秩序的调整与构建必须基于现实的基础，考虑到内外关系和力量复杂交织，竞争与合作并存的事实，发展新的关系与构建新的秩序要具有开放性和包容性。

东亚共同体建设的波折让中国认识到，中国周边区域关系和秩序的构建是一个利益和力量竞争博弈的过程，难有定式，要与时俱进，积极进取。中国的周边地域很广，东西南北，差别很大。对中国来说是一个大地缘区域整体，但对其他国家来说就不一样了。他们把中国看作一个必须打交道的大邻居，而出于不同的原因，各国对中国的认知和定位很不相同。当今，中国是一个正在复兴崛起的大国，各国出于不同的利益考虑，对中国的政策都有自己的"小算盘"，有亲近，有疏远，有防备，也有合作，大多采取"两面下注"的政策，即一方面发展关系，另一方面又加以防备。事实上，在当今和今后一个时期，无论是中国，还是周边国家，都处在关系和利益重构的新历史进程中，这个过程很长，处理好关系有难度，也有风险。

当然，周边这个概念，是中国的区域视角和定位。从别国的视角，看法则不同。因此，在中国的区域认知和定位中，需要有两个视角："我与周边"和"周边与我"，只有实现两个视角的叠合，才能生成全息的图像。

周边国家有着复杂的对外关系，有些与外部势力结盟，比如日本、韩国、菲律宾等是美国的盟友；有些则成立了自己的区域合作组织，比如东盟、南盟，还有欧亚联盟等。作为集体，它们如何看待中国的区域观和区域谋划呢？如何使它们的区域观与中国的区域观相吻合呢？二者之间能够找到结合点吗？这些都需要研究，需要在实际的发展中加以磨合。利益共同体也好，命运共同体也好，需要大家的共识，需要大家共建，不是中国一家能够做的。这些也正是中国新区域战略面临的挑战。当然，既然是历史的回归与重建，中国不会因为挑战而畏缩。

第一节　历史的考察

　　中国是个泱泱大国，有几千年的文明史。在漫漫的历史长河中，中国形成了独具特色的交往理念、规则和方式。据研究，中国的"世界观"源于以中原华夏民族为中心的认知和秩序。在很长的历史时期，发达的华夏民族与周边众多的族群部落相邻而居，逐步发展起以其为核心的相互交往的关系。秦统一中国之后，扩大了华夏的区域范围，进一步强化了华夏中心文化与秩序。[①]

　　自汉朝以后，中国的交往开始扩大，不仅在陆上，而且延伸到海上。往东，开始与朝鲜半岛、琉球、日本列岛交往；向西，则经由河西走廊，开辟古丝绸之路，交往延伸到中亚、地中海；向南，交往不仅扩及整个东南亚，而且通过海上丝绸之路，与南亚各国，甚至是阿拉伯、非洲发展商贸关系。[②]尽管如此，中国仍然坚持以近邻周边为基，没有像后来的西方国家一样，当自己发达起来之后，就在世界范围扩大殖民地，尽可能多占地盘。

　　在长期的交往中，中国与周边国家和地区建立了复杂、多样的关系，有些国家被纳入了华夏体系，接受中国的册封，向中国纳贡。尽管中国的大部分邻国并没有加入华夏体系，但也尽可能与中国保持友好交往的关系。[③]

　　鉴于自己是最强大的国家，中国总是以己为中心看待外部世界，处理与外部的关系，与周邻国家形成了独具特色的"华夷秩序"。在"华夷秩序"的构建和维系中，一则，中国保持着至高无上的地位，被他国尊崇；

---

　　① 何芳川：《华夷秩序论》，《北京大学学报》（哲学社会科学版）1998 年第 6 期，第 31 页。

　　② 明朝时期，尽管有郑和七下西洋，广开对外关系，但是，也曾长期实行海禁。实行海禁的原因相当复杂，其中海上安全威胁问题是一个重要动因。马丁·贾克斯认为，实行海禁的原因之一是皇帝自恃优越，认定大明文明远胜于蛮夷。见 Martin Jacques, *When China Rules the World—the Rise of the Middle Kingdom and the End of the Western World*, Allen Lane, London, 2009, p. 78。

　　③ 据研究，即便到清朝最强盛时，属国或朝贡国也只有十多个。见崔丕《东北亚国际关系史研究》，东北师范大学出版社 1992 年版，第 28 页，转引自张小明《中国与周边国家关系的历史演变：模式与过程》，《国际政治研究》2006 年第 1 期，第 59 页。

二则，中国基于"和而不同"的理念，对他国的内部事务并不主动进行干涉和介入，属国纳贡也是根据具体情况灵活掌握，中国所在乎的是礼尊，而非贡品。中国所重视的是自己的地位和核心利益受到尊重，所期望的是各方平安相处，各得其所，只要大家相安无事，则对他国不动武，不索取。中国正如明朝皇帝所言，"君临天下，抚治华夷，一视同仁，无间彼此"。①在长期的历史中，尽管中国在与邻国的关系中"恩威并用"，但总的来说被认为是一种"怀柔周边"政策。②

中国处在一个有着众多邻国的复杂环境之中。在长期的交往中，中国与周边国家逐步发展起了一套比较完备的规则体系。③这个体系以儒家的等级秩序思想为指导，构建起了一种"中心—边缘式"的稳定架构。④这个架构被认为是建立在两个基本保障基础上的：一是中国具有压倒性优势的经济力量；二是中国为区域提供安全保障。⑤以中国为中心的区域秩序构建，其广度和深度是与中国自身的发展相向而行的。在漫长的历史中，中国的规模不断扩大，所形成的外围地区也不断扩展。

当然，历史的发展是曲折的，中国的中心地位也不时受到来自外部的挑战冲击，与周边国家和部族也不时发生战争。但总的来说，中国能够长期保持强大，主导地位没有受到根本性的挑战，也就是说，以中国为中心的区域关系秩序基本上没有受到外部力量的干预，由此，在很长的历史中，中国与周边国家的关系主要表现为一种区域内部的关系互动。⑥

长期积累和发展的这样的一种区域性互动关系对于中国区域观的形成具有非常重要的意义。我们至少可以从以下三个方面归纳它的重要性：其一，是区域的地缘视野，始终把周边地区作为基础；其二，把周边地区作

①　《明史外国志（古里）》卷326，列传第214，转引自何芳川《华夷秩序论》，第37页。

②　张小明：《中国与周边国家关系的历史演变：模式与过程》，《国际政治研究》2006年第1期，第60页。

③　有的学者把这种体系称为"天朝礼治体系"。见黄枝连《天朝礼治体系研究》，中国人民大学出版社1992年版。

④　也有的学者认为，所谓华夷秩序，实际上是以经济的关系为主，是区内国家和地区之间赖以开展互利贸易的礼乐秩序框架。中国用的是"软实力"，不是硬实力。韩东育：《华夷秩序的东亚构架与自解体内情》，《东北师大学报》（哲学社会科学版）2008年第1期，第46页。

⑤　持这种观点的是日本的学者滨下武志。转引自韩东育《华夷秩序的东亚构架与自解体内情》，第46页。

⑥　张小明：《中国与周边国家关系的历史演变：模式与过程》，《国际政治研究》2006年第1期，第59页。

为利益攸关区；其三，与周边地区的国家形成一套相处的规则和行为方式。所谓"君临天下"，主要就是要对与中国密切相连的周边国家负责。①

然而，到19世纪中叶，中国与周边国家的这种秩序基础被摧毁，一则中国本身开始逐步衰落；二则西方列强大举向东方扩张，染指中国及周邻国家。面对西方列强的势力扩张和入侵，中国败下阵来，被迫签订一系列丧权辱国的条约，支付赔款，割让领土，周邻国家大多被列强占领，成为殖民地。八国联军打进了北京，中国的权威被击破，而周边国家被殖民，则割断了中国与周边国家直接交往的联系。这样，以中国为中心的区域秩序就彻底解体了。

特别是在19世纪后期，崛起的日本发起直接挑战，打败并进犯中国，吞并了琉球，占领了朝鲜，把中国仅存的一点"大国尊严"也给打掉了。从1840年鸦片战争到1945年日本被打败，其间100年，中国与其所在的地区发生了天翻地覆的大变化，中国不仅失去了自己（无能为力），而且失去了自己所在的地区关系和环境。这样，中国的传统区域观已经荡然无存，周边地区成为了危及中国自身生存安全和利益的祸源。

1949年新中国成立，中国自身的内乱结束，衰败的下行线也终停。不过，中国与周邻国家的关系还是经历了复杂的和艰难的调整。由于形势复杂，在很长一段时间，中国对周边国家的关系定位处于被动。在很多情况下，是外部因素决定中国与邻国关系的特征和性质，中国则主要是被动应对。

新中国也试图做出努力扭转被动格局，推动新的关系发展。比如，在20世纪50年代，中国就与缅甸和印度一起提出了"和平共处五项原则"。该原则的内核是维护国家主权，不干涉内政，友好相处，基本出发点是争取国家生存与发展的稳定与和平环境。特别值得注意的是，新中国提出的这些原则具有了新意。从中国的认知来说，放弃了"中国老大"的观念，改变了中国传统的等级秩序思想，开始倡导新的国家平等和以此为基础的和平共处。

不过，由于冷战格局，中苏分裂等因素，周边地区的关系变得异常复

---

① 其实，这里的规则和行为方式并不是写在纸上的条约，更多的是一种认定和默契。约瑟夫·奈认为，所谓软实力，就是影响他者行为的能力。而软实力更多地表现为一种对他者的吸引力。在很大程度上说中国所发挥的正是这种"软实力"。关于软实力的论述见 Joseph S. Nye Jr., "Soft Power: the Means to Success in the World Politics", *Public Affairs*, New York, 2004, pp. 5－6。

杂，关于和平共处的原则并没有得到很好的落实。①

与周边国家关系的一个大的转变是中国实施改革开放政策以后。改革开放需要稳定与和平的外部政治环境，需要开放合作的经济环境，于是，中国开始采取积极措施，推动与邻国（特别是那些实行开放发展政策的市场经济国家和地区）关系的改善，发展与它们的经济关系。

冷战结束后，周边地区形势发生了很大的变化，为中国进一步改善与所有邻国的关系提供了政治氛围和环境。另外，各国采取的开放发展政策也为中国与邻国之间发展更为广泛的经济关系提供了环境。这样，中国与邻国之间的政治关系和经济关系出现了全新的变化：一则，中国实现了与所有邻国关系的正常化；二则，中国与邻国之间发展起密切的经贸联系，成为他们最重要的贸易伙伴。应该说，这是近代一个历史性的大转变。重要的是，随着中国与所有周边国家实现关系正常化，成为所有周边国家最重要的经贸伙伴，中国的周边区域意识开始逐步回归。当然，这种回归不是，也不可能退回到古代的"华夷秩序"模式，而是基于新环境下的新认知、新定位和新构建。

第二节　周边关系与秩序构建

当今，中国是在一种全新的形势和关系架构下开始发展与周边国家关系，进行周边地区关系和秩序构建的。中国还处在复兴的进程之中，尽管是周边地区经济总量最大的国家，但还难说是最强的国家，尽管其综合实力在大幅度提升，但美国的霸权地位并未有根本性动摇。中国并没有形成像历史上的那种"压倒性优势的经济力量"，更不能为周边国家提供安全保证。周边地区国家的情况相当复杂，多种力量在周边地区博弈。因此，中国对周边区域的认知定位还在形成过程中，需要时间逐步梳理和清晰，对周边地区关系结构和秩序构建的努力，也需要在参与中逐步发挥作用和提升影响力。

一　与东盟的不解之缘

在东亚地区，东南亚最早开展区域合作，但是，它最初带给中国的是

①　详细分析见我的论文《我国周边的形势与思考》，原载《国际经济评论》2014 年第 9 期，作为延伸阅读放在本章之后。

敌意，而不是善意，这令中国对区域联合表示警惕。初始的东盟带有很强的反共意识，而当时中国与一些东南亚国家的共产党保持着联系，是他们活动的支持者。①

但是，随着环境的变化，中国与东盟也力图找到新的利益结合点。比如，越南在东南亚地区实行扩张，让中国与当时不包括越南的东盟走到一起。②而在东盟实现包括越南在内的扩大后，中国则把东盟作为一个可以构建新关系的区域组织。以往合作的基础，加上新的形势发展，促使中国以积极的姿态发展与东盟的对话伙伴关系。③中国积极参加东盟倡导的"10＋1"和"10＋3"对话，率先签署《东南亚友好合作条约》，率先提出与东盟构建自贸区和建立战略伙伴关系，并且与东盟签署旨在稳定南海大局的《南海行为宣言》等。

在南海争端升温的情况下，中国提出"双轨道"战略，即主权争端由当事国谈判解决，而维护南海和整个地区稳定，则依靠与东盟合作。这表明中国对东盟作为区域合作组织的积极作用，特别是其在中国的周边关系与秩序构建中的特殊性给予了特别的重视。④

尽管中国与东盟的综合关系得到前所未有的发展，中国也从对东盟的关系中体验到了"区域性构建"的重要性，但是，中国与东盟之间关系的构建，特别是区域秩序构建并不很顺畅。一则，东盟实施大国平衡外交，不希望与中国的关系拉得太近。在很大程度上，大国平衡，主要是利用其他的大国平衡中国。二则，中国与东盟的几个成员在南海存在争端，而争端往往成为疏远与中国关系的重要因素。尽管中国与东盟之间谈成了自贸区，但东盟并没有与中国构建一个统一的区域合作组织的考虑，保持东盟的自主性和主动性是东盟发展与中国关系的底线。中国—东盟自贸区是一

①　ASEAN Declaration, http：//en. wikipedia. org/wiki/ASEAN_ Declaration.

②　这一段经历对于扭转中国对东盟的看法很有影响。即便在越南加入东盟之后，中国也保持了对东盟支持的态度，继续积极推动与东盟改善和加强关系，支持东盟的联合。总的来说，中国的决策者认为，一个联合的东南亚对中国不是威胁。这方面的分析参考曹云华《变化中的中国—东盟关系》，《东南亚研究》1995 年第 5 期，第 11—14 页。

③　1997 年，中国领导人与东盟领导人实现第一次非正式会晤，确立了面向未来的"睦邻互信伙伴关系"，认定"一个团结和繁荣的东盟是促进亚洲和平与发展的重要力量"。见江泽民《增进睦邻友好，共创光辉未来》，http//www. fmprc. cn/chn/2780. html。

④　即涉及主权问题由当事国通过谈判解决，中国与东盟一起共同稳定南海局势。见王毅在中国—东盟外长会议记者会议上的讲话，2014 年 8 月 9 日，http：//www. fmprc. gov. cn/mfa_ chn/zyxw_ 602251/t1181457. shtml。

种功能性机制构建，即着眼于推动双边的市场开放和加强经济合作。其实，从东南亚国家的角度来说，东盟作为一个整体，还有一层含义，即利用集体的力量与中国这个大国打交道，以此取得与中国实力对比的"均衡"。从中国的角度来说，只要东盟不成为反华基地，是"稳边、兴边"之地，中国就会尊重东盟的"中心地位"和其在区域合作中的领导作用。尽管中国与东盟国家间存在不少的问题，特别是与一些国家存在南海争端，中国政府还是把发展与东盟的关系作为中国外交的"首要和优先方向"，对发展与东盟的关系"抱有信心"①。

在中国新的周边发展战略的定位中，对与东盟关系的把握，以及与东盟关系发展的程度，都具有特别意义。历史上，中国与东南亚国家曾保持着良好的关系。在近代，东南亚地区被殖民分解，中国与各国的关系性质发生变化，传统的关系已无踪影。二战后，东南亚国家经过艰难的重生过程，实现了国家独立自主，进而成立了把各国聚拢在一起的区域组织——东盟。东盟成为代表东南亚区域整体发展与其他国家关系的一个代表，建了以东盟为中心的对话与合作关系，这是东南亚地区历史上从来没有过的。②

从中国方面说，有了东盟，中国与东南亚国家的关系就有了一个新的大平台。为此，中国重视东盟的整体地位和作用，积极发展与它的关系，让它成为发展友好与合作关系的支柱，成为拓展综合利益和维护安全的重要战略依托。从区域关系和秩序构建的角度来认识，在周边，还没有一个地区像东盟那样有能力建设经济、安全与社会文化共同体。因此，中国重视东盟的地位和作用是理所当然的。不管出现多少波折，中国都要做出不懈的努力，使友好与合作的基础不可逆转。比如，2013 年，正是南海争端升温之时，中国还主动提出要与东盟构建命运共同体，签署睦邻友好条约，这足可见中国对东盟的战略意图是着眼于长期发展的。

二 对东亚合作的倾注

东亚地区在中国的周边认知中有着特殊的地缘情结，"10 + 3"对中国

---

① 王毅在中国—东盟外长会议记者会议上的讲话，2014 年 8 月 9 日，在中国—东盟高层论坛开幕式上的讲话。http：//www. fmprc. gov. cn/mfa_ chn/zyxw_ 602251/t1181457. shtml；http：//www. chinanews. com/gn/2013/08-02/5118348. shtml.

② 一个标志是，东盟的法律地位得到其他国家的承认，越来越多的国家向其派驻大使，发展与东盟的整体关系。

来说有着清晰的区域观认知。①当东盟于 1997 年邀请中日韩对话时，中国从一开始就表现得非常积极。这一方面是因为中国对东盟这个组织的重视，另一方面也是出于对"东亚区域主体性"的认知。从地缘上，包括东北亚和东南亚在内的地域，对中国来说才是东亚，是一个连成一片的共处区域。因此，中国对推动东亚合作表现得非常认真和务实。比如，在 1998 年"10＋3"领导人对话会议上，中国就提议成立央行和财政部负责人的合作机制，此后，中国积极推动发表《东亚合作联合声明》，支持《东亚展望小组》的研究（先后两期），主动提议牵头组织进行关于东亚自贸区的可行性研究，积极支持以金融货币合作为宗旨的"清迈倡议"，推动"清迈倡议"框架下的货币互换机制多边化，建立东亚外汇储备库以及成立亚洲宏观经济研究办公室，并担任首任主任，等等。

　　显然，在中国的地缘区域利益和战略思考中，东亚地区有着特别重要的地位，具有特殊的意义。② 改革开放以后，中国的沿海地区先行发展，成为中国经济的中心，由此，从东北亚到东南亚的地缘东亚地区，对中国的发展和综合利益都有着特别的重要性。尽管中国参与和推动东亚合作的主要内容是经济，但是，东亚对中国也具有很强的政治与战略意义，中国希望逐步推进东亚地区合作的整体框架和组织结构发展。③

　　近代以来，东亚地区关系变化和力量对比是中国衰落的一面镜子，中国的利益从这里被剥夺，中国从这里被入侵，战争在这里发生……而在改革开放后，也正是在这里，中国打开了走向世界的大门，构建了经济发展的市场平台（贸易、投资、服务）。然而，构建一个合作的东亚遇到了三大障碍：一是力量的对比和竞争，这主要表现在"守成的日本"和"上升的中国"之间。近代以来，日本是东亚的力量重心。日本惧怕中国获得主导性影响，竭力阻挠中国所推动的区域合作议程成功，同时，它通过拉更

---

　　① 实际上，中国的东亚地缘区域认知基于东盟 10 国与朝鲜半岛（南北）、日本和蒙古。

　　② 马丁·贾克斯把东亚定位于"中国的后院"，认为要了解中国的崛起对于世界的含义，必须把东亚作为认识的起点。中国在东亚如何把握其崛起，如何在东亚使用其增长的权力，是其作为一个全球大国如何行事的一个重要指标。当然，作者把东亚比作中国的"后院"，容易产生战略误解和误判。中国无力独霸东亚，同时，东亚也不是中国地缘区域关系的全部。若作为"后院"，也许东亚会使中国陷入"崛起的区域困境"。关于马丁·贾克斯的有关分析，参见 Martin Jacques, *When China Rules the World*：*the Rise of the Middle Kingdom and the End of the Western World*, Allen Lane, London, 2009, p. 273。

　　③ 见张蕴岭《探求东亚的区域主义》，《当代亚太》2004 年第 12 期，第 5 页。

多国家参与东亚合作进程，特别是像印度这样的大国参与，来平衡中国，化解所谓"东亚地缘区域之困"；①二是"东盟坚持中心地位"，尽管东盟希望借助更大的区域合作框架来扩展自己的利益，但又不愿意被更大的区域机制边缘化。因此，东盟坚守自己构建以"东盟＋"为架构的"轴—辐"对话合作机制，对于推动东亚的制度化建设则比较谨慎；三是美国的干预，出于担心东亚合作机制排除自己，损害自身主导地位的担心，美国构建有自己主导的区域机制（如 TPP），推动扩大的东亚对话机制发展，并直接参与其中（如东亚峰会），以此增大其对东亚合作走向的影响力。

出于多重力量的作用，以"10＋3"为"主渠道"的东亚合作进程一波三折，实际上形成了多层机制并存的局面，这与中国起初对东亚的区域定位和战略设计大不一样。②这种形势迫使中国对东亚的区域合作进行重新思考和政策定位。出于地缘综合利益上的考虑，中国当然不会放弃对推动东亚地区合作的努力，但对重点和方式进行了调整，其中，把务实性的"功能构建"，而不是整体制度性构建作为重点。③

再则，随着中国越来越重视整体周边的大区域关系和秩序构建，其对东亚地区的认知和战略定位也发生变化，即把东亚作为周边大地缘区域的一个组成部分来对待。基于周边大区的视角，"东方不亮，西方亮"，在东亚搞不成的事，也可以在别处推动，也许可以成功。由此，中国开始超越"东亚中心"的地缘区域认知，以新的大周边地缘区域认知和战略来进行区域关系和秩序的构建。

三　拓展亚太区域空间

就中国的区域认知来说，亚太是一个新概念。亚太之所以成为一个区域，一是经济上的联系，二是安全上的联系。从经济联系来看，亚太为中

---

① 日本在经济上是东亚"守成的主导大国"，在经济实力、技术能力和投资、贸易等方面居优势地位，因此，担心中国替代日本成为主导，是日本的一个"战略性恐惧"。事实上，日本一直有"大东亚"的认知，作为一个岛国，其区域界定与中国有很大的不同。

② 我曾经提出，理想的区域合作结构是一个联合的东亚与美国构建合作框架，形成新的东亚—北美关系框架的"太平洋关系"，类似于一个联合的欧洲与美国构建合作关系所形成的"大西洋关系"。但是，实践证明，"把美国排除在外的东亚合作机制构建不现实"。见张蕴岭《探求东亚的区域主义》，《当代亚太》2004 年第 12 期，第 6、7 页；张蕴岭《中国周边环境的变化与对策》，《思想战线》2012 年第 1 期，第 2—3 页。

③ 见张蕴岭《探求东亚的区域主义》，《当代亚太》2004 年第 12 期，第 6 页。

国提供了巨大的对外开放空间，是中国对外贸易的主要市场和外来投资的主要来源。从安全上的联系看，亚太是中国主要的安全与战略关注区域，尤其是需要处理好崛起中国与守成霸权美国之间的新型大国关系。因此，亚太作为一个区域，既要为中国经济参与提供平台，又要为中国处理政治与安全关系提供空间。

亚太经合组织（APEC）是中国经济参与的主要平台。中国之所以积极申请加入 APEC，一则，中国加入世贸组织的进程不顺利，希望加入亚太经合组织获得参与机会；二则，1989 年因为国内政治风波遭到西方制裁，中国非常希望通过加入 APEC 显示中国对外开放的决心，并以此突破西方的制裁。因此，从这个意义上说，中国对 APEC 的区域意识和区域定位并不强，主要还是基于参与上的经济利益，把它作为加入世界贸易组织（WTO）的一个演练场。[①]

APEC 实行自主自愿和协商一致的"APEC 方式"，这对中国来说是非常适合的。在相当长的时间里，中国不支持强推市场开放，更愿意循序渐进。比如，加拿大在 2004 年提出推动亚太自贸区议程（FTAAP），美国 2006 年正式提出推动亚太自贸区建设，中国就表示了保留态度。[②]但是，当美国领衔 TPP 谈判，把中国排除在外的时候，中国则转而对推动 FTAAP 感兴趣了。2014 年，中国承办 APEC 系列会议，力求把启动 FTAAP 列入会议议程。[③]应该说，把 FTAAP 列入 APEC 议程，这是中国对亚太区域性认识的一个转变。

尽管 APEC 是一个经济组织，主要的议程是推动亚太地区的市场开放与开展经济与技术合作，但它也具有很强的政治含义。它所提供的区域对话与合作框架，也称为开展外交活动的场所。比如，20 世纪 90 年代，中美关系反反复复，在关系极度紧张的情况下，正是 APEC 领导人会议、部长会议提供了打开关系僵局的机会。美国在亚太地区有着最大的影响力。

---

① 比如，有人认为，APEC 为中国入世提供了一个热身和演练的平台。见蔡鹏鸿《APEC：中国入世的演练场》，《浦东开发》2001 年第 10 期，第 13 页。

② 当时，加拿大、美国推动 FTAAP 是有背景的，即东亚推动东亚自贸区（EAFTA）进程，它们担心被排除在外会遭到损失，还有，美国原来计划要在 2005 年推动美洲自贸区（FTAA）建设，该计划流产，于是在 2006 年提出推进 FTAAP 建设。美国的倡议被搁置，于是于 2009 年决定推进 TPP。

③ 当然，也不光是中国如此，2010 年在日本召开的 APEC 非正式领导人会议就重提 FTAAP，当时日本还没有决定加入 TPP。

特别是安全领域，中国并不是美国主导体系的组成部分。因此，中国在亚太区域关系和秩序整体构建中并不占主动。中国实现国家复兴需要稳定与和平的外部环境，其中，如何处理与美国的关系至关重要。为此，中国的主要战略是拓展安全与战略空间，让太平洋"容下中美两国"。①从这个意义上说，APEC 也是中国处理复杂大国关系的一个重要平台。②

当然，如何看待亚太，认识上也有不同。有的人认为，在亚太地区，中国的战略主要还是塑造大国的战略均势，以均势来稳定中国所处的外部环境。③有的人认为，中国地处亚太，有重大利益，应该在地区事务中发挥规范性作用，提出有引导力的理念和有吸引力的模式。中国的亚太战略应该是在各个层次发挥重要作用。④还有的甚至认为，中国处在不断扩展的亚太地区的地理中心，成为吸引力的中心，成为亚太地区的"地缘中心国"。⑤不过，从中国的地缘区域认知来说，很难把亚太塑造为以中国为中心的区域。亚太地区是中国地缘利益的一个交汇点，也是处理大国关系的一个焦点，但是，中国难以通过区域性秩序构建来实现目标，尽管如此，中国还是力图利用好这个区域大平台来实现经济利益和战略利益。

四　上海合作组织的跨越

上海合作组织是由中国推动成立的第一个区域合作组织。⑥ 本来，它的基础是苏联解体后，中国与俄罗斯以及从苏联分离出来的中亚国家处理外交关系的协商机制。通过该机制，确立了中国与新生的俄罗斯和中亚诸国的新关系，同时，也在合作中建立了相互信任。在这个地区，以往这样的关系只是中国与苏联之间的双边关系。苏联解体后，就变成了带有区域

---

① 《中美元首共建新型大国关系：不冲突不对抗》，http://news. ifeng. com/mainland/special/xjpmzzx/content-3/detail_ 2013_ 06/09/26267547_ 0. shtml。

② 中国一向重视区域平台为双边会晤提供的机遇，在 APEC 会议期间，尽可能多地开展双边领导人会晤。

③ 见焦兵《塑造亚太均势：中国大战略的未来》，《江汉论坛》2014 年第 4 期，第 108 页。

④ 见吴心伯《中国亚太战略急需新思维》，《东方早报》2012 年 11 月 21 日。

⑤ 见朱听昌《论中国在亚太地区的区域中心位置》，《世界经济与政治论坛》2010 年第 1 期，第 77 页。

⑥ 事实上，中国超越"东亚中心"地缘区域认知的一个突出表现是推动建立上海合作组织（SCO）。1996 年，中国、俄罗斯以及中亚三国（哈萨克斯坦、吉尔吉斯斯坦、塔吉克斯坦）五国签署了《关于边境地区加强军事领域信任的协定》，2001 年，乌兹别克斯坦加入，六国以此为基础决定成立正式的区域组织——上海合作组织。

性的多国家间的关系。由此,该地区的关系变得复杂了:一是中国—俄罗斯关系;二是中国—中亚几个国家间的关系;三是中国—俄罗斯—中亚关系。这些关系相互交织,对中国来说,如果有一个区域性的合作机制,就会易于处理,把许多共同关心的问题放在区域的框架下解决。这里本来是俄罗斯的中亚地区,而在变化后则不同了,中亚成为一个具有单独含义的国际地区,一个具有特别重要性且又充满变数的区域。①应该说,通过构建区域合作机制来推动中国与多个国家关系的发展,通过发挥区域合作组织的功能来构建区域的综合发展和安全环境,这是新中国成立后对周边区域认知的一个新的转变。

　　上海合作组织之所以能够聚同化异,是因为中国与俄罗斯和中亚国家找到了具有最大公约数的合作切合点——共同安全。②尽管上合组织是一个以安全为主轴的合作组织,但它有别于美国、欧洲以及美欧之间建立的安全机制。上海合作组织不搞军事联盟,不搞军事扩张,而是在平等参与和协商的基础上,进行安全合作,创造共享的稳定与和平发展环境。这样的合作方式被认为是"在当代秩序之外的另一种温和的选择",它的功能主要体现在解决成员国共同关心的安全问题,同时也成为维护欧亚地区安全的稳定器。③

　　其实,对中国来说,重视中亚地区不仅仅在于安全,也重视综合关系的发展。《上合组织长期睦邻友好条约》的签订是一个巨大成就,它有助于稳定中国与中亚国家的总体关系。中国特别重视利用上合组织推动经济合作。中国先后提出许多倡议包括构建自贸区,设立上合组织开发银行,成立能源俱乐部,建立粮食安全合作机制,建设基础设施网,等等。对于中国的有些倡议,中亚国家和俄罗斯并没有立即做出积极的回应,之所以如此,还是出于对中国意图的担心。比如,中亚国家担心构建自贸区,向中国全面开放市场会导致中国对其市场的垄断,担心建立上合组织银行会被中国主导,为中国在那里的经营活动提供融资等,特别是俄罗斯,最为

---

　　① 特别重要的是在于西北地区的稳定对中国来说至关重要。关于中国的疑虑,有的专家认为,苏联解体,使中亚成为一个战略活动空间,引入多种力量介入。参见王佳殷《苏联解体后的中亚与中国》,《国际政治研究》1995 年第 1 期,第 23 页。

　　② 各国均面临三股势力(恐怖主义、分离主义、极端主义势力)的威胁,且这些势力的活动具有跨国扩散的特征。

　　③ 这方面的分析见冯玉军《上海合作组织的战略定位与发展方向》,《现代国际关系》2006年第 11 期,第 14—16 页。

担心的是中国主导中亚，排挤俄罗斯的传统利益。① 尽管如此，上合组织还是在经济合作领域取得不少进展。鉴于中亚地区的重要性，中国会锲而不舍。2013 年又提出建设丝绸之路经济带，以此推动与中亚地区的全面经济合作，构建延伸与扩展的经济发展区。②

上海合作组织的发展是一个奇迹。③ 该组织之所以能迅速壮大发展，一是因为中国有明确的区域定位和战略；二是因为中国、俄罗斯和中亚国家有共识，其中重要的是中俄对中亚的参与有共识；三是因为没有外部大国的直接干预。人们原来对上合组织的发展并不太看好，而现实的发展却远超预期。如今，它的吸引力在增加，功能在扩大，吸纳新成员也在准备之中。

中国在上海合作组织的目标是什么？应该说现在可以说得比较清楚了，那就是渐进推动该组织的综合发展，使其成为一个新型的区域合作组织，以其为依托，创建和平、合作与发展的西部环境。随着上海合作组织规模的扩大和功能扩展，它会有更大的影响力，有助于拓展中国在大西部区域的影响力。历史上，中国西部与外部的联系主要通过古丝绸之路，区域延伸波及中亚、西亚和欧洲。如今，借助上合组织和丝绸之路经济带的建设，中国获得更大的拓展空间，可以实现经济、政治和安全的综合利益。历史上，中国最不稳定的是西部，如今，还面临着新的安全威胁（极端宗教与分离势力）。中国力图通过这样的综合战略，构建稳定西部、发展西部、掌控西部的长久机制。这不像在东部地区，中国需要处理具有挑战性的中日关系、中美关系，任何行动均会受到美国战略和力量的阻挠。

五 突破东北亚困境的努力

在周边地缘区域中，东北亚的地位举足轻重。无论从哪个角度说，东

---

① 成立上海合作组织开发银行是中国于 2010 年提议的。一个新的进展是，2014 年 9 月召开的上海合作组织领导人会议发表的宣言把建立上海合作组织发展基金和开发银行列入合作议程。http：//news. 163. com/14/0913/03/A60B010400014SEH. html.

② 比如，2013 年，中国进一步提议签署《国际道路运输便利化协定》，开辟从波罗的海到太平洋、从中亚到印度洋和波斯湾的交通运输走廊。见习近平在上海合作组织峰会上的讲话，2013年 9 月 14 日，http：//news. xinhuanet. com/mrdx/2013-09/14/c_ 132719882. htm。

③ 当然，对于上海合作组织的非议也很多，特别是西方媒体舆论，把它描绘成"受中国控制"，只是中俄操纵，"中亚国家被撂在一边"。比如，见 Tyler Roney, The Shanghai Organization：China's NATO? The Diplomat, Sept. 11, 2013, http：//thediplomat. com/2013/09/the-shanghai-coop-eration-organization-chinas-nato-2/。

北亚地区对中国都至关重要。尽管中日韩三国间经济交往密切，但是，东北亚作为一个地区仍然是分裂的，历史的创伤，二战后留下的分裂结构，仍然没有弥合，世界上像这样的地区已不多见。

中国曾经试图通过构建六方会谈机制来解决朝核问题以及东北亚的综合关系与长久和平问题，但是，出于复杂关系的掣肘，这个机制运转不灵，半途停滞了。这是新形势下中国第一次从区域构建的角度试图创建东北亚的新区域关系与合作框架。①然而，事实证明，中国还没有足够的力量来发挥主导性的作用，也缺乏真正的战略志同道合者助力推动。美日韩是盟友，为了维护它们的团结和利益，建立了六方会谈下的三国协调机制；朝鲜与中国尽管有传统的关系，但二者战略目标并不一致，因此，并不真心与中国为伍；俄罗斯像个局外人，对深度参与并不十分投入。因此，中国的这种"中间人"的角色，注定难以发挥重要的，或者主导性的作用。

朝鲜拥核改变了东北亚地区的关系结构和性质，破坏了以东北亚区域为框架的合作机制构建基础。朝核问题的症结是美朝关系和美国在朝鲜半岛的利益与战略意图。朝鲜不作大的政治改变，美国难以接纳朝鲜，也不会改变对朝鲜的政策。朝鲜对六方会谈不信任的根本原因在于它以解决朝核为主要目标，而不是以解决朝鲜的生存与发展环境为目标。朝鲜的主要关注是解决与美国的关系，要美国改变对朝鲜的政策。这些问题显然仅通过区域性合作机制难以解决。如今，只有朝鲜声言不再返回六方会谈机制，其他各方仍表示要维护六方会谈框架下达成的协议，然而，以区域框架一揽子解决朝核问题和朝鲜半岛的长久和平问题，仍看不到希望。因此，中国在东北亚地区构建新关系和秩序的战略也许需要有新的思考。

中日韩合作机制是以经济链接利益为基础，原想通过把其作为主渠道，突破东北亚的"区域困境"。鉴于中日韩关系的敏感性，也考虑到由东盟主持的"10＋3"框架，一开始，中国对 1999 年三国领导人利用"10＋3"对话框架提供的平台进行会晤（早餐聚会）很谨慎，官方表态尽量淡化它的政治含义。但是，中国后来逐步放开对它的支持，这包括使

---

① 有的学者认为，中国在东北亚的战略目标是以维护地区的稳定为前提，因此，需要构筑全新的合作体系，重组东北亚的政治，其中最重要的是在解决朝鲜半岛问题上发挥作用。见金强一《论中国的东北亚战略》，《延边大学学报》（社会科学版）2004 年第 2 期，第 34 页。

三国在"10 + 3"框架下会晤的机制常态化，建立独立于"10 + 3"框架的三国峰会机制，并设立秘书处，推动三国自贸区的建设，等等。中国对中日韩合作的这种进取性态度，体现了其对东北亚区域重要性的认知。①比如，构建中日韩三国自贸区，基于发展水平的差异，中国本来是在谈判中面临困难最多的一方。然而，中国却表现出比日韩更为积极的态度。特别是在美国大力推动 TPP，东亚自贸区（"10 + 3"）建设停滞的情况下，中国把推进中日韩自贸区看作是一个进取性的应对战略，希望以中日韩自贸区进程推动东亚自贸区进程，应对来自 TPP 的挑战。

　　然而，中日韩合作的致命缺陷是不稳定的政治关系。正当中日韩合作出现良好的势头时，②因为中日关系、韩日关系出现逆转而陷入困境，峰会停止，高层会晤减少，合作项目难以推进，尽管自贸区谈判进程仍然继续，但是难说不受到冷政治的影响。③

　　中国的东北亚区域构建遇到的是政治问题，表明东北亚地区各方对构建区域性合作机制缺乏共识。不少专家提出了各式各样的有关东北亚区域合作的构想，其中最理想化的方案当属建立东北亚共同体。不过，中国的专家学者们却很少提出构建东北亚共同体。④迄今，中国的东北亚区域性机制构建的努力主要还是着眼于务实的功能性建设，即便如此，也遇到了很大的障碍。它表明，东北亚的区域分裂还需要更长的时间来弥合，同时，中国的区域性关系和秩序构建也需要采取多管齐下的战略。⑤

　　① 在中日韩第二次领导人会议开会前夕，据一项调查，受访的中国人中，91.8% 希望中国发挥更大的作用。见环球网《中日韩召开峰会，九成网民望中国发挥更大的作用》。http：//news. qq. com/a/20091010/000408. htm.

　　② 2008 年确立了三国的合作伙伴关系（发表伙伴关系声明），2009 年确立了三国合作的大方向（发表 10 周年合作声明），2010 年三国就未来合作达成共识（发表 2020 年合作展望）。

　　③ 有的学者认为，中日韩的合作离不开政治的支持，功利性的自贸区设计必然会受到政治的影响，仅仅推动自贸区进程不行。参见于海洋《自贸区与政治一体化——中日韩自贸区的战略设计与实施》，《东北亚论坛》2011 年第 6 期，第 39 页。

　　④ 韩国不少学者提出构建东北亚共同体的构想，不过也有的人认为，共同体可以作为一个目标，但现在提共同体还为时过早。见《韩国国际交流财团理事长任晟准谈东北亚共同体》，人民网，http：//theory. people. com. cn/GB/9733517. html.

　　⑤ 一个重要的发展是，2014 年 9 月 11 日，中蒙俄领导人实现历史性的会晤，并决定构建常态化对话与合作机制。会晤期间，习近平主席提议构建中蒙俄经济走廊，得到俄蒙的支持。有意思的是这次会晤由推行"第三国"战略的蒙古倡议。它表明，东北亚区域合作将不仅仅依赖中日韩三国合作的进展。这为中国推进东北亚地区新秩序的建设争取了主动。有关评论见《习近平倡议打造中蒙俄经济走廊》，http：//news. ifeng. com/a/20140912/41951795_ 0. shtml。

六　寻求南亚区域利益共同点

在中国的周边区域认知里，南亚地区的重要性凸显，一则因为印度是一个崛起的发展中大国，要与其构建新型的发展中大国关系，二则因为印度洋对中国具有越来越重要的意义，需要建立开放与合作的海上之路。一个稳定、开放、发展与友好的南亚地区符合中国的利益，因此，理想的结构是中国与南亚整体构建合作机制框架。①在很长的一个时期，出于复杂的原因，中国在南亚只有巴基斯坦一个"全天候朋友"，没有区域性练习与合作框架。

中国推进与南亚区域关系与秩序构建的障碍是中印关系。两国不仅存在领土争端，也有发展崛起的竞争因素。同时，出于战略利益上的考虑，中国与巴基斯坦发展"全天候"的合作关系也令印度不快。特别是在中国取得快速发展，综合实力大幅度提高的情况下，印度对中国的战略警惕加强。因此，如何破解中印关系的困局，开拓与南亚地区关系的新局面，对中国周边地缘区域关系与秩序构建是一个考验。

南亚地区成立了区域组织——南亚区域合作联盟（南盟，SAARC），亦构建了自贸区。中国希望与南盟建立合作关系，得到巴基斯坦、孟加拉国等南盟成员的支持，但印度开始表示反对。只是在其他南盟成员的大力支持下，中国才在 2006 年与日本（印度坚持必须同时吸纳日本）一起，被接纳为南盟的观察员。从未来发展看，中国加入南盟几无可能，中国自身也不会考虑加入，最理想的发展是与南盟建立"1 + 8"（中国主持），或者"8 + 1"（南盟主持）的对话合作机制。②

中国与南亚其他国家的关系有着巨大的发展空间，除了巴基斯坦，还有斯里兰卡、孟加拉国和尼泊尔，它们都需要通过加强与中国的经济合作加快自身的经济发展，搭上中国发展的便车。事实上，中国与南亚其他国家快速发展的双边经济关系和多领域合作促使印度对中国采取积极的应对措施，即在进一步拉紧与南亚国家关系的同时，积极发展与中国的关系。2014 年 9 月习近平访问印度，与新当选的印度总理莫迪达成许多重要共

---

① 有的专家认为，双边模式无法涵盖中国与南亚关系的全貌，应该建立多边合作机制。龙兴春：《试论中国与南盟多边合作的机制和进程》，《南亚研究》2009 年第 4 期，第 2 页。

② 龙兴春：《试论中国与南盟多边合作的机制和进程》，《南亚研究》2009 年第 4 期，第 3 页。

识，"从战略和全局的角度看待中印关系"，以深化发展伙伴关系为核心，"进一步夯实面向和平与繁荣的战略合作伙伴关系"。中印关系的拉近，构建发展伙伴关系，对于中国推进与南亚地区合作机制构建提供了新的环境。①

从中国的区域参与和构建实践中可以看出，中国的区域观认知也在根据区域实际的发展和中国本身的发展进行互动调整。一个明显的趋势是，中国更多地从以东亚为中心的参与转向以周边整体为基础的全面规划与构建，也就是说，中国越来越清晰地回归其地缘区域的本源认知：中国—周边关系。尽管周边被分割为多个次区域，各次区域有着不同的特点，不同的关系架构，对中国来说，都是山水相连的周邻之邦，有着不可割舍的共生利益基础，有着长久的历史积淀，以多样性的经济、政治、安全和社会文化联系相链接，放眼开来，是一个具有整体和全面性的地缘区域。这是近代以来在中国崛起新形势下的一种区域认知回归。

第三节　命运共同体意识

习近平在 2013 年召开的周边外交工作座谈会上强调，无论"从地理方位、自然环境还是相互关系看，周边对我国都具有极为重要的战略意义。思考周边问题、开展周边外交要有立体、多元、跨越时空的视角"，"要本着互惠互利的原则同周边国家开展合作，编织更加紧密的共同利益网络，把双方利益融合提升到更高水平，让周边国家得益于我国发展，使我国也从周边国家共同发展中获得裨益和助力"，"让命运共同体意识在周边国家落地生根"。②中国国家领导人对周边发表这样的新认知，足以表明，中国开始把周边作为一个整体来思考，来定位和来营造。③鉴于中国具有众多的周边国家，构成独特的周边关系和地缘格局，因此，周边关系和环境历来对中国影响极大。周边地区是中国维护主权权益的重点，是发挥

---

①　见《中华人民共和国和印度共和国关于构建更加紧密的发展伙伴关系的联合声明》，http：//news. ifeng. com/a/20140919/42033837_ 0. shtml.

②　习近平：《让命运共同体在周边国家落地生根》，新华网，http：//news. xinhuanet. com/2013-10/25/c_ 117878944. htm.

③　有学者提出，倡导建设命运共同体，昭示了中国周边外交的方向。见刘振民《坚持合作共赢，携手打造亚洲命运共同体》，《国际问题研究》2014 年第 2 期，第 3 页。

大国作用的首要选择，也是中国提升国际地位的主要支撑点与战略依托。

把周边地区作为中国走向大国、强国之路的战略依托带，构建基于共同发展、共同安全的命运共同体，这是对周边地区的一个全新认识。它意味着，让周边地区不再是中国安全威胁的根源，不再是麻烦不断的包袱，而是发展和安全的依托带，是休戚与共的命运共同体。①将周边地区构建为中国崛起的战略依托带，一是要发展好双边关系，稳定关系大局，扩大好邻居阵线；二是要以区域合作机制为平台，打造综合利益基础。这需要进一步加深中国与周边国家在经济上的紧密链接和相互依赖，这包括，中国成为大多数邻国的最大贸易伙伴、加大中国对周边国家的投资等，由此，构建起中国与周边国家共享利益的坚实基础；在政治安全上，要通过区域性的各种合作机制，与周边国家开展对话协商和发展合作，建立基于共同安全的新型安全机制。

新中国成立以后，中国与邻国一起提出了和平共处五项原则，改革开放以后，先后提出了"以邻为伴，与邻为善"的指导原则，在发展上取得成功以后，又进一步提出"安邻、睦邻、富邻"的指导思想。在新的形势下，中国又提出了"亲、诚、惠、容"的周边外交新方针，倡导与周边国家构建利益共同体和命运共同体。应该说，命运共同体是中国对周边区域构建的最新定位，而这样的定位和努力是着眼于中国复兴大局下周边关系和秩序百年重构的长历史进程。

从总体看，如今，周边环境是新中国成立以来威胁性最小的，不存在一个或者几个外部国家能够进犯中国，或者有能力发动针对中国的战争、明目张胆地侵害中国的利益。周边绝大多数国家都希望与中国发展合作的关系，希望共同维护大局稳定与和平。

当然，中国实力由弱变强必然导致地区关系的重大而深刻的调整。一则，中国实力变强对自身利益的诉求必然增强，必然会拓展自己的利益空间，这实际上是在改变"现状"。二则，居于主导地位的美国力图调动多种资源，以更大的力度防范和制约中国崛起，在其对华"接触加防范"的两面政策中，防范的一面明显上升。美国通过实施"亚太再平衡"战略，

---

① 有的专家认为，中国有着构建周边战略依托的优势：一是有众多的邻国，二是有开放性的亚太。见李辉《积极打造周边战略依托带，托起中国崛起之翼》，《现代国际关系》2013年第10期，第36页。

"重返亚洲"战略，加强在中国周边地区的军事、经济存在，挤压中国的战略拓展空间。三则，相邻国家采取对冲对策，缓解中国快速崛起带来的挑战。尽管各国的对策不尽相同，但大都是两手：一手是发展与中国的关系，另一手是对中国加以防范。特别是那些与中国存在领土领海主权争议的周边国家，倍感中国崛起的压力与威胁，为此，权衡如何应对一个强势中国，把防止中国做大，防止中国侵犯其既有利益作为战略重点。

在此情况下，中国周边地区出现了一些新的紧张局面，东海、南海地区的矛盾似乎有些剑拔弩张，有发生武装冲突的风险。不过，固然一些矛盾升温带来风险，对中国所处的周边环境产生不利的影响，但中国对总的局势还是可以把握得住的。应该说，目前是近代以来中国掌控周边大局能力最强的时期。随着国力上升，中国可以通过自身的努力改变局势走向，通过自身的运作制约局势走向恶化，利用不断提升的实力和影响力，推动地区关系向良性的方向发展，并且在调整中构建新的发展和安全地区秩序。对中国来说，构建秩序的目标不是为了获取霸权，不是要建立以己为中心的势力范围，而是为要塑造一个稳定、和平、合作、发展的地缘区域环境。

像中国这样一个有着众多周邻国家的大国，需要有能够起主导性，或者可以发挥重要影响力的超越双边关系的平台。构建周边地缘区域性合作机制，是中国与邻国关系的一个新发展。迄今，中国在周边东西南北各个方向都与相关国家建立起了对话与合作机制。中国—东盟合作机制既包括自贸区，也包括战略伙伴关系框架下的政治与安全对话合作；上合组织是中国与俄罗斯和中亚国家共建的区域合作机制，以安全合作为中心，也拓展到经贸、能源、基础设施建设等。重要的是，上合组织的影响力和吸引力在提升，成为构建区域新安全关系和秩序的重要平台。在东北亚，出于复杂的原因，区域性的机制比较脆弱，目前，以解决朝核问题为宗旨的六方会谈机制处于停滞状态，中日韩三国合作机制处于半停滞状态。但是，从未来看，重启六方会谈机制并非没有可能，恢复中日韩峰会机制只是时间问题。在南亚，中国是南盟的观察员，还没有与其建立对话合作框架，从未来发展看，构建中国—南盟对话合作机制，包括自贸区也不是没有可能。周边次区域对话合作框架的建立改变了我国与周边国家只有双边关系的结构，增加了区域性综合利益平衡与拓展机制，有助于构建中国周边地区的新关系和新秩序。

　　基于共同利益的命运共同体构建是中国周边战略依托的支柱。命运共同体的构建主要基于两个"共同框架"：一是共同发展，构建中国与周边国家开放与合作的发展机制，建立开放与合作的大市场，建设互联互通大网络，让周边国家优先从中国不断增大的经济实力中受益，增大他们的发展对中国市场和投入的依赖性；二是共同安全，建立中国与周边国家的安全对话、协商与合作机制，打造基于共同安全、共担责任的新安全合作机制，以合作的精神和以共同安全的宗旨处理争端，降低发生冲突的风险。①

　　居中的地理位置赋予中国构建周边大互联互通网络的特殊地位和作用。互联互通网络犹如周边利益和命运共同体机体的动脉，有了它才可以有生命力和能动性。因此，在深化中国与周边地区国家的市场开放与发展合作中，构建互联互通网居于核心地位。2013 年，中国提出建设"丝绸之路经济带"和"21 世纪海上丝绸之路"新倡议。"丝绸之路经济带"以推动中国西部陆地开放发展为基轴，拓展向西部延伸的巨大区域空间，构建从中亚到欧洲的广阔开放合作经济区；"21 世纪海上丝绸之路"旨在推动建设开放与合作的海上大通道和创建沿海国家间的经济合作与发展新动力。就我的理解，"一带一路"倡议不是中国启动的大建设项目，而是带有统领意义的新复兴战略，它们所倡导的是新发展观、新安全观和新文明观，借助"古丝绸之路"的共利共赢交往精神，借助郑和下西洋所开创的"海上文明"，推动陆地发展和海洋新秩序。因此，"一带一路"并不限定区域，不限定形式，也不限定参与国家，本质上是开放的。从这个意义上来说，它是基于地区，面向世界的大战略。

　　周边战略依托带需要软实力支柱。中国的软实力首先在于其发展成功的影响力，更在于其倡导"和而不同"，"包容、和谐"的思想文化传统价值。西方的软实力强调的是其价值观与文化的优越性和主导性，而中国则倡导价值与文化多元并存，相互尊重和相互学习。如果中国能够立足现代，重视历史文明的传承，就可以在未来的发展中拥有占据文化制高点的优势。

　　比较而言，欧洲构建共同体是靠制度建设，而中国与周邻国家构建命

---

① 刘振民把命运共同体概括为：以共同发展为核心要义；以互信协作维护安全环境；以开放包容推进机制建设；以文化互鉴凝聚共识；以和衷共济强化感情纽带。命运共同体的建设是涵盖政治、经济、安全、社会、文化多领域综合、系统工程。见刘振民《坚持合作共赢，携手打造亚洲命运共同体》，《国际问题研究》2014 年第 2 期，第 3—4 页。

运共同体则不同，它所体现的是一种共生理念，一种共利的关系，一种多层次、多样性的开放合作框架。①命运共同体存在于各种复杂交错的关系之中，构建所依托的是基于共同利益的合作共处，因此，这样的共同体既体现于现实之上，也存在于过程之中。②

作为命运共同体，其突出特征是共享发展成果，实现合作安全，人民和谐相处。这与以往中国所提倡的"和谐世界，和谐周边"是一致的。③

当然，中国地缘区域观的回归和区域秩序构建是一个长历史进程，需要周边国家的理解、认可与支持。在如今复杂多变的世界，而要实现这种"和谐"与"大同"并非易事，既需要时间的考验，也需要进程的检验。当前，周边国家对中国的复兴，特别是对中国形象与作为的认可度差异很大，疑虑也很多。④其实，这也不难理解，毕竟这一切都发生得那么快，那么"与众不同"。

回顾与思考

20 世纪 90 年代初，我主要从事亚太地区，特别是东亚地区问题研究，周边地区就成了我接触最多、关注最多和思考最多的地区。自改革开放以来，特别是进入 21 世纪以来，就我的感觉和体会，中国与周边地区的关系经历了三个重要的转变：

其一，中国经历了由一个"改革开放的新中国"要求被别国接受，到

---

① 有的专家认为，推动开放性地区共同体的建设，可能是中国构建新周边关系和秩序的最好选择。见张小明《中国与周边国家关系的历史演变：模式与过程》，《国际政治研究》2006 年第 1 期，第 71 页。

② 按照西方学者的定义，一种国际秩序要靠三种力量的结合：权力的分配、制度的构建和规范行为的认同。地区主义则是要培养超国家的集体认同和组织认同。中国的命运共同体倡议显然是一种新的范式。关于秩序和区域定义的论述源自 Robert Cox，"State，Social Force and World Order"，转引自门洪华《地区秩序构建的逻辑》，《世界经济与政治》2014 年第 7 期，第 18—19 页。门洪华认为，地区秩序的构建基于共同利益追求、共担责任、开放的地区主义、合作安全和地区制度构建。见该文第 20—23 页。

③ 中国共产党的十八大报告提出人类命运共同体的概念，提出人类只有一个地球，各国共处一个世界，要增强人类命运共同体的意识。见胡锦涛在中国共产党第十八次代表大会上的讲话，http://www.xj.xinhuanet.com/2012-11/19/c_113722546_11.htm。

④ 据 2013 年《环球时报》所做的一项国际调查，周边国家对中国的认识和预期比远离中国的国家更为消极。转引自陈松川、沈德昌《中国周边战略面临的软实力挑战及其对策》，《当代世界》2014 年第 9 期，第 16 页。

别国如何接受一个"综合实力迅速提升的新中国"的重要变化。我在对外交往中可以深切地感受到这种转变带来的变化。比如，在前期，在国外，人家问的最多的问题是中国国内的改革、国内的政治、社会局势等，因为他们希望了解中国的政策变化，希望知晓中国的局势到底如何等。而到后来，大家问得最多的问题是中国的对外政策，中国如何使用增强起来的实力等。

其二是中国由主要被动应对来自外部的压力或者冲击，到主动营造环境和构建机制与秩序的转变。在关于区域合作的参与过程中，我也体会到这种转变带来的变化。比如，在前期，每当参加议程之前，总是要充分考虑别国会提出对我国不利的方案，我国应如何加以应对和反击，而到后来，我们研究的重点转向如何主动提出我国推进的方案或者倡议，并为自己的方案提供具体的财力支持。

其三是中国与周边国家的关系由简单到复杂的转变。所谓向复杂关系转变，主要表现为：一则中国的影响更具综合性，不仅在经济，还在政治、安全与文化方面发挥影响力；二则周边国家对与中国的关系考虑得更为复杂，不仅考虑利益，也考虑综合影响；三则周边国家与外部力量对中国力量上升的对应进行多重构造，使得中国与周边国家的关系不仅仅是双边的结构。①对于这种复杂性，我的感觉也很强烈。比如，在与东盟国家的专家交往中，谈论中国的"扩张性"战略多了，南海问题几乎成为每次会议离不开的话题。

在此情况下，中国的周边区域观回归和周边关系与秩序构建需要考虑几个方面的挑战：

其一，如何理顺周边关系。尽管中国与周边国家早期历史上形成的关系结构在近代发生了根本性的变化，但中国与周边国家之间也存在着诸多历史的相互联系与继承，而这种历史的交叉与当代的变迁，又往往成为当今中国与一些周边国家关系的矛盾点。为此，中国必须努力与邻国就"历史共享"达成共识。②再则，就是近代历史的纠葛，特别是日本侵略留下的历史伤痛。由于当今一些日本政治人物一再否认历史，历史反而成为两

---

① 有些问题是以往留下的，如朝鲜半岛问题，有待逐步化解。有些则是新出现的，如海上多重力量的竞争和海上争端升温，其影响凸显。

② 典型的例子是与韩国之间的高句丽之争，还有与蒙古之间的历史认知分歧等。

国关系发展的一个大障碍。特别是，历史和解又与中日两国力量的对比转换交织在一起，更增加了理顺关系的难度。还有，新中国成立以来，鉴于当时的复杂局势与中国自身的国情，中国的对外政策多变，遗留下诸多"后遗症"，这需要中国与邻国以向前看和包容的姿态加以熨平。因此，中国的"亲、诚、惠、容"新政和新形象确立，还是需要时间的，需要中国做出不懈努力的。

其二，如何构建一个各方都可接受的包容关系与秩序。周边区域观回归是中国地缘区域认识论的必然转变，也是中国复兴的一个必然结果。但是，中国要以"我与周边"观念来构建新关系和秩序，需要考虑到如今现实的格局和复杂的关系架构。复兴的中国不再会是早期历史上的中国，如今的周边也不是当年的周边。中国所回归的区域观既是"地缘为框"的，又是"开放为架"的。在这样的框架中，一则中国要力求能够发挥最可能大的作用，以掌控大局；二则中国的作为要能为周边国家所接受。这样的关系和秩序构建，既是一个中国发挥作用的过程，也是一个"强中国"逐步被接受的过程。

其三，中国的行为本身如何定位。中国是一个失去自己又重新复兴的大国，如何妥善处理"失去的"与"回归的"，这既需要力量，又需要智慧。只依赖力量，就可能重复历史上大国崛起的历史，即贸然使用武力，靠武力拓展边疆，或者谋求霸权，独占利益。之所以说需要智慧，是因为关系复杂，矛盾很多，有时也会有风险，善用智慧则可以避免冲突，获得共赢。中国做出了一系列的承诺："走和平发展的道路"，"不走传统大国崛起的道路"，"和平解决争端"，等等，这些都是以往任何崛起大国没有承诺过的，中国既然敢于承诺，也就有信心和意志做到。

近代以来，中国经历了百年衰落的痛苦历程，如今，中国进入新百年复兴的关键时期。回顾百年衰落期的发生巨大演变，我们所记住的不仅仅是痛苦、屈辱，也应该从中吸取自己的和别国的教训。我想，中国做的一系列承诺，正是对以往教训的总结。习近平在周边问题座谈会上强调，"周边外交的基本方针，就是坚持与邻为善、以邻为伴，坚持睦邻、安邻、富邻，突出体现亲、诚、惠、容的理念"，"要诚心诚意对待周边国家，争取更多朋友和伙伴"，"要让周边国家得益于我国发展，使我国也从周边国家共同发展中获得裨益和助力"，"要倡导包容的思想，以更加开放的胸襟和更加积极的态度促进地区合作"。①面对复杂的关系和局势，要做到这些，那还是很不容易的，但只要坚持做下去，也许会取得比预想更好的结果。

延伸阅读

我国周边的新形势与思考②

中国有这么多的邻国，形成独特的周边相邻大区域，一向存在着复杂、多边的周边关系。认识中国与周边国家的关系（或称与周邻的关系），可以从四个不同的视角：地缘、关系、利益和博弈。视角不同，关系的特征和含义也不同。地缘最直接、最深刻的含义，就是中国与邻国连在一起，共处一个区域，这是躲不掉的；关系有双边，有诸边，有近，有远，构成复杂、多层、好坏掺杂的关系层次和网络；利益关系各有不同，不管利益多么不同，利益都是直接的和难以割舍的；至于博弈，不仅存在于中国与邻国之间，而且也有来自外部势力的参与和谋划。世界上，几乎没有国家像中国这样有着如此复杂的邻国关系。中国如何与邻国相处，邻国如何与中国相处，一直是一个难题。处理得好，各方受益，处理不好，各方受损，的确是荣则共荣，损则共损，这就是中国与邻国之间的利益和命运共同体的内涵。

一　周边关系的定位

我们常说，历史上，中国曾经与众多邻国有着很好的关系，一个强大的中国与周边国家之间构建了一种长期的稳定关系结构，核心是相互尊重、友好共处，特点是以强中国为中心。不过，尽管这个秩序是靠中国的硬实力（经济、军事）和软实力（文化、思想、道德）来维护的，但是，中国并不去强制改变邻国，而是创建大家共处的基本原则和秩序，形成一种"以不治治之"的"天下共同体"。

---

① 《习近平在周边外交工作座谈会上发表重要讲话》，http：//news. cntv. cn/2013/10/25/VIDE1382700366688436. shtml。

② 本文发表于《国际经济评论》2014 年第 9 期。

近代以来，中国衰落，该秩序结构解体，邻国多成了西方列强的殖民地，中国与这些国家的关系变为间接的，如今不少遗留的问题都与此有关，中国本身衰败，不仅没有了维持秩序的力量和能力，自己也被列强争夺、瓜分与侵略，在这些强国中，就有中国的强邻——日本、俄国。

1949 年新中国成立，中国自身的内乱结束，衰败的下行线也终停。不过，中国与周邻国家的关系还是经历了复杂的和艰难的调整。由于形势复杂，中国对周边国家的关系定位处于被动。在很多情况下，是外部因素决定中国与邻国关系的特征和性质，中国则被动应对。

当然，新中国也试图做出努力扭转被动格局，推动新的关系发展。比如，在 20 世纪 50 年代，中国就与缅甸和印度一起提出了"和平共处五项原则"。该原则的内核是维护国家主权，不干涉内政，友好相处，基本出发点是争取国家生存与发展的和平环境。这些原则具有新意，改变了中国传统的等级秩序观，所倡导的是一种新的平等秩序观。有人说，这不过是一种弱者的逻辑，像中国这样的大国，一旦强大了，能否坚持这种平等秩序观，还很难说。这也许正是如今别国对崛起的中国所担心的。

事实上，由于冷战的格局，中美形成对抗；由于中苏分裂，两国成为敌对国家。冷战、分裂引起的复杂周边关系，使和平共处的政策并没有得到很好的落实，中国与多数周邻国家的关系都不好，弄得中国只好到"天涯"寻找朋友。

与周边国家关系的一个大的转变是中国实施改革开放政策以后。改革开放需要稳定与和平的政治环境，需要开放合作的经济环境，于是，中国转变战略思维，采取积极主动的措施，改善和发展与邻国的关系，特别是那些实行开放发展政策的市场经济国家和地区。冷战结束后，周边的政治分裂形势发生很大的变化，为中国进一步改善与邻国的关系提供了政治环境，而各国采取的开放发展政策也为发展更为广泛的经济关系提供了环境。这使得中国与邻国之间的政治关系和经济关系都得到发展。一则，中国实现了与所有邻国关系的正常化；二则，中国越来越成为邻国最重要的贸易伙伴。这是一个历史性的大转变。

中国变强大了，与邻国如何相处？构建一种什么样的关系？中国提出了"与邻为善、以邻为伴"，"睦邻、安邻、富邻"的政策，把发展与周邻国家的关系放在首要地位，提出周边是首要的战略。中共十八大以后，新一届领导人提出了发展与邻国关系的"新四字方针"，即"亲、诚、惠、容"，提出与周邻国家构建"利益共同体"和"命运共同体"，把周边地区作为中国的战略依托带。

总结起来，新中国与周邻国家的关系一直在调整，中国为改善与周边国家的关系一直在出新招。从阶段上看，第一阶段主要是"求生存，求共处"；第二阶段则强调友好相处，和平发展；第三阶段则积极主动推进利益和命运共同体建设。不同的阶段有不同的重点和特点，但这一切都没有改变新中国成立后提出的以平等相待、和平共处、合作发展为理念的"新秩序观"。

随着中国本身的发展，随着中国与周邻国家关系的发展，对如何认识和定位周边地区也有新的思维和战略思考。概括起来，新的战略思考大体有两点：其一，把周边地区作为一个整体来对待，把中国本身置于其中，作为一个互联互通、利益密切的大区域，中国作为一家置身其中，这是一个大变化。它意味着，中国对各邻国的关系不再是线性的，而是面性的。其二，把周边地区作为中国的战略依托带。周边是中国走向大国、强国之路的战略依托带，这是一个全新的认识。它意味着，不把周边地区作为中国安全威胁的根源，而是安全的依托。我在 2011 年在一次会议上提出这个看法，当时还遭到一些质疑，现在官方在使用，说明已经成为周边战略的一个定位坐标。

当然，即便如此，真做起来也不那么容易。中国过去的受辱历史会产生"受害者情结"，从而滋生强大后的"复仇意识"，或者"利益回归意识"，这为极端民族主义思潮提供环境。同时，作为综合实力上升的国家，中国要拓展自身的利益，提高自己的影响力，这也必然会引起与大国，特别是强国的抗争或者争夺，包括可能使用军事力量，这会引起邻国对中国走和平发展道路宣誓的质疑，如此等等。

中国周邻国家的情况很复杂，很特殊，处理起来难度很大。特点之一是与大国、强国为邻，没有一个国家有这么多大邻居、强邻居，包括日本、俄罗斯、印度，还有美国。美国远在太平洋彼岸，但美国在中国的一些邻国有驻军，航母、飞机近在咫尺，战略武器"鞭长可及"，也应算作中国的地缘邻国和战略邻国。长期以来，中国的安全威胁主要来源是大的邻国，它们也是在中国和相邻地区进行利益争夺的主要参与者，中国与这几个大国都打过仗。特点之二是众邻大多"近而不亲"，而且存在诸多争端，海上争端是当前最突出的问题，同时，"历史阴影"也挥之不去。与邻国相处，处好了是友邻，好邻居金不换；处不好就成为恶邻，麻烦不断。

有人说，只要中国足够强大，邻国就会"臣服"，其实不然。如今的周边形势和关系要比"华夷秩序"时代复杂得多，性质也不一样了。中国官员提出要使中国成为一个可亲的大国，这很不容易。国家间的邻里关系向来难处，一是有各种矛盾，各种利益，复杂多变，磕磕碰碰；二是多方参合，也有明争暗斗。对处在上升期的中国来说，处理与邻国发生的矛盾更复杂，不仅需要实力，而且也需要智慧，需要耐心。

如今，没有一个国家有力量再侵犯中国，这是一个历史性的格局转变。在此情况下，在很大程度上来说，自己的耐心有多大，发展和崛起的机遇期就有多长，什么时候失去耐心了，机遇期的环境也就会遭到破坏，民族复兴之梦就很难成真了。我曾说过，一个崛起的大国，最易高估自己的力量而冒险盲动。对当今的中国来说，这个风险不是没有。中国还处在由大变强的历史发展进程中，中国需要的是时间，需要的是环境，这是大局，大利益定位。对这一点，要时刻牢记，保持清醒的头脑。

二　周边形势变化

如今，人们议论最多的问题是中国周边地区出现新的紧张，东海、南海地区似乎有些剑拔弩张，大有发生战争的风险。面对这样的形势，如何认识？各方观点分歧颇大。

我的看法是，固然一些矛盾存在很大的风险，对中国所处的周边环境产生很大的影响，但总的形势还是好的。从大的局势来看，甚至可以说是新中国成立以来国家安全威胁最小、中国掌控周边大局能力最强的时期。对于目前出现的新热点、新矛盾，需要以大视野来分析和认识。

我们可以回顾一下，新中国成立后，周边地区是主要的安全威胁源。在很长的一个时期，中国都是围绕政权生存，国家安危被动应对，大都是外部因素逼着中国被动应对，包括不惜参战，或者进行军事行动。改革开放后，中国主动改善，开拓和平与发展环境，改善与近西方阵营国家的关系，扩展发展与安全空间，使关系和地区秩序变动向有利的方向转变。改革开放的最大战略性转变，就是中国由被动应对外部环境转变为争取主动，创建有利于开放发展的环境。实施开放政策就是要吸引西方的投资，进入西方市场，那就要改善与他们的关系，因此，以改善中美关系为契机，中国与日本、新加坡、马来西亚、泰国等一大批周邻国家改善关系。冷战结束后，中国很快捐弃前嫌，实现了与俄罗斯，苏联分离出来的新生国家，亲苏联的老挝、越南等国家的关系，到 20 世纪 90 年代末，与所有周边国家实现外交关系正常化，这是一个历史性大变化。

接下来，中国与周边国家的关系还实现了一些新的发展，比如，与俄罗斯划定了边界，与越南划定了陆地边界，与印度开展边界谈判的同时达成稳定边界的共识；与几乎所有的国家建立了伙伴关系；发展了周边次区域的合作机制，包括签订自贸协定，建立合作组织等。如此一来，中国与周邻国家的关系就进一步发生了变化。总的来说，关系得到大的改善，共同的利益增加，特别是经济关系，发生了大的反转，中国成为大多数周邻国家的最大贸易市场。在许多领域，中国可以发挥重要的，或者主导性的影响力。

然而，并非总是如此顺利。中国由弱变强本身会引起多重复杂的反应，会导致地区关系重大而深刻的调整。就地区关系来说，调整的基调是由弱势中国下的关系，转变成强势中国下的关系。强势中国下的关系会使一些争端升温。为什么？因为在中国不强势的时候，对于争端，自己没有力量去管，人家也不太在乎你，可以先搁置。但强势中国就不一样了。强势中国带来了双向的反应：一是中国对自身利益的诉求必然增强。中国曾经历经百年衰落，失去很多，当自己变强的时候自然会想到把别人抢占的拿回来，对于不合理的秩序，难以再忍耐，对于被迫吞下的苦果，要吐出来。在中国看来，这样做并不是要复仇，而是要正位。当然，强势下的中国并不止于此，扩大利益的诉求也必然增加，也即要拓展自己的利益空间。二是相关国家采取对策，如何应对一个强势中国。各方对策不尽相同，但在防范中国上似乎有一种"准共识"，即防中国"做大"，防中国侵犯其既有利益。特别是那些与中国有争端的国家，必然会作多手应对，包括拉其他国家为伍，推动"准结盟"联合。

应对动作最大的是美国，这也不难理解，因为中国作为一个强国崛起势必会对美国一家独大的地区和世界格局形成挑战。进入新世纪后的前 10 年，美国的战略重点主要是反恐。当中国的经济总量跃升为世界第二，被认定在改变秩序格局的时候，美国就忍耐不住了，不得不调整大战略，把重点转向应对中国的挑战。为此，美国调动资源，拉拢势力，力图压制中国的拓展空间，遏制中国影响力的上升，防止中国替代或者削减美国的存在与影响力，这就是美国"重返亚洲"战略提出的背景。

日本也进行大调整。中国经济总量超过日本，使其感到巨大压力，也感到紧张。日本开始认真考虑如何与一个强中国相处。自19世纪后期，日本就是亚洲的老大，二战把它打垮了，其后又迅速恢复，成为经济总量居世界第二的强国。如今，中国经济总量超日本，而且以很快的速度继续把总量差距拉大，包括军事力量在内的综合实力继续提升，日本有些坐不住了。搁置钓鱼岛问题本来是两国恢复外交关系时的共识，但在中国综合实力大幅度提升的情况下，日本政府把它国有化，钓鱼岛问题被推到了前沿。安倍再次上台执政后，把中国的威胁作为推动国内改革、解禁行使自卫权的标靶，不惜恶化与中国的关系，这使得两国关系进一步恶化。

菲律宾、越南为了维护在南海所占的岛礁利益，公开向中国叫板，拉美国助威……媒体也把中国描绘成一个耀武扬威、力图扩大权势的国家。

如果就事论事看问题，看起来的确让人有点头疼：为何突然冒出来这么多的问题？形势为何"急转直下"？似乎中国周边地区一下子变天了。但如果我们把周边看成一个整体，把变化放在中国由大变强的大历史发展进程看，那就可以有一个客观的大局分析，即强势中国下的格局和关系重构，新的百年大变局进程。

三　大战略思考

中国由百年衰败到百年复兴的历史转变，必然对中国与周邻的关系，对周边秩序格局产生重大的影响，造成关系结构和秩序构造的大反转。也就是说，中国由大变强，使周边的关系和秩序进入一个百年调整和重构的进程，而现在正处在重构的历史长进程的关键期。

若把中国和周邻的关系，周边地区秩序中所出现的矛盾、冲突放在百年重构的历史长进程中来分析和认识，就可以看清楚实质，看清楚大趋势。

整体性和历史长进程，这是观察和认识中国周边关系的重要出发点。整体的视角，一是把中国的周边作为一个整体来看待，二是把中国自身作为整体的一部分。把周边作为一个整体，那就会发现，整体局势趋稳，包围圈并不存在，大多数国家希望维护稳定大局，希望与中国发展合作的关系，几个看似威胁的主要升温热点，其扩散性也有限。可以说，如今，周边的大格局，是新中国成立以来威胁性最小的。最重要的是，已经不存在一个或者几个外部国家能够进犯中国，或者有能力发动针对中国的战争了。我国安全面临的主要威胁是美国的战略挤压，个别国家挑动事端。周边广大的地区有着中国战略和利益拓展的巨大空间，中国也应该有这个能力。同时，把中国作为整体的一个部分，我们就会看到，中国是变化的一个因素，而且是重要的因素，这样，中国不仅可以通过自身的调整改变局势走向，而且也可以通过自身的力量制约局势走向恶化，损害自身利益。这样一来，就可以看到中国本身所拥有的主动性，而不仅仅是被动性。

进行大战略思考，首先是基于大视野的认知，在此基础上谋划大战略。我把大战略归结为三个要点：一是利用好机遇期，把握住由大到强的发展大局；二是确保和平环境，不在周边地区发生战争；三是要有战略耐心，经得住时间和变化的考验。

实现中华民族复兴的中国梦，这个进程还在行进之中。中国还处在发展中的阶段，所需要的是继续深化改革开放，实现发展方式的转变，提升自身的综合实力，这个进程不能中断，为此，发展仍然是第一要务，这是大战略思考的底线。

未来20—30年，是中国发展的一个特别重要的战略机遇期，那就是在现有的基础上，通过进一步提升，实现中国由大到强的转变。中国处在新百年的上升转变期，这是不可丧失的历史机遇。改革开放后的30多年，中国立足于和平发展，抓住了机遇，充分发挥自身劳动力充足、政府管理能力强的优势，利用外来投资和世界市场，实现了经济总量的快速增长。未来的机遇期与之前有着不同的内涵和环境，提升的难度更大，外部的环境挑战性更强，因此，需要花更大的力气，克服更大的困难。中国经济总量居世界第二，人均居世界中后，离真正的强国相距甚远。这个国情是维护发展大战略定位的基点坐标。

不让战争在我国周边地区发生，这是一个大战略设计，也是一个大战略目标。中国百年衰败时期，针对中国的战争不断，让泱泱大国变得支离破碎。新中国成立后，在很长时期，周边地区一再发生战争，有些是针对中国的，有些是中国被迫卷入的，都蒙受了巨大的损失，拖延了中国发展的进程。不让战争在中国周边地区发生，需要两个把握：一是把握住大局，增强掌控能力，有能力制止别国在周边发动针对自己，或者针对友邻的战争；二是自己不用战争的手段解决冲突和争端，对邻国避用武力。

有能力制止别人发动针对自己的战争，需要提升自身的综合实力，特别是军力，应该说，中国可以基本上做到这一点。今后，随着综合实力的进一步提升，军事的现代化，中国更能做到这一点。至于制止发动针对友邻的战争，尽管对此做到不容易，但还是要管，值得管。其实，过去中国也做过，如帮助越南赶走法国和抗击美国、参与朝鲜战争等。那是被动参与，今后是要主动拒止。不在自己的家门口闹事、惹事，特别是不挑动战争，这是中国变强的标志。我们还没有完全的把握做到这一点，但是要为做到这一点集聚力量和能力。

争端，包括领土争端，用战争的方式是解决不了的，只会增加仇恨。对邻国避用武力，是强者的表现，不是弱者的表现。中国的传统文化崇尚"和为贵"，赞许"化解"矛盾，追求"和解"结果，信奉"不战而屈人之兵"的战术原则。对中国来说，在弱势情况下，战争主要是被动的选择，如今，中国强盛了，提升了主动性，具备了主动选择的能力，应该是体现中国"和文化"的机遇期了。

历史上，战争的确曾经是大国、强国领土扩张的主要手段，但如今时代不同了。历史上，中国的基本战略是守疆，但在衰败时期，中国无力守住自己的疆土。应该看到，如今，领土争端主要来自遗留问题。现在，中国未定的陆地疆界只剩下印度和不丹两个国家，与不丹自然不会打仗，与印度过去为此打过仗。中印两国已就稳定边界达成协议，并开展划界谈判，显然，战争不是选项。现在，热点是东海钓鱼岛、南海岛礁和海域。钓鱼岛问题不仅是领土问题，涉及力量对比，地区力量与战略格局秩序的转换。所谓"不为几块石头打仗"，不是开玩笑，而是战略性思考。因为钓鱼岛问题起于力量转换，求解还是要靠力量对比的反转。中国所要争取的是时间，因此，要有战略耐心。

至于南海问题，重要的是中国能掌控大局，这包括三层含义：一是不让当事方的争端升级；二是拒止外部势力搅局；三是利用好东盟整体框架。南海问题的难度在战术上，不在战略上，考验中国的谋划技巧和掌控能力。对于争端国家，马来西亚注重发展与中国的稳定关系，不会闹大事；菲律宾闹事一是靠美国撑腰，二是取决于领导人的个性特征，本质上没有能力与中国全面对抗；只有越南有着军事冒险性，只要把握住政治的主轴，规避主动使用武力，可以避免军事冲突。对于南海海域的争端，尽管有九段线的历史权益问题，但可操作的空间还是存在的，争取主动性的一个举措是在适当的情况下，明晰中国对南海海域领海和专属经济区化解的原则立场与推动谈判的方略。

当然，这里一个关键因素是如何处理与美国的关系。中国提出来要与美国建立新型大国关系，出发点是中国作为上升的大国避免与美国这个守成强国发生冲突，特别是发生战争。中国这样做不是怕美国，不是屈从美国，而是基于新的战略思维，即避免沿袭崛起大国必战的定律。美国也许不情愿接这个招，但还有比这个更好的选择吗？当然，美国对中国的担心是难消除的。同时，中国的挑战也是客观存在的，因此，它必然会千方百计制约中国的崛起，遏制中国势力的扩张。但这并不意味着美国非要与中国打一仗，因为打一仗实现不了其目标。现代战争，特别是大国之间的战争，无胜者。从这个角度来说，不打仗是双方的战略底线。中美之间可操作的战略空间很广，既有具体的"事务级"问题，也有"战略级"问题。只要双方可以坐在一起，就会发现有谈不完的问题，就会找到合作的领域，就会把感情拉进一步。

应该看到，中国与周邻国家的关系已经具备许多新关系的特征，其中，突出的是利益的共享性增强，体现汇合利益的次区域对话合作机制建立，特别是中国成为关系变化的核心。这些新的发展总体来说对我国构建一个和平、合作的周边地区是有利的。所说中国要有自信，不仅是对自己，也是对所处的环境，特别是周边环境。

中国与周边，既要从"我与周边"来看认识，又要从"周边与我"来考量，"我的周边"引导看全局，从整体的角度来看待，用好自己的力量；"周边的我"找好自己的定位，处理好与周边国家的关系。同时，周边地区是开放的，不是封闭的，已经没有任何可能，而且也没有任何必要回到历史上以中国为中心的"华夷秩序"，那种"以不治而治之"的理想地区秩序也难出现了。未来的周边地区是多样性与相融性并存，关系的多重性与利益的共享性并存，是多角色参与，多种利益博弈。关键是中国增强协调能力和掌控能力，也就说，尽管有差别、分歧和矛盾，但让合力大于分力，达到聚合化异，实现稳定与和平。中国重新回到地区舞台主角的位置，周边地区这场历史性的转换大戏如何演绎，就要看主角的演技如何。